职业教育·铁道运输类专业教材

铁路运输市场营销

乐诗婷　主　编

黄乐艳　贾苏绒　占　铭　副主编

吴晓念　杨军辉　主　审

人民交通出版社

北　京

内 容 提 要

本教材为职业教育铁道运输类专业教材。其主要内容包括认识铁路运输市场营销、分析铁路运输市场、选择目标铁路运输市场、开发与巩固铁路运输客户、制定铁路运输营销策略和管理铁路运输客户服务六个项目。

本教材结构紧凑、内容全面，在深入融合岗位职业能力、岗位工作标准和职业技能考核标准的基础上，精心设计了教学内容，帮助学生系统掌握铁路客运与货运营销工作知识和技能。

本教材可作为职业院校铁道运输类专业群、城市轨道交通类专业群及相关专业的教材，也可作为铁路运输行业相关岗位的培训教材，以及铁路运输营销从业人员的自学参考书籍。

本教材配套有助教助学资源，包括课件、教案、课程标准、案例分析、习题及答案等，任课教师可加入"职教铁路教学研讨群"（QQ 群：211163250）获取课件。

图书在版编目（CIP）数据

铁路运输市场营销/乐诗婷主编. —北京：人民
交通出版社股份有限公司，2025.7. —ISBN 978-7-114-
20397-8

Ⅰ.F530.6

中国国家版本馆 CIP 数据核字第 2025CD8113 号

Tielu Yunshu Shichang Yingxiao

书　　名：**铁路运输市场营销**
著 作 者：乐诗婷
责任编辑：杨　思
责任校对：龙　雪
责任印制：张　凯
出版发行：人民交通出版社
地　　址：(100011)北京市朝阳区安定门外外馆斜街 3 号
网　　址：http://www.ccpcl.com.cn
销售电话：(010)85285911
总 经 销：人民交通出版社发行部
经　　销：各地新华书店
印　　刷：北京市密东印刷有限公司
开　　本：787×1092　1/16
印　　张：15.5
字　　数：360 千
版　　次：2025 年 7 月　第 1 版
印　　次：2025 年 7 月　第 1 次印刷
书　　号：ISBN 978-7-114-20397-8
定　　价：45.00 元

（有印刷、装订质量问题的图书，由本社负责调换）

前言

党的二十大以来,中国国家铁路集团有限公司(简称国铁集团)坚决贯彻习近平总书记重要指示精神和党中央决策部署,坚持国家铁路、人民铁路的战略定位,坚持以人民为中心的发展思想,深化运输供给侧结构性改革、铁路货运市场化改革,加快铁路数字化与智能化建设,通过构建现代运输营销体系,打造现代铁路运输人才队伍,铁路运输企业对营销人才的综合素养提出了更高的要求。

教育部印发的《职业院校教材管理办法》明确指出,职业教育教材必须"落实立德树人根本任务,扎根中国大地,站稳中国立场,充分体现社会主义核心价值观"。建设体现立德树人的育人功能,具有职业教育类型特色的"金教材"成为新时代职业教育的重要任务。

基于以上背景,我们编写了本教材,旨在满足铁路货运物流、铁路车务与车站客运、货运营销相关岗位对营销知识和技能的需求。通过本教材的学习,学生将能够全面掌握铁路运输市场营销的基本理论与实务技能,为未来的职业发展奠定坚实的基础。

本教材主要有以下特色:

(1)寓价值观于知识传授、能力培养之中,培养学生的职业道德与专业素养。

落实立德树人根本任务,不断深化教育综合改革,努力办好人民满意的教育,为强国建设、民族复兴伟业提供人才支撑,是党赋予教育的重要使命。本教材以习近平新时代中国特色社会主义思想为指导,通过构建"素质目标、知识目标、技能目标"三维学习目标,引导学生以正确的价值观接受职业教育。教材融入"行业洞察""行业模范"等栏目,体现教材的育人功能,实现职业教育与专业素养全方位、全过程培养。

（2）以项目引导、任务驱动、工学结合培养学生的综合营销能力。

本教材在整体设计方面，把营销岗位的5个工作模块内容细分为若干个工作任务，按照铁路运输企业营销工作流程展开设计。基于工作过程导向，将铁路运输企业的实际营销工作流程分为5个项目，即"分析铁路运输市场—选择目标铁路运输市场—开发与巩固铁路运输客户—制定铁路运输营销策略—管理铁路运输客户服务"，把每一个项目分为若干个营销工作任务，通过营销工作任务导向，按照"设置任务导入案例—分析任务—学习任务资讯—实施任务"进行教学，其中"分析任务"与"实施任务"需要授课教师在课堂教学过程中引导学生做中学、学中做。

（3）基于工作任务情境培养学生发现营销问题、分析营销问题、解决营销问题的能力。

在教材内容编排方面，理论由浅入深，循序渐进，化解难点，使教者顺手、学者易学。结合真实或模拟的工作任务情境，设计小组赛、角色扮演、启发式等教学活动，激发学生的积极性和创造性，重点培养学生的创新意识、营销思维与营销综合能力。

本教材的编写由乐诗婷（武汉铁路职业技术学院）、黄乐艳（湖南高速铁路职业技术学院）、贾苏绒（西安铁路职业技术学院）、占铭（中冶南方工程技术有限公司）四位作者共同完成。其中，乐诗婷担任主编，黄乐艳、贾苏绒、占铭担任副主编。乐诗婷负责结构设计和整体要求制定及全书的统稿和润色工作，并负责项目一、项目五、项目六的编写，黄乐艳负责项目二的编写，贾苏绒负责项目三的编写，占铭负责项目四的编写。本教材由中国铁路武汉局集团有限公司（简称武汉铁路局集团公司）武汉铁路物流中心营销部主任吴晓念、综合部主任杨军辉担任主审。

本书在编写过程中参考引用了许多专家学者关于铁路客运与货运组织方面的文献，参考了武汉铁路局集团公司武汉铁路物流中心等企业铁路运输的运营资料，在此表示感谢！

由于编者理论水平和实践经验有限，书中存在不足之处，敬请读者批评指正。

编　者
2025 年 1 月

数字资源列表

资源使用说明：

1. 扫描封面二维码，注意每个码只可激活一次；

2. 长按弹出界面的二维码关注"交通教育出版"微信公众号并自动绑定资源；

3. 公众号弹出"购买成功"通知，点击"查看详情"，进入后即可查看资源；

4. 也可进入"交通教育出版"微信公众号，点击下方菜单"用户服务—图书增值"，选择已绑定的教材进行观看。

序号	资源名称	序号	资源名称
1	思政微课　大瑞铁路修建的故事	7	思政微课　铁路上的揽客
2	行业模范　雷凤：货运营销一线的"铁娘子"	8	行业洞察　铁路服务"一带一路"建设成果闪耀进博会
3	知识拓展　当今流行的营销方式	9	思政微课　铁路人的担当
4	思政微课　基石型伙伴	10	行业洞察　宝藏特色地铁站——省农科院站
5	思政微课　司机的舍己为人	11	行业洞察　中国高铁带你去看看
6	课程知识　铁路货运目标市场选择	12	思政微课　商无信不富

目录

课程导学

在当前全球化竞争日益激烈的背景下,高效的营销策略对于降低运营成本、提升服务品质以及增强企业市场竞争力具有至关重要的作用。就现代铁路运输企业而言,营销策略已成为其不可或缺的组成部分。铁路运输市场营销是指将市场营销的基本原理应用于铁路运输领域,其核心目标在于通过战略性地规划、执行和控制铁路运输活动,满足客户需求,提高客户满意度,从而实现企业的市场目标,获得经济收益。

本教材以铁路运输企业"市场营销运营"任务的完成为出发点,通过设置营销项目和布置相关学习任务,激发学习者主动获取项目信息,完成营销任务,掌握营销知识,培养营销技能,并全面提升营销职业素养,旨在使学习者具备在铁路运输企业从事营销相关初级岗位的能力。

此外,教材中融入了行业营销的典型案例和前沿技术,为学习者提供了可供参考的实践模板,使学习者能够掌握最新的技术动态和发展趋势。这不仅能够激发学习者的创新思维,而且有助于培养学习者跨学科的综合能力,逐步培养学习者"开拓进取、勇于面对挑战"的营销意识,进而增强学习者职业发展的竞争力。

学习者应在课前自主学习教材内容,进行探索性学习,为课堂学习打下坚实的基础;在课堂上,学习者在教师的指导下与其他成员组成项目团队,依照流程图从"项目导入分析"到"项目理论初试"(在线答题)的步骤,结合企业实际案例,完成策划、执行和评估等环节。学习者还可以在教师设定的特定情境和角色中,扮演不同角色进行模拟演练。课后,期望学习者能够进行拓展阅读、实践应用,建立学习社群,并进行学习反思,明确未来的学习方向。

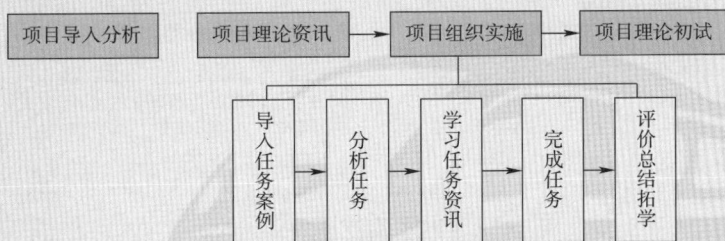

项目导入分析 → 项目理论资讯 → 项目组织实施 → 项目理论初试

导入任务案例 → 分析任务 → 学习任务资讯 → 完成任务 → 评价总结拓学

认识铁路运输市场营销

铁路运输是利用铁路设施、设备运送旅客和货物的一种运输方式,是借助设施设备改变旅客和货物的时空位移。铁路运输具有载运量较大、运行速度较快、运费较低廉、运输准确、遭受风险较小等优点,与其他运输方式比,铁路运输仍存在地域限制、服务速度与质量不高等缺点。因此,一个铁路运输企业要立足运输行业,把握旅客、货物需求流向,发展壮大运输市场,必须重视营销,以此发现与开发目标客户,拉动铁路运输企业后续的"运输、配送、仓储、信息加工"等业务开展。

学习目标

素质目标	知识目标	技能目标
①通过学习与实训,培养营销意识与营销素养; ②培养沟通能力、团队合作能力、社会适应能力与创新能力	①掌握铁路运输市场营销的概念、核心术语、作用; ②掌握铁路运输市场营销的基本特点与流程; ③了解铁路运输市场营销观念与理念的发展脉络	①能够运用铁路运输市场营销的核心术语; ②能够从观念与理念等角度,认识与分析铁路运输企业的营销活动

知识结构

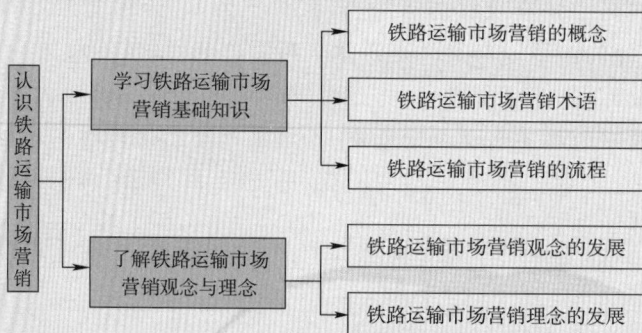

认识铁路运输市场营销
- 学习铁路运输市场营销基础知识
  - 铁路运输市场营销的概念
  - 铁路运输市场营销术语
  - 铁路运输市场营销的流程
- 了解铁路运输市场营销观念与理念
  - 铁路运输市场营销观念的发展
  - 铁路运输市场营销理念的发展

思政微课

大瑞铁路
修建的故事

任务一 学习铁路运输市场营销基础知识

【任务导入案例】

太原铁路"坐商"变"行商" 打造现代物流新格局

中国铁路货运量最大的太原铁路局集团公司,在全国铁路货运改革中,将构建"门到门"接取送达网络,实现"门到门"全程"一口价"收费,推动铁路货运加快向现代物流转变。2024年以来,太原铁路局集团公司持续深化货运市场化改革,大力发展多式联运,打造"公转铁"模式,加快铁路专用线建设,助推铁路现代物流体系建设。2013年,太原铁路局在2012年成立的路局货服中心的基础上,组建了三级营销机构的货运营销中心。货运营销中心下设市场策划部、客户服务部、营销计划部、物流管理部、运价管理部、质量管理部、技术保障部等7个部门,形成了集需求受理、产品设计、物流服务、质量保障、投诉理赔于一体的完整链条,以满足客户一站式办理、一条龙服务的需求。

太原铁路物流中心货运营销队伍打破传统的"坐、等、靠"经营模式,由"坐商"变"行商",主动出击,深入一线,向着客户需求"跑",围绕货源开发"跑",冲着货运上量"跑"。

太原铁路物流中心货运营销一线工作人员石映俊,从事铁路货运工作20余载,2024年他的营销里程从过去的400km,延长到了2700km。石映俊说:"只有和客户面对面交流,才能更深入地了解客户需求,针对性实施合适的运输方案。我第一次到一个企业洽谈就碰了钉子。后来,我多次耐心讲解铁路最新优惠政策,认真帮忙算经济账、效率账,提供'一企一策'方案,最终打消了企业负责人的顾虑。"他经过多次与客户面对面沟通,促使企业货物运输"公转铁",达成了年度160万吨氧化铝入疆铁路运输项目的顺利落地,预计实现运输收入约4.8亿元。

2024年上半年,大同铁路物流中心签订了第一单物流总包业务,帮助唐山市首钢集团矿业公司环保产品机制砂通过"公铁水"多式联运方式供货上海建工集团。该业务有效降低了企业物流成本,缓解了唐山周边汽运压力。据了解,上述铁路物流总包服务是"公铁水"三种运输方式的总体承包,是从市场需求分析、物流方案设计,到干线运输、两端支配、仓储服务以及信息服务全链条、全过程、全方位的整体物流服务。

(信息来源:中国新闻网《太原铁路"坐商"变"行商" 打造现代物流新格局》https://baijiahao.baidu.com/s?id=1806008010249256086&wfr=spider&for=pc,有改动)

引导问题:

1.铁路运输企业(太原铁路局集团公司)是如何开展营销的?采取了哪些具体措施?这些措施起了什么作用?

2.根据此案例,谈谈你对铁路运输营销概念的初步理解。

一、铁路运输市场营销的概念

(一)铁路运输市场营销的定义

铁路运输市场营销,即铁路运输营销,是指铁路企业为了有效满足客户(旅客与货主)的运输需求而系统地提供服务概念、服务方案、服务行为,并为客户创造利益与价值的社会管理过程。铁路运输市场营销是铁路运输企业为了满足客户需求而采取的一系列系统性活动。这些活动不仅有助于企业提高市场竞争力,还能为客户提供更加优质、高效的运输服务。

🔗 行业洞察

精准营销 力保客运"淡季不淡"

中秋、国庆双节过后,铁路客运渐入淡季。连日来,江苏省铁路集团有限公司针对当前客运淡季经营形势,深挖自身潜力,加大客运淡季营销宣传,强化季节性运力调配,促进淡季客运增运增收,力保旅客运输"淡季不淡"。

1. 聚焦热点,调配运力

高铁公司持续跟踪管内客流动向,紧抓网红经济和周边城市赛事、展会等热点,充分挖掘市场客流需求,利用淡季闲置运力增开适应客户需求的列车。2024年10月25—27日,在新沂市举办马陵山马拉松河流音乐节之际,增开徐州东—连云港 G8319/G8320 次列车,满足旅客出行需求。高铁公司在联合站段做好增开列车宣传工作的同时,协同地方交通部门统筹安排短途公交运力,切实为旅客提供夜间乘车返程服务。10月27日,新沂南站发送旅客4564人次,创历史单日客发纪录。

2. 精准营销,引流上线

高铁公司紧抓淡季营销契机,加强与站段协调联动,积极走访地方旅游部门、周边院校等,讲解团体票业务办理、学生优惠资质核验、候补购票变化、车票改签规则等相关事项,介绍铁路便捷购票、安全出行、优质服务的举措,推广宣传全面数字化的客运电子发票服务等新产品,广揽客源,引流上线。"10.11"运行图实施后,截至2024年10月28日,公司管内累计发送旅客209.09万人次,日均发送旅客11.62万人次,累计开行列车6092.5对,日均开行列车338.5对,同比增长3.55%。

3. 优质服务,美好出行

高铁公司管内车站持续做好客运服务质量提升工作。连云港站开设服务台"小讲堂",定期举办服务质量专题讲座,选派人员参加路内外各项服务技能学习培训,邀请专业礼仪老师传授服务礼仪,开展标准话术演练,进一步提高服务台作业人员的业务技能。邳州东站建立重点旅客服务档案,为重点旅客提供长期预约定向服务,实现老、弱、病、残、孕等重点旅客与车站服务站的直接对接。铁路部门还免费为重点旅客提供专用

候车室、轮椅担架、针线药品、应急充电、行李搬运、站车联动等亲情化服务,助力旅客美好出行。

（信息来源:《省铁路集团高铁公司:精准营销 力保客运"淡季不淡"》,江苏省国资委网站 https://jsgzw.jiangsu.gov.cn/art/2024/10/31/art_63902_11407249.html,有改动）

（二）铁路运输市场营销的内容

铁路运输市场营销的内容包括分析铁路运输市场、选择目标铁路运输市场、开发与巩固铁路运输客户、制定铁路运输营销策略与管理铁路运输客户服务。在铁路运输企业中,市场营销内容常以调查报告、计划制订和策划设计等成果表现,具体见表1-1。

铁路运输市场营销的内容 表1-1

序号	内容	成果表现形式
1	分析铁路运输市场	铁路运输市场环境调查报告、铁路运输市场需求预测报告
2	选择目标铁路运输市场	目标市场选择与定位报告
3	开发与巩固铁路运输客户	铁路运输目标客户开发策划方案
4	制定铁路运输营销策略	铁路运输营销组合方案(产品上市推广方案等)
5	管理铁路运输客户服务	铁路运输客户服务总结报告等

（三）铁路运输市场营销的本质

铁路运输市场营销的本质是发现与满足铁路运输客户的需求。铁路运输市场营销需要深入理解客户需求,优化铁路运输服务设计,提升铁路运输服务质量,制定灵活的定价策略,强化品牌建设,利用数字技术,建立合作伙伴关系,并持续改进和创新。通过这些措施的实施,可以更有效地满足铁路运输客户的需求,提升客户满意度和忠诚度,从而推动铁路运输市场的持续发展。运输服务在客户与企业之间进行交换,客户解决问题满足需求、企业获得相应的经济收益,两者实现各自的目标价值。

二、铁路运输市场营销术语

铁路运输行业中有一系列营销术语,主要包括:铁路运输需要、铁路运输欲望与铁路运输需求;铁路运输产品与铁路运输服务;铁路运输效用、铁路运输成本与铁路运输价值;铁路运输交换与铁路运输交易;铁路运输市场与铁路运输市场营销。

（一）铁路运输需要、铁路运输欲望与铁路运输需求

铁路运输需要是指客户(旅客与货主)感受到对运输服务的匮乏状态。例如,旅客通过铁路交通方式去北京,企业或个人希望发送信件、邮寄包裹与运送货物等。铁路运输需要不是被激发出来的,而是客户自生的。

铁路运输欲望是指客户经由文化和个性塑造后采取的满足需要的具体服务形式。客户

的需要是有差别的。例如,旅客想去北京,由于旅客情况不同,商务人士大多会选择高铁一等座与软卧,学生大多选择二等座、硬卧等。

铁路运输需求是指客户具有相应购买力或支付能力去实现的欲望。人们的欲望几乎无穷尽,但是资源有限,所以人们总是在有限支付能力内选择自己最满意的运输服务。当客户拥有足够的购买力或支付能力后,运输欲望就变成运输需求。例如,学生乘坐火车出行,其支付能力强弱在一定程度上决定选择普座、二等座还是一等座等。

(二)铁路运输产品与铁路运输服务

铁路运输客户满足运输需求是靠铁路运输产品与铁路运输服务来实现的。铁路运输产品是铁路运输企业提供给市场满足其需求的各类载体和服务。铁路运输服务是铁路运输整体产品的一部分,是除提供满足运输需求的服务之外的延伸与附加服务,如提供手机免费充电器等便民点。

铁路运输产品通常包括两部分:一部分是铁路运输需求者的铁路运输产品,提供服务的企业必须考虑这些产品的性质、特征、生命周期、分类、重量、体积、形状等,如火车票、包装袋、运单、集装箱等。另一部分是服务于产品的服务过程。铁路运输产品与有形产品有着很大不同。由于铁路运输产品大都是无形的、不可感知的,客户购买服务的过程实质上是感知服务的过程,如乘坐高铁、高铁速递等。

知识拓展

整体产品的认识与分析

企业所提供的产品一般是"产品的整体概念"。产品是指人们通过购买而获得的能够满足某种需求和欲望的物品的总和,它既包括具有物质形态的产品实体,也包括非物质形态的利益。产品整体概念包含核心产品、有形产品、期望产品、延伸产品和潜在产品五个层次。例如,某品牌手机的整体产品分析图(图1-1)。

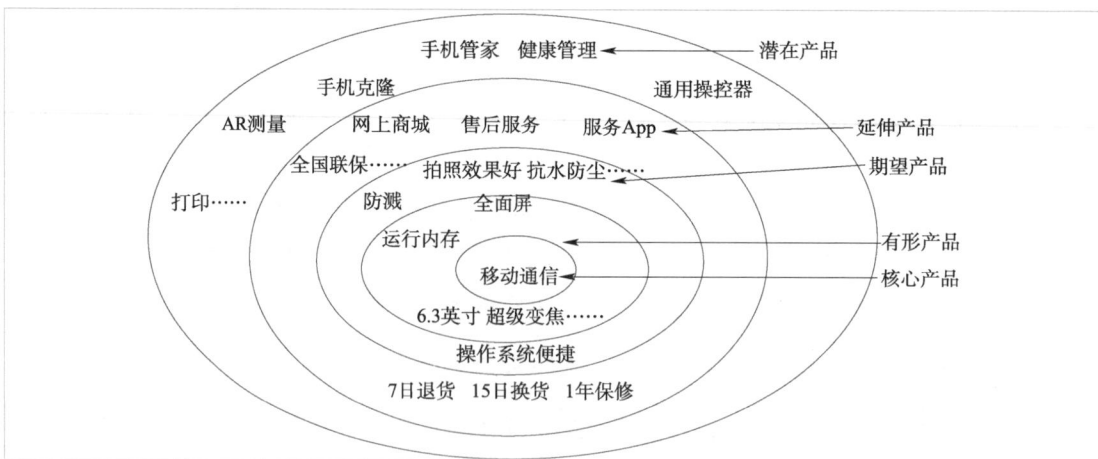

图1-1 某品牌手机的整体产品分析图

（三）铁路运输效用、铁路运输成本与铁路运输价值

铁路运输效用是客户对铁路运输服务满足其需求的整体能力（程度）的自我主观评价。铁路运输成本是客户为获得铁路运输服务而支付的费用。铁路运输价值是指客户获得铁路运输效用与付出铁路运输成本之间的差额。具体内容与范例见表1-2。

铁路运输效用、成本与价值的内容与范例 表1-2

类型	内容	范例
铁路运输效用	地点效用、时间效用、占有效用	（1）旅客在12306App直接购买高铁票，而非在客运网点或者车站购买，获得了地点效用； （2）客站选用"刷脸"进站技术与设备，给旅客创造了时间效用； （3）客户选用高铁速递当日达物流服务，从而获得了占有效用
铁路运输成本	货币成本、时间成本、体力成本、精神成本	（1）客户选用高铁速递当日达物流服务付了130元的服务费用； （2）旅客网上下单花了1min买到高铁票，不用等待，直接凭借身份证刷脸进站享受高铁服务； （3）旅客凭借身份证刷脸进站享受高铁服务； （4）旅客不用担心排很长队去买票与进站
铁路运输价值	铁路运输价值＝铁路运输效用－铁路运输成本	（1）铁路运输效用既定情况下，铁路运输成本越低，客户获得的运输价值越高； （2）铁路运输成本既定情况下，企业为客户提供的铁路运输效用越多，客户获得的运输价值越高

（四）铁路运输交换与铁路运输交易

铁路运输交换是客户从铁路运输企业处获得所需铁路运输服务而付出资源代价的行为。它是一个过程，发生在一个时段。

铁路运输交易是客户以资源交换铁路运输服务的交换结果。它是一个结果，发生在一个时间点。

铁路运输市场营销的实质就是一种交换，是铁路运输企业诱发客户对某种服务产生兴趣并购买的交易行为过程。

（五）铁路运输市场与铁路运输市场营销

铁路运输市场是指铁路运输产品的现实与潜在客户的集合。

铁路运输客户，即铁路运输顾客，是对铁路运输产品有需求的个人或组织。这些需求可能涉及货物或人员运输，具体取决于铁路运输服务的类型。

铁路运输市场营销是以满足客户铁路运输需求为目的，通过铁路运输市场变潜在交换为现实交换的活动。在铁路运输企业与铁路运输客户之间的交换过程中，如果一方比另一方更主动、更积极地寻求交换,则主动积极一方被称为铁路运输市场营销者,另一方被称为铁路运输潜在客户或铁路运输现实客户。假如双方都积极主动地寻求交换,那么双方都被称为营销者,这种活动则被称为相互市场营销。

其中,铁路运输潜在客户是对铁路运输产品可能具有购买欲望与购买能力的个人或组织;这些客户可能正在考虑使用铁路运输服务,或者正在比较不同运输方式的成本和效益,目前尚未与铁路运输企业建立交易关系。铁路运输现实客户是对铁路运输服务具有购买欲望与购买能力的个人或组织;他们可能已经与铁路运输企业签订了运输合同,或者已经使用了铁路运输服务。这些客户是铁路运输企业当前收入的直接来源,他们的满意度和忠诚度对于铁路运输企业的持续发展和市场份额的维持至关重要。

知识拓展

市场不是指固定的商品交换的场所,也不是商品流通概论当中所定义的各种交换关系的组合。这里的市场指的是顾客群。市场由某种产品(服务)的现实顾客与潜在顾客所构成。市场的分类具体如下。

1. 按购买者的购买目的和身份划分

消费者市场是指为满足个人消费需求而购买产品和服务的个人和家庭所构成的市场。

生产商市场是指为满足工业生产需求而购买产品和服务的使用者所构成的市场。

转卖者市场是指为满足企业转售经营需求而购买产品和服务的个人或企业所构成的市场。

政府市场是指各级政府为了开展日常政务活动或为公众提供服务,在财政的监督下,以法定的方式、方法和程序,通过公开招标、公平竞争,由财政部门直接向供应商付款,从国内市场为政府部门购买货物、工程、劳务的行为。

2. 按照企业的角色划分

买方市场是指企业或个人在市场上是购买者,购买需要的产品。

卖方市场是指企业或个人在市场上是销售者,出售自己的产品。

3. 按地理区域位置划分

国际市场、国内市场、城市市场、农村市场。

4. 按交易对象是否具有物质实体划分

有形产品市场、无形产品市场。

5. 按交易对象的具体内容不同划分

商品市场、现货市场、期货市场。

三、铁路运输市场营销的流程

(一)发现市场机会

在铁路运输市场中,市场机会是指铁路运输市场上存在的尚未满足或尚未完全满足的需求。它存在于铁路运输活动环节的各个方面,是多种多样的。但对某一个企业来说,众多的市场机会中仅有很少一部分才具有实际意义。铁路运输企业可以通过以下几种方法来发现新的市场机会。

1. 市场信息搜集法

市场营销人员可经常通过阅读报纸和期刊、网上浏览、参加展销会、研究竞争者的产品、召开献计献策会、对消费者展开调查等方法来寻找、发现或识别未满足的需求。

2. 借助产品/市场矩阵

企业可以考虑市场渗透、市场开发、产品开发和多角化经营来寻找市场机会。实践证明,通过这种方法寻找、发现市场机会非常有效。

3. 一体化法

一体化法是指铁路运输企业通过建立或者并购与企业现有业务有关的业务,来寻找市场机会。例如,铁路运输企业可以将业务衍生到产供销等各个环节,生产、加工、仓储甚至房地产等。一体化法通常包括后向一体化、前向一体化与水平一体化。

(二)选择目标市场

铁路运输企业在前期市场机会的分析基础上,将市场按照某标准或依据划分为若干子市场(市场细分),根据企业自身、市场与竞争状况选择一个或几个子市场为目标市场(确定目标市场),并在目标市场中推广与传播本企业的产品(服务)的特色与竞争优势(市场定位)。

市场细分是铁路运输企业根据旅客或货主的需求、偏好、购买行为等因素,将整个市场划分为若干个具有相似特征的子市场或细分市场。这些细分市场之间具有明显的差异性,而同一细分市场内部的消费者则具有较大的相似性。在确定目标市场时,铁路运输企业需要评估各个细分市场的吸引力,并结合自身的资源、能力和竞争状况,选择一个或几个细分市场作为目标市场。市场定位是铁路运输企业在目标市场中推广与传播本企业产品(服务)的特色与竞争优势的过程。通过市场定位,铁路运输企业可以使自己的产品在目标市场中与竞争对手区分开来,满足消费者的特定需求。

(三)确定营销策略

铁路运输企业针对目标市场的需求,对企业内部的产品(服务)、价格、渠道、促销等可控营销因素进行优化组合与综合运用,以满足目标市场的需求,更好地实现企业的营销目标。铁路运输企业的营销策略,即营销组合策略,是铁路运输企业开展营销活动的具体蓝图与行动计划。营销组合本质上是铁路运输企业整合自己能运用的所有可控手段,去满足铁路客户的需求,从而实现企客双赢。铁路运输市场营销组合的具体内容是分析市场机会、进行市场细分、确定目标市场、设计铁路运输服务项目、初步接触客户,基于客户需求将企业可以控制的产品策略、价格策略、渠道策略、促销策略等进行最佳组合(图1-2),并融合社会与企业内部资源,使它们有机结合,系统发挥作用,以满足客户需求,创造竞争优势,实现企业的营销目标。

设计铁路运输产品策略	制定铁路运输价格策略
铁路运输市场营销组合	
管理铁路运输渠道策略	制定铁路运输促销策略

图1-2 铁路运输企业营销组合策略

铁路运输市场营销组合是根据客户的需求和企业的营销目标来确定可控营销因素的最佳组合。铁路运输企业的营销人员在营销活动中,识别营销组合因素,通常会有三个衡量标准,也是铁路运输市场营销组合的三大特点,具体如下:

(1)可控性。作为营销组合要素,可控性是被铁路运输企业拥有、能自主控制、较少受企业外部因素影响的。例如,铁路运输企业可以决定从北京发往上海的车次、车型、停经车站或票价等。

(2)动态性。随着市场竞争和客户需求特点及外界环境的变化,铁路运输企业必须对营销组合随时纠正、调整,促使企业保持竞争力。铁路运输企业的营销组合中,产品、价格、渠道、促销四大因素又包含若干因素,局部子因素又可组合成子组合,变化无穷。例如,铁路运输企业可以根据市场需求来选择确定铁路货运具体服务,制定具有竞争力的价格,选择最恰当的销售渠道和促销媒体。10年前的铁路"黑货"运输服务到现今的"白货黑货"运输服务,铁路企业并不是在真空中制定市场营销组合。

(3)整体性。铁路运输企业营销组合策略需要围绕企业经营目标进行整体谋划,考虑产品策略、价格策略、渠道策略、促销策略的相互协调与配合,为目标客户提供一体化的服务解决方案,企业各职能部门在采取部门策略时也要从整体出发。

铁路运输市场营销组合在企业实际工作中有三方面的重要意义:①制定营销战略的基础;②应对竞争的有力手段;③协调铁路运输企业各部门工作的纽带。

另外,铁路运输企业在运用市场营销组合策略时,还必须考虑铁路运输企业的营销战略、铁路运输企业的营销环境、目标市场特点、企业自身的资源情况等约束条件。

(四)管理营销活动

管理营销活动是指铁路运输企业对营销业务活动进行有效的计划、组织、实施与控制的一系列过程。这些活动旨在满足客户需求,提升品牌形象,增加销售额,并促进企业的长期发展。以下是管理营销活动的主要组成部分。

1. 营销计划

营销计划是管理营销活动的起点,它涉及对市场环境、竞争对手、目标客户群以及企业资源和能力的全面分析。基于这些分析,企业需要设定明确的营销目标,如销售额增长、市场份额提升、品牌知名度提高等。然后,企业需要制定具体的营销策略,包括产品策略、价格策略、促销策略和渠道策略,以支持这些目标的实现。

2. 营销组织

营销组织涉及确定营销活动的组织结构、人员配置和职责分工。企业需要建立一个高效的营销团队,明确每个成员的职责和权限,以确保营销活动的顺利进行。此外,企业还需要为营销团队提供必要的培训和支持,以提高成员的专业技能和综合素质。

知识拓展

铁路营销人员的基本素质

铁路营销人员的基本素质涵盖了多个方面,这些素质共同构成了他们成功履行职责的基础。以下是对铁路营销人员基本素质的详细阐述。

1. 专业知识与技能

(1)熟悉政策法规。铁路营销人员需要深入了解我国铁路相关政策法规,确保营销活动符合法律法规要求,避免法律风险。

(2)掌握市场分析方法。铁路营销人员需要具备铁路运输市场分析能力,能够准确判断市场趋势,为营销策略的制定提供有力支持。

(3)物流管理知识。铁路营销人员掌握一定的物流管理知识,有助于优化运输流程,提高运输效率,降低成本。

2. 沟通与协调能力

(1)良好的沟通能力。铁路营销人员需要与客户、政府部门及企事业单位建立良好关系,这要求他们具备出色的沟通能力,能够准确、有效地传达信息,理解客户需求,解答疑问。

(2)协调能力。在铁路运输市场营销过程中,经常需要协调各方资源,包括运输部门、仓储部门、销售部门等,以确保营销活动的顺利进行。因此,协调能力也是铁路营销人员必备的基本素质。

3. 市场营销能力

(1)市场调研与策划。铁路营销人员需要具备市场调研能力,能够收集并分析市场信息,制定有效的营销策略。同时,还需要具备一定的策划能力,能够设计出具有吸引力的营销活动方案。

(2)推广能力。铁路营销人员应能够运用各种营销手段(如广告宣传、促销活动等)提高产品或服务的知名度,扩大市场份额。

4. 团队协作能力

(1)团队精神。铁路营销人员通常需要在团队中工作,因此他们需要具备良好的团队协作能力,能够与团队成员有效沟通、协作,共同完成任务。

(2)领导能力。作为团队的一员或负责人,铁路营销人员还需要具备一定的领导能力,能够激发团队成员的积极性,带领团队高效完成目标任务。

5. 创新与学习能力

(1)创新思维。面对快速变化的市场环境,铁路营销人员需要具备创新思维,能够捕捉市场动态和趋势,制定出具有前瞻性的营销策略。

(2)学习能力。铁路营销人员需要不断学习新知识和技能,包括市场营销理论、铁路运输技术、行业政策法规等,以适应市场的变化和行业的发展。

6. 职业道德与责任心

(1)职业道德。铁路营销人员应遵守公司规章制度和行业规范,诚信为本,尊重客户和同事,维护公司形象和声誉。

(2)责任心。铁路营销人员应对自己的工作负责,尽职尽责地完成各项任务,确保营销活动的顺利进行,提升客户满意度。

综上所述,铁路营销人员的基本素质包括专业知识与技能、沟通与协调能力、市场营销能力、团队协作能力、创新与学习能力以及职业道德与责任心等多个方面。这些素质共同构成了铁路营销人员成功履行职责的基础,也是他们在激烈的市场竞争中脱颖而出的关键。

3.营销执行

营销执行是将营销计划转化为实际行动的过程。这包括制定详细的营销计划时间表、分配资源、协调各方合作以及实施具体的营销活动。在营销执行过程中,企业需要密切关注市场动态和客户需求的变化,及时调整营销策略和行动计划,以确保营销活动的有效性和针对性。

4.营销控制

营销控制是对营销活动进行监督和评估的过程。企业需要建立有效的监控机制,对营销活动的进展、效果和成本进行实时跟踪和评估。通过收集和分析市场数据、客户反馈和竞争对手动态等信息,企业能够及时发现潜在的问题和风险,并采取相应的措施进行调整和优化。

5.营销评估

营销评估是对营销活动进行总结和反思的过程。企业需要评估营销活动的实际效果是否达成预期目标,分析成功和失败的原因,总结经验教训,为未来的营销活动提供参考。通过持续的评估和改进,企业可以不断提升其营销能力和市场竞争力。

综上所述,管理营销活动是一个复杂而系统的过程,需要企业具备全面的市场分析能力、高效的团队协作能力、灵活的策略调整能力和严格的监控评估能力。通过科学的管理和有效的执行,企业可以实现其营销目标,提升品牌形象,增加销售额,并促进企业的长期发展。

行业模范

雷凤:货运营销
一线的"铁娘子"

任务二　了解铁路运输市场营销观念与理念

【任务导入案例】

春运期间,广州火车站迎来了一批又一批的回乡旅客,为了保障旅客顺利地踏上回家的列车,相关单位和志愿者坚守一线,提供各种暖心的服务。

广场上的便民服务点提供手机免费充电、24h 热水供应,每天晚上 10 时,向旅客派送热粥。同时,为了应对恶劣天气等突发情况,便民服务点准备了一次性雨衣供市民使用。此外,便民服务点还设有春运医疗点,身体不适的旅客可以及时得到治疗。

位于 15 号棚的母婴候车室,贴心地准备了奶粉、米糊、婴儿纸尿裤、毛毯、常用药等,预计能为旅客提供开水约 500 桶,一次性雨衣约 10 万件,热粥约 3 万碗,婴儿纸尿裤 2000 片,等等。

在广州火车站西广场出入口,设置单体流动公厕 20 座,配备专人 24h 三班制保洁作业,并提供免费纸巾和洗手液,方便旅客使用。

引导问题:

1. 广州火车站提供了哪些特色服务?

2. 试分析,广州火车站秉承什么样的服务理念,指导其为回乡旅客提供服务?

营销观念作为一种指导思想和经营观念,是不同行业的不同企业一切经营活动的出发点,它支配着企业营销实践的各个方面。企业营销观念的正确与否、是否符合市场环境的客观实际,将直接影响企业营销活动的效率和效果,进而决定企业在市场竞争中的兴衰存亡。因此,奉行正确的营销理念,是铁路运输企业组织市场营销实践的核心和关键所在。

铁路运输市场营销观念是铁路运输企业在开展铁路运输营销的过程中,处理铁路运输企业、客户和社会三方利益方面所持的态度、思想和观念。铁路运输市场营销观念的发展经历了生产观念、产品观念、推销观念、市场营销观念、社会市场营销观念的五个阶段,如图 1-3 所示。

| 生产观念 | 产品观念 | 推销观念 | 市场营销观念 | 社会市场营销观念 |

图 1-3　铁路运输市场营销观念的发展

一、铁路运输市场营销观念的发展

(一)生产观念

生产观念认为,企业要以增加产品(服务)数量为中心,有什么样的产品(服务),就卖什么样的产品(服务)。企业以生产为中心,组织和利用所有资源,集中一切力量提高生产效率和扩大分销范围,增加产量,降低成本。以生产观念指导营销活动的企业,称为生产导向企业。在很久之前,铁路部门经营思想仍停留在生产观念上,以自我为中心,扩大服务量与服务范围。

(二)产品观念

产品观念认为,客户喜欢高质量、多功能和具有特色的服务。因此,企业致力于生产优质服务,并不断精益求精。产品观念会导致"营销近视症",把服务项目等同于需求,过度重视服务和服务的质量,看不到市场需求及其变动,忽视竞争者的市场行为。

(三)推销观念

推销观念是生产观念的发展与延伸。推销观念认为,客户通常会购买迟疑或抗拒购买,需要企业大力开展推销和促销活动,刺激消费者多购买。企业只重视销售自身所能提供的服务而非客户想要的服务。

(四)市场营销观念

市场营销观念不是以企业现有的服务为出发点,而是以市场需求为起点,向客户销售其所需的服务。市场营销观念相信,决定生产什么服务的主权不在生产者,也不在政府,而在消费者。这种观念认为,首先要确定铁路运输市场上目标客户的各种需求,并且比竞争对手更有效地传递目标市场期望的服务,比竞争对手更有效地满足目标市场需求,按其需求进行整体营销,实现盈利。

⚬ 行业洞察

铁路部门"坐等上门"到"主动出击"

经济结构的调整,铁路原有的大宗货源锐减,加之公路、海运、空运的激烈竞争,铁路货源严重分流,这些因素叠加在一起,导致铁路货运量大幅度下滑,甚至下跌至历史冰点。然而,铁路部门审时度势,果断进行货运改革。观念的转变,既带来了角色的转换,也赢来货运市场生机一片。

从"坐等上门"到"主动出击"的转变,带来货运市场的繁荣。铁路部门一改过去"坐等上门"的老习惯,"主动出击"找市场。通过走访老客户,拜访新客户,宣讲铁路的运输费用低、运输效率高、运到时限短、安全保障强等运输优势以及铁路运输为民、利民、惠民等的相关政策,逐渐把货源吸引到铁路上来。通过3年多的努力,京津冀货物快运累计客户近6万家,其中个人客户是主体,达到53999家,零散货物发送量达到15863.5万件。最有力的证明就是现在占地300多亩(1亩 ≈ 666.67 m²)的北京市大兴区的京铁物流中心,日夜都有上千人在这里作业,再次呈现货运市场的繁荣景象。

从"铁老大"到"店小二"的转变,增强了货运市场的吸引力。铁路部门一改过去的"门难进、脸难看、事难办"的铁老大形象,尽最大努力热心满足每一位客户不同的需求。现在实现了随到随办的零等待办理业务,业务模式也实现多元化,电话、传真、互联网都能办理铁路发货业务,甚至开办"门到门"运输,为客户提供全套物流解决方案,客户一个电话即可实现货物直接送到家。身份的转变带来货运量的急剧上升,为了不断满足货运需求,京津冀已陆续建成货物快运作业站 76 个、办理站 185 个、无轨站 35 个,这就是京津冀货物快运业务蓬勃发展的真实写照。

（信息来源:浙江物流网 https://www.zgsyb.com/news.html? aid = 421971,有改动）

（五）社会营销观念

社会营销观念是以社会长远利益为中心,兼顾社会公众、消费者与企业三方利益的市场营销观念,是对市场营销观念的补充和修正。全球环境破坏、资源短缺、人口爆炸、通货膨胀和忽视社会服务等问题日益严重,要求企业顾及消费者整体利益与长远利益的呼声越来越高。企业生产经营不仅要考虑消费者需求,而且要考虑消费者和整个社会的长远利益。理想的营销决策应综合考虑消费者需求的满足、消费者和社会的长远利益、企业的经营效益。

二、铁路运输市场营销理念的发展

（一）大市场营销

针对现代世界经济迈向区域化和全球化,企业之间的竞争范围早已超越本土,形成了无国界竞争的态势,提出了"大市场营销"观念。大市场营销在原有的市场营销组合中,又加入了政治权力(political power)和公共关系(public relations)两种重要手段,从而更好地保证市场营销活动的有效性。

行业洞察

"大市场营销观念"下的铁路"一带一路"

"一带一路"是"丝绸之路经济带"和"21 世纪海上丝绸之路"的简称。自共建"一带一路"倡议提出以来,我国坚持"共商共建共享"理念和"高标准、可持续、惠民生"原则,打造了一批具有示范意义的标志性工程和互联互通项目,铁路在其中发挥了极为重要的作用。在东南亚地区,雅万高铁、中老铁路等"一带一路"标志性工程客货运量成倍增长。

雅万高铁连接印度尼西亚雅加达和万隆,最高运营时速 350km,是东南亚首条高速铁路、"一带一路"倡议的标志性工程和印尼国家战略项目,也是中国高铁全系统、全要素、全生产链走出国门的"第一单",每日开行动车组列车由开通初期的 14 列增至高峰期的 52 列,累计发送旅客近 500 万人次。雅万高铁的建设与开通,优化了沿线地理及社会环境,增加了当地就业机会,助力了印尼民众加速奔向美好生活,成为中印尼共建"一带一路"合作的"金字招牌"。

在东南亚地区,还有一条改变当地人民命运的铁路——中老昆万铁路(简称中老铁路),全长 1035km,是连接中国云南省昆明市与老挝万象市的电气化铁路,是"一带一路"倡议提出后首条以中方为主投资建设且直接联通的国际铁路,也是实现"一带一路"共建国家交通基础设施互联互通的纽带。在建设中老铁路的过程中,复杂如地质博物馆一般的自然地理环境让工程人员付出了大量心血。线路开通后客货两旺,老挝段日均开行旅客列车累计发送跨境旅客 27.3 万人,跨境货物列车累计运输跨境货物近 1000 万吨,为老挝增加物流、交通、商贸及旅游等就业岗位 10 万余个,人们的出行变得更加安全、高效,越来越多老挝山区青年沿着这条铁路走出山野、拥抱世界。中老铁路现已成为"国际黄金大通道","澜沧号"动车组已成为老挝的"国家名片"。

(信息来源:中国日报中文网《铁路助力"一带一路"链接文明》,有改动)

(二)绿色营销

绿色营销是一种将企业自身利益、消费者利益和环境保护利益三者统一起来的营销方式。绿色营销强调在营销活动中注重生态环境保护,促进经济与生态环境的协调发展,实现企业、消费者和社会的共同利益。绿色营销的核心在于按照环保和生态原则选择和确定营销组合,在绿色技术、绿色市场和绿色经济的基础上,回应人类的生态关注。与传统营销相比,绿色营销不仅关注消费者和企业自身利益,还考虑整个社会和环境的利益,强调在追求自身利益的同时不破坏环境和生态。

行业洞察

铁路工程的绿色营销

我国是一个资源相对贫乏的大国,对资源的合理利用已经成为 21 世纪我国经济可持续发展首先要解决的一个大问题。由于铁路工程是典型的资源和能源大量消耗的产业,铁路的修建和运营改变了自然环境,影响了生态环境。一方面,铁路建筑企业的活动为人类创造了一个适于人类发展的环境;另一方面,铁路建筑企业的活动造成了环境污染和破坏。

因此,在铁路建设项目施工中实施绿色营销策略具有较强的现实意义。中铁一局集团有限公司从绿色工程、绿色促销、绿色价格和绿色技术等方面开展绿色营销,使铁路建设项目达到社会效益、经济效益、生态效益相互协调的目的,保证企业可持续发展。

在我国,绿色营销已经有了初步的发展。绿色营销策略对中铁一局集团有限公司拓展新市场、提高竞争力具有一定的参考价值。

(信息来源:李勤《中铁一局集团有限公司绿色营销策略研究》,有改动)

（三）整合营销

整合营销是指一种对各种营销工具和手段的系统化结合，根据环境进行即时性的动态修正，以使交换双方在交互中实现价值增值的营销理念与方法。整合营销观念认为，企业的所有部门（含营销部门）都要为满足客户需求而工作，企业的所有部门不仅要考虑顾客利益，还要考虑企业利益。通过整合营销，可以实现二者的统一，形成持久的竞争优势。整合营销观念把企业的营销由策略提升到战略的层次，从而提高了业务整合和系统规划的必要性。

（四）关系营销

关系营销是指企业在赢利的基础上，识别、建立、维护和巩固与客户及其他伙伴之间的关系，以实现参与各方的目标，从而形成一种兼顾各方利益的长期关系，是把营销活动看成一个企业与消费者、供应商、分销商、竞争者、政府机构及其他公众发生互动作用的过程，其核心是建立和发展与这些公众的良好关系。关系营销是一种注重与各方利益相关者建立和维护良好关系的营销策略。通过双向沟通、合作与共赢以及长期关系的建立，关系营销有助于企业实现营销目标，提高市场份额和市场竞争力。

（五）网络营销

网络营销是指基于互联网、移动互联网及社会关系网络等平台，利用信息技术与软件工具，通过在线活动创造、宣传、传递客户价值，对客户关系进行管理，为客户提供概念、产品、服务的新型营销活动。

🔗 行业洞察

95306 货运电子商务平台升级

中国国家铁路集团有限公司（简称国铁集团）积极适应我国数字经济发展要求和企业、货主服务需求，于 2021 年对中国铁路 95306 网站（http://www.95306.cn）铁路货运电子商务平台（铁路 95306 平台）进行了整体升级改版，实现铁路货运业务全程网上办理，并同步创新货运组织模式和业务办理流程，努力让信息多跑路、企业货主少跑腿，大幅提升了铁路货运便利化程度和货主发货体验，有效推动了铁路货运提质增效。

截至 2022 年 6 月 8 日，铁路 95306 平台整体升级满半年，平台运行良好，作用日益凸显，累计网上办理货运业务 1790 万单，涉及货物 18 亿吨，为物流保通保畅提供了有力支撑。这是继成功打造全球最大的铁路客票实时交易系统 12306 之后，铁路货运服务的革命性变革，至此，国铁客货运输核心业务完成数字化转型。

全程网上办理，提供便捷服务。铁路 95306 平台整体升级后，具备 7×24h 全天候网上办理功能，为客户提供运单提报流转、费用支付、领货理赔和专用线交接等全流程服务。

目前,全国铁路3649个货运营业站、8392条专用线全部具备网上办理条件,全程通过中国铁路95306网站、客户端和微信公众号办理货运业务的货主比例达81%,电子运单使用比例达97%。6900多家企业使用电子营业执照在平台自助注册,5.5万家货主申领数字证书并通过电子签名办理业务,有效解决了受疫情影响难以线下办理货运业务和传递单据等问题,极大地方便了广大货主发货,同时每年可为货主节省往返铁路货运站的人工、交通等综合成本10亿元以上。

优化平台功能,提升货主体验。铁路95306平台整合了各类信息系统数据,建立了全国统一的货车在途轨迹数据库,实现了货物追踪和预测到达等功能,方便货主提前安排取货和开展生产经营。原来由人工办理的客户注册、费用测算缴纳等服务,均实现平台在线自动办理,大大提高了工作效率,减少了工作量和人工差错。目前,中国铁路95306网站日访问量达488万次;客户端活跃用户日均使用时间达72min,全程追踪功能日均使用超过5万次,平台受到货主欢迎和好评。

推进集约经营,促进提质增效。依托铁路95306平台,将原来分散在各货运营业站的需求受理、核算制票、收费对账、发票开具、领货手续、理赔、客服等业务集中到铁路局集团公司货运受理服务中心"云端"办理,统一服务标准,作业管理更加透明规范,作业效率大幅提高。货运办理人均受理量从原来的每日45车提高到400车以上,增长789%;人均制单量从原来的每日27车提高到180车,增长567%,推动了国铁企业提质增效。货主日常发货,可以通过"云端"全程办理,如有个性化需求和深度合作意向,可以到铁路局集团公司货运受理服务中心进行面对面洽谈。国铁集团将精准制定一揽子物流解决方案,为各类市场主体提供优质运输服务。

下一步,国铁集团将持续跟踪铁路95306平台运行情况,及时收集企业和货主的需求建议,不断优化完善平台服务功能,进一步提升客户体验。广大货主朋友可通过95306客服电话、App和微信公众号办理和咨询相关业务。

(信息来源:人民铁道网 https://www.peoplerail.com/rail/show-2020-491826-1.html,有改动)

(六) 自媒体营销

自媒体营销(社交媒体营销)是指通过社交媒体等互联网渠道,自主创造和发布内容,以推广产品、服务或品牌的一种营销方式。它是利用数字化手段,通过博客、微博、微信、短视频等平台,向大众传递信息,实现营销目标。

自媒体营销是基于自媒体内容本身及自媒体平台的营销形式的总和。自媒体是指私人化、平民化、普泛化、自主化的传播者,以现代化、电子化的手段,向不特定的大多数或者特定的单个人传递规范性及非规范性信息的新媒体的总称。自媒体营销则是利用这些平台和内容,进行品牌推广、产品销售等的活动。

案例

中国铁路《3285 个铁路车站的回信》

《3285 个铁路车站的回信》以火车站为第一视角,将镜头延伸到 15.5 万 km 铁路线、4.2 万 km 高铁线上,关注火车司机、检修工、接触网工、养路工、上水工、信号工等平凡岗位和平凡人物,生动讲述春运期间一线铁路职工坚守奉献的故事,讴歌铁路人深入践行"人民铁路为人民"宗旨、温暖旅客回家路的精神风貌。作品场景丰富、叙事生动、情绪饱满,体现出鲜明的时代特色,传递了铁路春运正能量,是铁路题材短视频作品的创新探索。作品在"中国铁路"微信公众号首发后,被人民日报、新华社等上千家媒体转发,产生了积极的社会反响。

(信息来源:人民铁道网《人民铁道》报,有改动)

(七)大数据营销

大数据营销是以大数据技术为基础,通过对海量数据的收集、整理、分析和挖掘,发现消费者的购买行为、兴趣爱好、需求趋势等信息,从而为企业提供决策支持,实现精准营销。大数据营销的核心在于利用数据驱动市场决策,提高营销效率和效果。

以 5G 智慧车站为例,通过室内蜂窝网络、大数据、人工智能、可视化等技术应用,5G 智慧车站能够实现车站运营管理的智能化和数据化。具体表现为以下三点:①利用大数据平台实现室内外定位、人流轨迹分析、票务数据汇总等功能,为客流分析、应急管理、候车大厅商业价值分析、广告精准投放等提供数据支持。②通过"5G + MEC"专网与车站内的各业务系统进行数据交换,提高车站旅客服务质量、扩展车站服务场景。③在安检环节,利用 5G 将人脸识别数据上传至 AI 云平台进行匹配对比,实现快速安检。

行业洞察

铁路中的大数据营销

大数据营销方式在铁路行业的应用主要体现在提升运营效率、优化客户服务、精准市场营销等多个方面。

1. 提升运营效率

(1)客流量预测与调度优化

铁路运输企业可以利用大数据技术,对历史客流数据进行深入分析,建立客流量预测模型。通过该模型,铁路运输企业可以预测未来一段时间内的客流量,从而提前做好运力安排和调度优化,确保铁路运输的顺畅和高效。

在高峰时段,铁路运输企业可以根据预测结果,适时增加列车班次,满足旅客的出行需求;在低谷时段,铁路运输企业可以减少列车班次,降低运营成本。

（2）设备健康监测与维护

通过大数据分析，铁路运输企业可以对列车和车站设备的运行状态进行实时监测和预警。一旦发现设备异常或故障，铁路运输企业应立即采取措施进行修复或更换，避免设备故障对铁路运输造成影响。

例如，通过对列车运行数据的分析，可以预测列车的维修周期和维修需求，提前进行维护，确保列车的正常运行。

2. 优化客户服务

（1）个性化服务推送

铁路运输企业可以利用大数据技术，对旅客的出行习惯、偏好等信息进行深入挖掘和分析。基于这些信息，铁路运输企业可以向旅客推送个性化的服务信息，如车票优惠、餐饮推荐、娱乐服务等。

通过这种方式，铁路运输企业可以提升旅客的出行体验，提高旅客对铁路服务的满意度和忠诚度。

（2）智能客服与反馈处理

铁路运输企业可以利用大数据技术和人工智能技术，建立智能客服系统。该系统可以自动识别旅客的咨询和投诉信息，并给出相应的解答和处理建议。

通过智能客服系统，铁路运输企业可以更加高效地处理旅客的咨询和投诉，提升客户服务的质量和效率。

3. 精准市场营销

（1）客户画像与精准营销

铁路运输企业可以利用大数据技术，对旅客的基本信息、出行记录、消费习惯等数据进行整合和分析，建立客户画像。通过客户画像，铁路运输企业可以更加深入地了解旅客的需求和偏好。

基于客户画像，铁路运输企业可以制定更加精准的营销策略，如定向广告投放、促销活动设计等。这些策略可以更加有效地吸引旅客的注意力，提高市场营销的效果。

（2）营销效果评估与优化

铁路运输企业可以利用大数据技术，对市场营销活动的效果进行实时监测和评估。通过分析营销活动的数据反馈，铁路运输企业可以了解营销活动的实际效果和存在的问题。

基于评估结果，铁路运输企业可以对营销策略进行优化和调整，提高市场营销的针对性和有效性。

（信息来源：《探讨大数据技术在铁路货运平台中的运用》，有改动）

（八）场景营销

场景营销是在移动互联环境下根据消费者所处的地点、时间和情境，进行场景分析和信息沟通，将线上和线下连接，精准识别场景化需求并以场景触发消费行为，为企业获取用户，使用户建立场景认知和使用习惯提供支持的营销理念。场景营销是对消费场景需求的智能化响应,其本质是顾客导向的营销战略。

与传统营销相比,场景营销更加注重用户的实际需求和目的,通过精细化的用户画像和数据分析,实现更精准的推广。在实际应用中,场景营销通常采用二选一或三选一的方式,避免用户因选择过多而放弃决策。例如,小罐茶和江小白通过解决特定场景下的需求,如外出旅行时方便喝茶,或小聚时饮用,成功吸引了用户的注意。

企业通过移动互联网和场景技术力量的支持,结合场景分析与消费者进行沟通,其目的在于激发消费者的场景感知并引导其消费行为。场景营销具有情境依赖、移动化和个性化、智能化适配和连接等特征。例如,家居馆的样板间,商场超市的一些陈列、氛围营造等都属于场景营销。这里的场景可以是真实的环境,也可以是虚拟的情景,如生活场景、社交情境、娱乐场景等。实际上,作为消费者,我们的生活早已被各种各样的场景营销包围,无论是线下还是线上。

随着社会变迁与科技变革,铁路运输企业将一直秉承营销观念或社会营销观念开展营销行为。同时,其营销理念会与时俱进,如跨界营销、社区营销与裂变营销等多种方式。

铁路运输企业已经逐渐从计划经济时代的生产导向转变为市场导向,即一切经营活动都以市场需求为中心,以满足客户需求为首要目标。企业需要密切关注市场动态和客户需求的变化,及时调整产品和服务策略,以确保与市场的紧密联系。铁路运输企业应致力于合理满足客户的运输需求,通过提供高效、便捷、安全的运输服务,增进社会福利。铁路运输企业需要深入了解客户的运输需求,包括货物种类、运输距离、时间要求等,以便提供定制化的运输解决方案。

铁路运输企业在与客户进行交易时,应遵循等价交换的原则,确保双方都能获得合理的利益,同时应与客户建立长期稳定的合作关系,实现互需互利,共同促进物流行业的健康发展。铁路运输企业应始终将客户放在核心位置,关注客户的体验和满意度。铁路运输企业需要提供个性化、差异化的服务,以满足不同客户群体的需求。同时,铁路运输企业还应加强与客户的沟通和互动,及时收集客户反馈,不断改进服务质量。

铁路运输企业应积极创新营销手段和服务模式,以适应市场的变化和竞争的压力。铁路运输企业可以运用数字化、智能化等技术手段,提升服务效率和客户体验。同时,铁路运输企业还应关注行业动态和竞争对手的策略,及时调整自身的营销策略、以增强竞争优势。

项 目 实 训

【实训目标】

通过实训,学生能了解铁路运输行业的市场营销环境、竞争格局以及目标客户群体,掌握铁路运输营销的核心术语、市场营销观念与理念。鼓励学生基于分析结果,提出对企业营销活动的新见解或改进建议,培养批判性思维和创新能力,为铁路运输行业的市场营销实践提供新思路。

【实训任务】

(1)结合学生学情特点,布置学生调查高铁速递(铁路运输企业)营销状况,实地调查了解并形成简单的调研分析报告。

(2)了解企业的基本情况,包括企业规模、组织结构、业务范围等。

(3)分析企业的市场营销策略,包括产品定位、价格策略、促销手段等。

(4)调查企业的具体营销活动,如广告宣传、促销活动、客户服务等,并收集相关数据。

(5)根据调查和分析结果,撰写案例分析报告,提出企业营销活动的成功经验和不足之处以及改进建议。

【实训步骤】

(1)实训准备:实训场地、设备、材料的准备,以及实训内容的规划和设计。

(2)理论讲解:由教师对铁路运输市场营销的相关理论进行讲解,确保学生对实训内容有基本的了解。

(3)任务分配:将学生分成若干小组,每个小组分配具体的实训任务。

(4)任务执行:学生按照任务分配进行实际操作。

(5)成果展示与评估:各小组展示实训成果,包括市场调研报告、营销策略方案、营销活动效果等,由教师和学生共同进行评估和反馈。

(6)总结与反思:实训结束后,学生进行总结与反思,回顾实训过程中的收获和不足,提出改进建议。

【实训注意】

(1)遵守纪律:严格遵守实训纪律和规定,按时参加实训活动。

(2)认真调查:认真进行实地调查和案例分析,确保数据的准确性和可靠性。

(3)团队合作:加强小组成员之间的沟通和协作,共同完成实训任务。

(4)创新思维:鼓励学生发挥创新思维,提出独特的见解和建议。

【实训成果】

企业调查分析报告与PPT。

在线答题

1.请学生扫描封面二维码,每个码只可激活一次。

2.长按弹出界面的二维码关注"交通教育出版"微信公众号并自动绑定资源。

3.公众号弹出"购买成功"通知,点击"查看详情"进入后选择绑定的图书,即可进行在线答题。

4.可进入"交通教育出版"微信公众号,点击下方菜单"用户服务—图书增值",选择已绑定的教材进行在线答题。

项目二

分析铁路运输市场

　　铁路运输企业正面临需求多样化、市场竞争激烈、运营成本上升、技术创新需求迫切以及政策法规不断变化等多重复杂挑战,需要掌握各种变化、灵活调整策略,以适应市场变化,保持竞争力。

◎ 学习目标

素质目标	知识目标	技能目标
通过学习与实训,提升学生的人际交往能力、岗位能力、团队沟通与合作能力	①了解市场营销环境的定义与作用; ②了解铁路运输企业宏观环境与微观环境的组成; ③了解铁路运输市场营销宏观和微观环境因素、环境分析的流程与方法	①能够综合分析铁路运输市场环境; ②能够设计调查问卷及分析数据; ③能够处理现场调查问题

◎ 知识结构

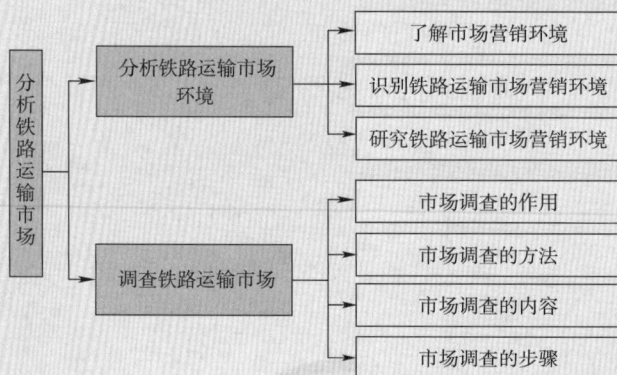

◎ 思政微课

基石型伙伴

任务一　分析铁路运输市场环境

【任务导入案例】

西南铁路开出今年第 100 列旅游专列

2024 年 5 月 22 日 17 时 10 分,搭载 466 名旅客的 Y152/Y153 次"熊猫专列·什邡号"旅游专列从成都西站始发,开往山海关站。这是成都铁路局集团公司今年开出的第 100 列旅游专列。

此趟"熊猫专列·什邡号"旅游专列由四川成都铁路国际商旅集团有限公司组织开行,在遂宁、南充、营山、达州等站办理团体旅客上下车业务,并分别组织旅客前往山海关、哈尔滨、塔河、海拉尔、敦化、丹东、沈阳等地游玩,采取"一线多游、车随人走、人游车停、夜行日游"的开行模式,让旅客充分领略夏季东北不一样的自然风光和人文风情。

今年组织开出的 100 列旅游专列中,有"熊猫专列"13 列、动车组列车 51 列、普速旅客列车 36 列,累计接待旅客近 5 万人次,让大家在美好旅行中享受幸福生活。

成都铁路局集团公司按照"动车快进、普速慢游"运营模式,打造个性化、多样化、高品质旅游专列,积极谋划"西南环线"黄金旅游圈,设计覆盖全国 22 个省份的主题旅游线路,持续提升服务品质,不断满足旅客对美好出行的需求。为提升旅游专列服务质量,更好地满足追求时尚、高品质、高体验度的各年龄段旅客需求,成都客运段积极打造旅游专列服务和管理团队,为旅客提供更加舒适、便捷、温馨的旅行体验。

(信息来源:人民铁道网《人民铁道》报 https://www. peoplerail. com/rail/show-1810-537094-1. html,有改动)

引导问题:

1. 成都铁路局集团公司 2024 年为什么能开行 100 列旅游专列?

2. 根据此案例,谈谈你对铁路运输市场环境的初步理解。

铁路运输是运量起点较高的、大宗长途运输主力的线上运输方式,是干线网络框架和大通道的骨干,是现代运输主要方式之一,也是构成陆上货物运输的两个基本运输方式之一。作为我国国民经济的大动脉和国家重要的基础设施,铁路在国家综合交通运输体系中占据骨干和中枢的地位,是保障国民经济正常运行的重要行业。

铁路运输由于受气候和自然条件影响较小,且运输能力及单车装载量较大,在运输的经常性和低成本性方面占据了优势,再加上有多种类型的车辆,使铁路运输几乎能承运任何商品,几乎可以不受重量和容积的限制,而这些都是其他运输方式所不能比拟的。

一、了解市场营销环境

(一)市场营销环境的含义

市场营销环境是指影响企业生产经营活动的各种因素的总和,包括内部环境和外部环

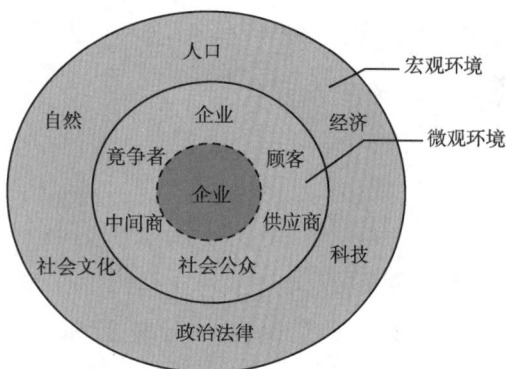

图 2-1　市场营销环境

境,微观环境(直接环境)和宏观环境(间接环境)。

微观环境是企业在营销过程中与企业发生着直接联系的对象。微观环境因素包括:企业、供应商、营销中介(中间商)、顾客、竞争者和社会公众。宏观环境是决定或影响企业市场营销活动的外在力量。宏观环境因素包括:人口环境、经济环境、自然环境、科学技术环境、政治法律环境、社会文化六大部分。市场营销环境如图 2-1 所示。

(二)分析市场营销环境的意义

分析和研究市场营销环境,对于指导运输企业的营销实践具有重大意义。环境因素虽然不决定企业的营销,却影响着企业的营销。因此,铁路运输企业必须根据外部环境的变化,主动调整营销策略,以提高企业的适应能力和应变能力,否则,企业将面临较大的市场风险。

1. 市场营销环境分析是企业营销活动的基础

企业的市场营销活动是在复杂的市场环境中进行的,因此,市场营销环境分析是企业营销活动的基础。社会生产力水平、技术进步变化的趋势、消费者需求结构的改变、国家一定时期的政治经济政策等,都直接或间接地影响着企业的生产经营活动。成功的企业经营者,都十分注重市场调查与市场营销环境分析。忽视市场营销环境分析,通常会使企业生产经营活动遭受影响和冲击。

2. 市场营销环境分析利于企业寻求新的市场营销机会

市场营销环境中的环境威胁和营销机会恰似一枚硬币的两面,一面的存在以另一面的存在为前提,且在一定条件下可以相互转化。企业如果不注重对于市场环境的分析,不仅可能失去新的市场营销机会,而且可能遭到变化了的市场环境的威胁;如果对环境威胁十分重视,积极地寻求规避威胁的对策,不仅可能消除威胁,而且极有可能将威胁转化为企业发展的新机遇。因此,市场营销环境分析利于企业寻求新的市场营销机会。

3. 市场营销环境分析为企业科学决策提供了依据

企业的生产经营活动会受到各种环境因素的制约,企业的内部条件、外界的市场环境与企业经营目标的动态平衡,是科学决策的必要条件。在风云变幻的营销环境和激烈的市场竞争中,适者生存同样是颠扑不破的真理。企业的各种活动与决策都应当具备一定的科学性,这种科学性主要来源于对市场营销环境的客观分析,市场营销环境分析为企业科学决策提供了依据。企业只有认真分析自身的内部条件和外部的市场环境,充分了解自己的实力,才能找出自己的优势和不足,明确它们能够为企业带来哪些相对有利的条件以及企业可能面临的环境威胁,从而为企业的科学决策提供充分的客观依据,促使企业在生产经营过程中得到资源的最优配置,确保企业在激烈的市场竞争中立于不败之地。

■行业模范

李伟的"私人定制"

　　沈阳铁路局集团公司"十大营销状元"之一、锦州货运中心营业部营销员李伟得知一家玻璃原料厂准备发运玻璃珠到乌北,他马上前去争取货源。这种玻璃珠产品属于微珠系列,对抑尘指标要求高。为此,李伟精心制定了 20 英尺(6m)集装箱"门到门"运输方案,减少搬运作业,保证了包装零破损。面对这种充满诚意的"私人订制"方案,客户满意地点点头。

　　　　　　　　　　　　　　　　　　　　　　　　　　　　(信息来源:人民铁道网)

二、识别铁路运输市场营销环境

　　铁路运输市场营销环境是指与铁路运输企业经营有关的影响产品供求的诸种内外客观因素的综合。

(一)铁路运输市场的微观环境

　　铁路运输市场的微观环境是指直接影响铁路运输企业在目标市场上开展营销活动的因素,包括铁路运输企业、旅客与货主、竞争者、营销中介、供应商、社会公众等。

　　1. 铁路运输企业

　　企业自身条件状况是企业营销活动最直接的环境因素,它处于企业营销环境的中心。分析铁路运输企业自身条件状况的目的是揭示铁路运输企业内部的优劣势,判别其是否拥有及捕捉营销机会的竞争能力。铁路运输企业自身条件主要包括运营基础设施条件、铁路运输企业内部经营管理等。

　　(1)运营基础设施

　　铁路运营工作是综合运用线路、车站、机车、客车、货车、通信信号等各种运输技术设备,统筹协调各个专业部门和各个生产环节的关系,完成铁路旅客运输和铁路货物运输任务。因此,安全可靠的基础设施是保证铁路运输企业运营的重要条件,也是影响铁路运输企业营销效率及效益的重要因素。

　　(2)铁路运输企业内部经营管理

　　国内外经济的迅猛发展,使得铁路运输企业必须进行管理体制和经营模式的除旧革新,增强自身的竞争力和发展动力来迎接挑战,以合理科学的制度机制替换老旧的运作方式。铁路运输企业内部各个部门、各个管理层次间的分工是否科学,协作是否严密协调,营销管理部门能否与运输、计划、财务、物资供应、企业管理等业务部门密切配合、目标一致,都直接影响着企业营销活动能否顺利进行。

　　我国铁路按所有制关系主要分为国有铁路(国家铁路)、地方铁路和合资铁路三类,形成多层次、互补的铁路网络体系。

　　国有铁路是由国家铁路局统一管理,承担全国干线运输任务,实行高度集中的调度指挥。其路网覆盖全国核心线路,如京广、陇海等传统干线,以及现代化高速铁路如京沪高铁。例如,京沪高铁作为国家重大交通工程,全程由国铁集团运营,连接京津冀与长三角,日均客流量超50万人次,是国有铁路高效运营的典范。

　　地方铁路是由省、市地方政府投资建设,服务于区域经济。例如上海磁悬浮示范线,由上海市政府主导,全长30km,连接浦东机场与市区,日均运送旅客1.5万人次,成为地方特色交通名片。地方铁路多通过委托国铁代管或联合运营实现与主干网衔接。

　　合资铁路是由中央、地方政府及企业联合出资,采用市场化机制运作。例如金温铁路旧线(金华—温州),由铁道部、浙江省和香港联盈公司共同投资建设,开创混合所有制先河。

　　三类铁路以《中华人民共和国铁路法》为产权依据,在投资、运营和服务范围上分工协作,共同构建高效综合运输网络。

　　2. 旅客与货主

　　旅客和货主是铁路运输企业服务的对象,即铁路运输企业客户。铁路运输市场营销活动必然是围绕着旅客和货主开展的。旅客和货主的需求又是多种多样的,而且处于不断变化之中,这要求铁路运输企业树立市场营销观念,加强客、货营销队伍建设,形成面向市场、灵活高效的营销机制。

　　3. 竞争者

　　铁路运输企业竞争者是指那些与铁路运输企业在同一市场中提供相似或可替代运输服务的企业或组织。这些竞争者可能是来自不同的运输方式(如公路、航空、水运等)的企业,也可能来自同一运输方式内的不同企业。与企业提供相同运输服务的竞争者,如国铁集团及其下属的各铁路局集团公司、地方铁路局集团公司等互为竞争者。与企业提供相似或可替代的运输服务的竞争者,如公路运输、航空运输、水运等,这些运输方式在某些方面与铁路运输存在竞争关系。例如,在短途客运市场中,公路运输是铁路运输的主要竞争者;在长途客运市场中,航空运输则具有较强的竞争力。

　　因此,铁路运输企业应充分了解自己的竞争对手,如对方的竞争策略、本企业与对方的力量对比、本企业与对方在市场上的地位以及各自的优劣势等。这样做的目的在于扬长避短,充分发挥自己的优势,力争在市场上占据主导地位。

　　4. 营销中介

　　营销中介,即中间商,是市场营销不可缺少的环节,大多数企业的营销活动,都必须通过营销中介的协助才能顺利进行。铁路运输营销中介是指协助铁路运输企业促销或分销其运输产品给最终消费者的机构或个人,包括运输代理公司、营销服务机构等。这些营销中介在为铁路运输企业提供客源和货源,推销产品,提供市场咨询、保险、资金融通,以及产品广告宣传等方面,具有不可替代的作用。随着市场经济的发展,社会分工越来越细,这些中介机构的影响和作用也就会越来越大。因此,铁路运输企业在市场营销过程中,必须重视中介组织对企业营销活动的影响,并要处理好同它们的合作关系。

中国铁路总公司取消运输立户管理

为深化铁路货运组织改革,充分发挥市场在资源配置中的决定性作用,更好地满足各类企业尤其是中、小、微企业和广大客户的货运需求,中国铁路总公司要求所属各单位自2014年8月20日起,取消任何形式的铁路运输立户管理,进一步实现货运敞开受理。

取消铁路运输立户管理,就是要检查梳理受理环节存在的问题,消除不合理的限制,避免以立户管理限制货运受理。货运受理方式的转变,是全路进一步深化落实货运组织改革各项措施的表现,对于扩大零散"白货"受理、提高装车上量具有积极意义。中国铁路总公司要求各铁路局抓紧与地方人民政府、相关重点企业进行沟通衔接,全面做好相关准备工作。

尽管长期存在于铁路货运系统,立户管理制度一直颇受诟病。由于手续烦琐,且需打点与地方铁路局相关部门的关系,不少贸易商都在立户环节败下阵来。

取消这一制度后,铁路货运的中间环节又将减少一环,占铁路运输量最大的煤炭运输将迎来利好。山西孝义市的煤炭贸易商对21世纪经济报道表示,大量代发公司可能会因此逐渐退出。由于没有立户从而获得发货资格,很多站台仅仅是作为发货的协助单位,企业要发煤炭必须求助于代发公司。

"以后就不会有代发公司了。"某李姓贸易商表示,在他看来,此次改革的作用在于将减少代发这一环节的加价,有利于降低运输环节的成本,扩大货量来源。"最主要的还是帮助煤炭等大宗物资运输,"他表示,"新规实施后站台将成为最大的受益者。"

(信息来源:《21世纪经济报道》,有改动)

5. 供应商

拥有一批长期合作、稳定可靠的供应商,按时、保质、保量地进行物资供应,是铁路正常运营生产的重要保障。国铁集团下辖的各铁路局集团公司、专业运输公司和直属企业,企业规模大、分布广,需要的物资数量巨大且品类繁多。铁路现有物资主要包括原材料、燃料、机械设备及配件、电气设备及器件、仪器仪表及计量器具、电子设备及元器件、通信信号设备、线路设备及配件、接触网设备及零件、机车车辆配件等共10个大类,已编码的物资达76万多种。供应商所提供的各种资源的数量、质量和价格,直接影响铁路运输成本,进而影响铁路运输产品的质量、价格、销售和利润。因而铁路运输企业需要在不断变化的物流市场中建立稳定可靠的供应商队伍,充分发挥供应商作用,保证采购质量、降低采购成本,从而达到优势互补、合作共赢的目的。

6. 社会公众

社会公众是与企业营销活动发生关系的各种群体的总称。公众对企业的态度,会对其营销活动产生巨大的影响,它既可以帮助企业树立良好的形象,也可能损害企业的形象。所以企业必须处理好与主要公众的关系,争取公众的支持和偏爱,为自己营造和谐、宽松的社会环境。一般企业所面临的社会公众包括以下六种:①金融公众,主要包括银行、投资公司、证券公司、股东等,他们对企业的融资能力有重要的影响。②媒介公众,主要包括报纸、杂志、电台、电视台以及互联网络等传播媒介,他们掌握传媒工具,有着广泛的社会联系,能直接影响社会舆论对企业的认识和评价。③政府公众,主要指与企业营销活动有关的各级政府机构部门和企业的主管部门等,他们所制定的方针、政策,对企业营销活动或是限制,或是机遇。④社团公众,主要指与企业营销活动有关的非政府机构,如消费者组织、环境保护组织,以及其他群众团体。企业营销活动涉及社会各方面的利益,来自这些社团公众的意见、建议,往往对企业营销决策有着十分重要的影响作用。⑤社区公众,主要指企业所在地附近的居民和社区团体。社区是企业的邻里,企业保持与社区的良好关系,为社区的发展做出一定的贡献,会受到社区居民的好评,他们的口碑能帮助企业在社会上树立良好形象。⑥内部公众,指企业内部的管理人员及一般员工,企业的营销活动离不开内部公众的支持。企业应该处理好与广大员工的关系,调动他们开展市场营销活动的积极性和创造性。

铁路运输市场营销活动总是影响着上述各种公众的利益。因此,铁路运输市场营销必然受到社会公众的关注、监督、制约,这些公众必然以各种方式来直接或间接地影响企业营销活动。铁路运输企业在开展市场营销活动时,必须处理好与企业内、外部公众的关系,在公众中树立良好信誉及形象。

企业的微观经济环境是企业经营活动中的约束条件,也是企业生存和发展的重要载体,企业充分地利用好这些因素,能够为企业带来一定的经济效益。因此,企业只有致力于适应市场环境并尝试改变环境以适应企业发展,才能够在激烈的市场竞争中得到长足的发展。

(二)铁路运输市场的宏观环境

宏观环境就是指影响运输企业营销的各种政治、经济、法律、科技、自然、社会文化等因素的综合。

1. 人口环境分析

人口是市场的第一要素。人口数量直接决定市场规模和潜在容量,人口的性别、年龄、民族、婚姻状况、职业、居住分布等也对市场格局产生着深刻影响,进而影响着企业的营销活动。铁路运输企业应重视对人口环境的研究,密切关注人口特性及其发展动向,及时调整营销策略,以适应人口环境的变化。

(1)人口数量分析

人口数量是决定市场规模的一个基本要素。如果收入水平不变,人口越多,对交通、食物、衣着、日用品等方面的需求也越多,市场也就越大。铁路运输企业开展客货营销活动,首先要了解企业运输生产经营区域内人口的总量,以确定企业开展营销活动的市场潜力和市场的规模。由于运输是人们日常生活和生产中必不可少的活动,人口数量越多,市场对铁路运输服务产品需求的量也越大。铁路运输企业服务的人口数量庞大。以中国为例,截至2024年1月,全国铁路累计发送旅客达到40.08亿人次,年度旅客发送量首次突破40亿人次大关,创历史新高。这一数字反映了铁路运输在人口流动和交通出行中的重要地位。

(2)人口分布分析

人口有地理分布上的区别,人口在不同地区密集程度是不同的。各地人口密度不同,则市场大小不同、消费需求特性不同。

我国人口分布的特点：东部多、西部少；平原盆地地区多，山地、高原地区少；农业地区多，林牧业地区少；沿江、临海的公路、铁路沿线地区多，交通不便的地区少。近年来，高铁迅猛发展，高铁车站地区因其优越区位而吸引了相应的商务办公、居住等大量特定群体集聚，极大地改变了这一地区的面貌、功能及其在城市中的地位。高铁会导致城市空间重组，带来人口重新分布效应。从长远利益来看，我国铁路网的布局和铁路运输的发展应与人口分布相适应，这也是铁路运输企业开展营销活动应考虑的因素，反过来，铁路运输营销活动的开展，也会促进人口密度小、经济不发达的地区发展铁路运输，促使劳动力和人才向这些地区流动，从而达到发展该地区的目的。人口分布对铁路运输企业的运营和服务具有重要影响。在中国，铁路网已覆盖全国99%的20万人口以上城市，高铁网则覆盖全国97%的50万人口以上城市。这表明铁路运输企业在人口密集的城市和地区具有广泛的覆盖和服务能力。同时，随着城市化进程的加速和人口向城市集聚的趋势，铁路运输企业在城市间的交通出行中将扮演更加重要的角色。

（3）人口增长情况

近年来，中国的人口增长呈现出放缓乃至负增长的态势。全年出生人口数量逐年下降，而死亡人口数量则相对稳定或略有增长。2023年，全年出生人口为902万人，出生率为6.39‰；而死亡人口则达到1110万人，死亡率为7.87‰。人口自然增长率为－1.48‰，这是自1961年以来首次出现年度负增长。但铁路运输企业所服务的人口数量总体上呈现增长趋势。特别是在经济不断发展和城市化进程演进的背景下，人口流动和迁移的频率增加，为铁路运输企业提供了更多的客源。

（4）人口流动情况

①中国的人口流动主要受到经济、社会和文化等多种因素的影响。

a. 随着城市化进程的演进和经济的发展，大量农村人口涌入城市寻求更好的就业机会和生活条件。

b. 一些地区由于经济发展滞后、资源匮乏等原因，人口流失严重。

②流动人口是铁路运输企业的重要服务对象之一。随着城市化进程的演进和经济的发展，人口流动和迁移的频率不断增加。

③铁路运输企业作为重要的交通工具之一，承担着大量的人口运输任务。特别是在节假日、旅游旺季等时期，铁路运输企业的客流量会大幅增加。

④随着跨境电商和跨境旅游的兴起，跨境流动人口也成为铁路运输企业的重要服务对象之一。

🔗 行业洞察

全国铁路计划加开学生专列253列 "护航"学生旅客有序返校

2024年2月24日，铁路客运量预计1330万人次。随着各大院校陆续开学，近期铁路将迎来学生旅客返校客流高峰。从2月24日起到3月5日前，全国铁路计划开行学生专列253列,保障学生旅客有序返校。

国铁集团公布的开行方案显示,这253列学生专列主要包括喀什、和田至乌鲁木齐,郑州至沈阳北,玉林至桂林,潮汕至湛江西等方向。

今年春运,新疆铁路预计发送学生客流56万人次,计划增开列车16.5对,以满足学生旅客乘车需求。

高校集中的武汉预计近期将有10万名学生抵达,同时前往北京、上海、广州、成都、重庆、西安等方向的学生旅客5万人次左右。武汉铁路局集团公司将在广州、深圳、北京、宜昌东等方向加开列车43列。

据铁路12306统计,今年春运节前乘火车返乡学生旅客约1545万人。截至2月23日,已发售节后学生返程票1386万张,达到节前返乡学生旅客的90%。此次新增学生专列车票也同步在12306发售,学生旅客可在"寒假订票专项服务"专区优先预约购票。

（信息来源:央视网）

（5）人口构成情况

人口构成,包括自然构成(如性别结构、年龄结构等)和社会构成(如职业构成、民族构成、教育程度等)。以不同的人口构成情况相区别的不同运输消费者,由于在收入、生活方式、价值观念、风俗习惯、社会活动等方面存在差异,必然会产生不同层次的运输需求和消费行为,形成不同的运输消费群体。人口构成对铁路运输企业的运营和服务也具有重要影响。中国的人口构成正在发生显著变化,老龄化问题日益严重。2023年,60岁及以上人口已达2.97亿人,占总人口的21.10%;65岁及以上人口约为2.17亿人,占总人口的15.40%。随着老龄化问题的日益严重,老年人口在铁路运输中的占比逐渐增加。同时,随着经济的发展和城市化进程的加速,中青年人口在铁路运输中的占比也相对较高。此外,不同职业、收入水平、文化背景等人口构成因素也会对铁路运输企业的运营和服务产生影响。例如,商务人士可能更加注重行程的便捷性和舒适度,而旅游人士则可能更加注重景点的可达性和旅游体验等。

2. 经济环境分析

经济环境是企业营销活动的外部社会条件,它会直接或间接影响到市场的规模、市场的吸引力及企业的营销活动。市场规模的大小,不仅取决于人口数量,更取决于有效的购买力。而购买力又受到经济发展阶段、收入、消费结构、储蓄和信贷水平的制约。

（1）经济发展水平

企业的市场营销活动主要受到一个国家或地区的整体经济发展水平的制约。经济发展阶段不同,居民的收入不同,顾客对产品的需求也不同,从而会在一定程度上影响企业的营销。例如,以消费者市场来说,经济发展水平较高的地区,在市场营销方面,强调产品款式、性能及特色,品质竞争多于价格竞争。而在经济发展水平较低的地区,市场营销则较侧重于产品的功能及实用性,价格因素比产品品质更为重要。在生产者市场方面,经济发展水平较高的地区着重投资较大而能节省劳动力的先进、精密、自动化程度高、性能好的生产设备。在经济发展水平较低的地区,其机器设备大多是一些投资少而耗劳动力多、简单易操作、较为落后的设备。因此,对于不同经济发展水平的地区,企业应采取不同的市场营销策略。

（2）消费者收入水平

消费者收入水平直接影响市场容量和消费者支出模式,从而决定购买力水平。在分析消费者收入时,可以从宏观和微观两个层面来具体分析。从宏观层面看,主要分析国民收入和人均收入两个大指标,它们大体上反映了一个国家的经济发展水平,国民收入是一国居民生产活动创造的总收入(含工资、利润、租金等),体现整体经济产出能力;个人收入是国民收入经分配后个体实际获得的收入(如薪资、投资收益、政府补贴等),直接影响消费能力。国民收入决定社会财富总量,个人收入反映分配结构与居民购买力,二者结合可评估消费市场潜力及政策效果(如税收调节、社会保障对消费升级的驱动作用)。从微观层面看,主要分析个人收入、个人可支配收入以及个人可任意支配收入。其中,个人可支配收入是指从个人收入中扣除税款和非税款负担后所剩余额。个人可任意支配收入是指个人收入在扣除税费、社会保障支出、维持生活必需的开支及其他固定支出后,剩余的可自由支配部分,这部分所引起的需求弹性大,是需求变化中最活跃的因素,也是影响商品销售的主要因素,因此,企业在市场营销活动中应特别关注。

（3）消费者支出模式与消费结构

消费者支出模式主要受消费者收入的影响。随着消费者收入的变化,消费者支出模式会发生相应变化,通常用恩格尔系数来表示。恩格尔系数越高,表示生活水平越低;恩格尔系数越低,表示生活水平越高。

消费结构是指消费过程中人们所消费资料的构成。优化的消费结构是优化的产业结构和产品结构的客观依据,也是企业开展市场营销的基本立足点。近年来,我国消费结构升级正处于关键时期,交通和通信、医疗保健消费以及耐用消费品支出正在增加。"夕发朝至"和"朝发夕至"列车的开行、高铁旅游专线的开行及货运电商专列的开行都是消费结构转型的产物。随着我国社会主义市场经济的发展,以及国家在住房、医疗等制度方面改革的深入,人们的消费模式和消费结构都会发生显著的变化。铁路运输企业要重视这些变化,尤其应掌握拟进入的目标市场中支出模式和消费结构的情况,输送适销对路的产品和劳务,以满足消费者不断变化的需求。

（4）消费者储蓄和消费者信贷

消费者的购买力还受储蓄和信贷的直接影响。消费者个人收入不可能全部花掉,总有一部分以各种形式储蓄起来,这是一种推迟了的、潜在的购买力。消费者储蓄一般有两种形式:一是银行存款,增加现有银行存款额;二是有价证券。当收入一定时,储蓄越多,现实消费量就越小,但潜在消费量越大;反之,储蓄越少,现实消费量就越大,但潜在消费量越小。企业营销人员应当全面了解消费者的储蓄情况,尤其是要了解消费者储蓄目的的差异。储蓄目的不同,往往影响到潜在需求量、消费模式、消费内容、消费发展方向的不同。这就要求企业营销人员在调查、了解消费者储蓄动机与目的的基础上,制定不同的营销策略,为消费者提供有效的产品和劳务。近年来,我国居民的消费观念大有改变,有极大一部分人开始追求以精神愉悦、放松休闲为终极目的的"快乐产业"。因此,人们外出旅游、休闲和娱乐的机会大大增加,这无疑给运输行业带来发展机遇。

3.自然环境分析

从企业市场营销的角度看,自然环境主要是指影响企业市场营销活动的自然物质环境。自然环境是企业赖以生存的基本环境,自然环境的优劣不仅影响到企业的生产经营活动,而且影响一个国家或地区的经济结构和发展水平,经济环境和人口环境等也会受到联动影响。因此,企业必须密切注视自然环境的变化。铁路运输企业所面临的自然环境主要包括以下几个方面。

(1)气候条件

气候条件直接影响铁路运输的安全与效率。例如,暴雨、暴风雪、极端高温或低温等恶劣气候都可能对铁路轨道、列车运行和旅客舒适度产生不利影响。铁路运输企业需要制定应急预案,确保在各种气候条件下都能安全、准时地提供服务。

(2)地理条件

地形地貌、地质结构等地理因素决定了铁路线的布局、建设和维护成本。山区、沼泽、沙漠等复杂地形可能需要更多的工程技术和资金投入。同时,地理条件也影响铁路的通达性和覆盖范围,进而影响市场需求。

(3)生态环境

随着环保意识的增强,铁路运输作为相对低碳的运输方式,其环保优势日益凸显。但同时,铁路建设和运营也可能对沿线生态环境造成一定影响,如噪声污染、土地占用、野生动物栖息地破坏等。铁路运输企业需要平衡发展与环保的关系,采取生态友好型措施,减小负面影响。

(4)自然资源

铁路建设和维护需要大量的自然资源,如钢材、水泥、砂石等。自然资源的可获得性、价格变动以及可持续利用程度,都会影响铁路运输企业的成本控制和长远发展。

(5)自然灾害

地震、洪水、泥石流等自然灾害不仅威胁铁路设施的安全,还可能中断运输服务,造成巨大经济损失。铁路运输企业需要加强灾害预警系统建设,提高应对自然灾害的能力。

(6)气候变化

长期的气候变化趋势,如全球变暖导致的极端天气事件频发,可能对铁路运输产生深远影响。企业需关注气候变化趋势,调整战略规划,以适应未来可能的变化。

铁路运输企业应密切关注自然环境的变化,通过技术创新、管理优化、政策倡导等手段,积极应对自然环境带来的挑战,同时充分利用自然环境中的有利因素,推动企业的可持续发展。此外,加强与气象、环保等部门的合作,建立有效的信息共享和应急响应机制,也是提升铁路运输企业应对自然环境变化能力的重要途径。

4.科学技术环境分析

科学技术是社会生产力的新的和最活跃的因素。作为营销环境的一部分,科技环境不仅直接影响企业内部的生产和经营,还与其他环境因素互相依赖、相互作用,特别与经济环境、文化环境的关系更紧密。铁路运输企业的科学技术环境是一个复杂且不断发展的领域,新技术革命为这些企业既带来了机遇,也带来了挑战。

（1）科技环境带来的机遇包括：①技术创新提升运输效率，如高速铁路技术的突破，使得列车运行速度大幅提升，缩短了旅行时间，提高了运输效率。先进的列车控制系统和通信技术，如自动控制系统、无线通信技术等，使得列车运行更加精准和高效。②智能化和自动化技术的应用，如智能化调度系统和列车自动驾驶技术的应用，降低了人为操作的风险，提高了安全性和可靠性。物联网和大数据技术，可以实时监控列车状态和客流情况，优化运输组织和资源配置。③新能源和环保技术的发展，如新能源列车和节能技术的应用，降低了能源消耗和排放，有助于实现绿色、低碳运输。环保材料和技术在铁路建设中的应用，减小了对环境的影响。④客户服务和体验的提升，移动支付、电子客票等技术的应用，提高了购票和乘车的便利性。智能化服务设施，如自助售票机、信息查询系统等，提升了客户体验。

（2）科技环境带来的威胁包括：①技术更新迅速带来的压力。铁路运输企业需要不断投入资金进行技术研发和升级，以应对技术更新迅速带来的竞争压力。技术更新换代的速度加快，可能导致旧有设备和技术的淘汰，增加企业的运营风险。②其他交通方式的竞争威胁。航空、公路等其他交通方式也在不断推进技术创新，提高运输效率和服务质量，对铁路运输构成竞争压力。特别是随着自动驾驶汽车和低成本航空公司的兴起，铁路运输在价格、便利性和服务上需要持续优化才能保持竞争力。③信息安全和隐私保护问题。随着铁路信息系统的广泛应用，信息安全和隐私保护问题日益突出。网络攻击、数据泄露等事件可能对铁路运输企业的运营和客户信任造成严重影响。

铁路运输企业的科学技术环境既充满了机遇也伴随着挑战。企业应密切关注科技动态和发展趋势，加强技术研发和创新，优化运营模式和服务流程，加强信息安全和隐私保护，推动国际合作与交流，以应对新技术革命带来的机遇和挑战。

5. 政治法律环境分析

政府的政策广泛影响着企业的经营行为，即使在市场经济中较为发达的国家，政府对市场和企业的干预似乎也是有增无减。当然，政府的很多干预往往是间接的，常以税率、利率汇率、银行存款准备金为杠杆，运用财政政策和货币政策来实现宏观经济的调控，以及通过干预外汇汇率来确保国际金融与贸易秩序。市场运作需要有一套能够保证市场秩序的游戏规则和奖惩制度，这就形成了市场的法律系统。作为国家意志的强制表现，法律法规对于规范市场和企业行为有着直接规范作用。立法在经济上的作用主要体现在为维护公平竞争、维护消费者利益、维护社会最大利益三个方面。因此，企业在制定战略时，要充分了解既有的法律的规定，特别要关注那些正在酝酿之中的法律，这是企业在市场中生存、参与竞争的重要前提。

6. 社会文化环境分析

社会文化环境包括一个国家或地区的居民教育程度和文化水平、宗教信仰、风俗习惯、审美观点、价值观念等。文化水平会影响居民的需求层次，宗教信仰和风俗习惯会禁止或抵制某些活动的进行，价值观念会影响居民对组织目标、组织活动以及组织存在本身的认可与否，审美观点则会影响人们对组织活动内容、活动方式以及活动成果的态度。

对于铁路营销人员来说，不能忽视对社会文化环境的分析，这一点对开辟新的目标市场尤为重要。例如，铁路运输企业在进行营销活动时，根据不同文化层次的消费者接触媒体的习惯,利用适当的媒体传播运输产品信息;根据不同地区的风俗习惯,有针对性地开行节假日列车、春运列车等;根据不同文化层次、不同价值观念的消费者的兴趣和偏好,提供不同特色的消费需求;针对球迷等亚文化群对运输服务的特殊要求,开行球迷列车;等等。

总之,任何一个企业都是在一定的宏观环境下开展经营活动的,以求得自身的生存和发展。因此,如同自然界的生物必须遵循"适者生存"的自然法则一样,铁路运输企业也必须注意对宏观环境的研究,努力争取使外部市场环境与企业内部条件和营销策略之间互相适应,从而增强应变能力,实现营销目标。

三、研究铁路运输市场营销环境

铁路运输企业的生存与发展与市场营销环境密切相关,而营销环境又具有客观性、多变性、复杂性的特点,因此铁路运输企业应运用科学的分析方法,发现市场机会和威胁,针对性地制定和调整战略与策略,及时利用营销机会,尽可能减少威胁带来的损失。

(一)环境威胁矩阵分析

所谓营销环境威胁,是指由于环境的变化形成的对企业营销的冲击和挑战。其中,有些冲击和影响是共性的,有些对不同的产业影响程度不同。即使是同处一个行业、同一环境中,由于不同的抗风险能力,企业所受的影响也不尽一致。

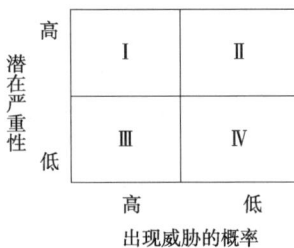

图 2-2　环境威胁分析矩阵

研究市场营销环境对企业的威胁,一般分析两方面的内容:一方面分析威胁对企业影响的严重性,另一方面分析威胁出现的可能性。环境威胁分析矩阵如图 2-2 所示。

第 Ⅰ 象限区内,环境威胁严重性高,出现的概率也高,表明企业面临着严重的环境危机,企业应处于高度戒备状态,积极采取相应的对策,避免威胁造成的损失。

第 Ⅱ 象限区内,环境威胁严重性高,但出现的概率低,企业不可忽视,必须密切注意其发展方向,也应制定相应的措施准备面对,力争避免威胁的危害。

第 Ⅲ 象限区内,环境威胁严重性低,但出现的概率高,虽然企业面临的威胁不大,但由于环境威胁出现的可能性大,企业必须充分重视。

第 Ⅳ 象限区内,环境威胁严重性低,出现的概率也低,在这种情况下,企业不必担心,但应该注意其发展动向。

目前,铁路运输与其他运输方式的竞争越来越激烈。随着快捷便利的航空运输、灵活低廉的公路运输以及大型货物需要的水路运输等其他运输方式不断改革创新和发展壮大,铁路运输面临的综合运输竞争格局会越来越激烈。

铁路运输企业长期以来采用金字塔式的管理模式,虽然现在也在着力改革,但不是一朝一夕就能完成的,改革还是任重道远。再加上铁路运输价格(简称运价)机制不够灵活、铁路客运供需矛盾突出等问题,都给竞争者提供了可乘之机。

（二）市场机会矩阵分析

所谓营销环境机会,是指由于环境变化形成的对企业营销管理富有吸引力的领域。在该市场领域里,企业将拥有竞争优势,可以将市场机会转为营销机会,利用营销机会获得营销成功。

研究营销环境机会应从潜在的吸引力和成功的可能性两方面进行分析。环境机会分析矩阵如图2-3所示。

第Ⅰ象限区内,营销机会潜在吸引力和成功可能性都很大,表明对企业发展有利,企业也有能力利用营销机会,应采取积极的态度,分析把握。

第Ⅱ象限区内,营销机会潜在吸引力很大,但可能性很小,说明企业暂时还不具备利用这些机会的条件,应当放弃。

第Ⅲ象限区内,营销机会潜在吸引力很小,而成功可能性大,虽然企业拥有利用机会的优势,但不值得去开拓。

第Ⅳ象限区内,营销机会潜在吸引力很小,成功可能性也小,企业应当主动放弃。

图 2-3　环境机会分析矩阵

铁路运输的优势:

（1）铁路运输具有运量大、运价低且运距长的优势。在全球石油供求相对紧张的情况下,铁路运输能源具有消耗量低、价格低廉等技术经济特征优势,受油价上涨影响相对较小。在公路运输普遍低迷的情况下,铁路运输可以为社会运输需求提供充足的运力保证。

（2）铁路运输具有绿色优势。在环境污染方面,铁路所产生的废气、噪声干扰比其他运输方式都要少,从各运输方式货运（t/km）造成的单位污染强度来看,公路是铁路的10倍。相对来说,铁路对环境和生态平衡的影响程度较小,特别是电气化铁路的影响更小;在能耗方面,等量运输下,铁路明显优于公路和民航;在土地资源方面,铁路占地少,利用率高,在相同流量情况下,铁路占地仅为公路的1/8,因此可以节省大量的土地,使土地资源达到最有效的利用。

（3）铁路运输的提速和超长距离运输优势不断凸显,而且比较适合大宗货物运输以及中长距离的一般货物运输。值得一提的是,航空运输易受恶劣天气和流量等不可控因素的影响,而铁路运输受天气等不可控因素的影响相对较小,而旅客对于交通运输的本质需求是便捷。无论对于哪一种交通方式来说,便捷程度都是影响其竞争力的重要因素。所以,铁路运输是一种安全、舒适、环保、便利、经济的一种运输方式,是适于大众出行的交通方式。近年来,在国民经济快速发展的宏观环境和国家政策的支持的大背景下,初步形成快速客运和煤炭运输网络,西部地区路网得到了扩展,中部地区路网与东部地区路网进一步强化与完善。特别是随着假日经济和旅游热的兴起,人们对铁路的旅行需求更为强烈,特别是务工人员、学生、探亲访友及外出旅游人员已经成为铁路旅客的主流,尤其是在中长距离旅程内的旅客基本上乘坐火车。这种情况在春节、"清明"、"五一"、"十一"等节假日期间更为突出。随着我国经济快速发展和科技不断进步,各种运输方式之间的联系不断加强,运输过程已不再是单一、孤立的形式,多式联运的发展、综合运输体系目标的建立迫切需要各种运输方式的合

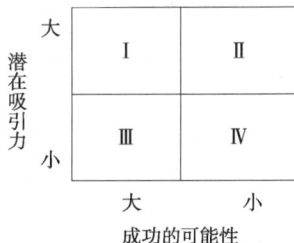

理分工与协作。

这些新形势的变化都为铁路运输企业带来了机遇。"电商专列""朝发夕至"与"夕发朝至"动卧的开行、各铁路局集团公司货运快车的运行等都是最好的佐证。

(三)机会威胁矩阵综合分析

在实际的客观环境中,单纯的威胁环境与单纯的机会环境都是极少的,通常是机会与威胁同在,风险与利益共存。因此,企业实际面临的是综合环境。根据环境中威胁水平与机会水平的高低不同,形成图2-4所示的机会威胁矩阵。

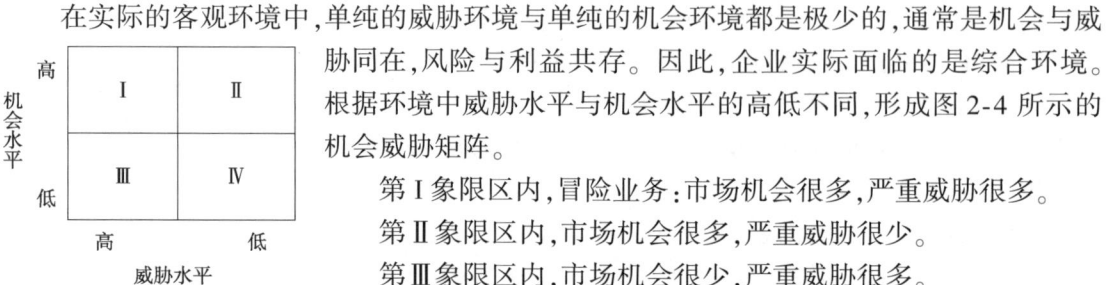

图 2-4 机会威胁矩阵

第 I 象限区内,冒险业务:市场机会很多,严重威胁很多。

第 II 象限区内,市场机会很多,严重威胁很少。

第 III 象限区内,市场机会很少,严重威胁很多。

第 IV 象限区内,市场机会很少,严重威胁不多。

1.面临冒险环境应采取的策略

面对此类环境,企业应审时度势,慎重决策,可以决定进入,也可以决定不进入,要在对客观环境和自身条件进行全面分析之后再做决策。此种决策是企业决策类型中最难的一种,既可能丢掉很好的机会,也可能要冒极大的风险。所以,容易犯两种错误:一种是丢弃的错误,即面对机会由于害怕风险,不敢进入,从而失去机会;另一种是冒进的错误,即对可能出现的风险考虑不足,仓促进入,结果或是大败而归,或是骑虎难下。

2.面临理想环境应采取的策略

理想环境是机会水平高、威胁水平低、利益大于风险的环境类型。对理想环境,企业应该抓住不放,立即制订发展计划并付诸行动,因为理想环境来之不易,机不可失,时不再来,如果错过机会,就很难弥补。例如,高运价率的家用电器、精密仪表等"白货市场"对铁路运输企业来讲就是理想业务,"电商专列"就是在电商大发展的良好形势下开行的。

3.面临成熟环境应采取的策略

成熟环境是比较平稳的环境,机会与威胁都处于较低水平,一般如果经营得法,企业就可以获得平均利润。该类环境可作为企业的常规经营环境,维持企业的正常运转,并为进入理想环境与冒险环境提供资金。大宗货物运输的稳定、面对常旅客实行的积分制等都是在这种环境下采取的策略。

4.面临困难环境应采取的策略

如果企业所处的环境已经转变为困难的环境,则可以考虑以下两种策略。

(1)设法扭转。困难环境如果是由于企业的某些工作不力或失误造成的,则有可能通过企业的努力扭转。

(2)立即撤出。对于大势所趋、无法扭转的困难环境,企业应该及时采取果断的决策,撤出该环境,另谋发展。

任务二 调查铁路运输市场

【任务导入案例】

黑龙江开行今年暑期首趟研学游主题专列

2024 年 7 月 10 日 7 时 09 分,由哈尔滨西开往佳木斯的 D7967 次列车缓缓驶出哈尔滨西站,载着由近 500 名小学生组成的研学团开启红色研学之旅。这是黑龙江省今年暑期开行的首趟研学游主题专列。

黑龙江省文旅资源丰富、地理优势独特,红色、自然、科技、非遗、地理、历史等主题研学游独具特色,铁路客运产品供给丰富。此前,"小砂糖橘""小野生菌""小折耳根"等研学团体相继奔赴"哈尔滨"赏冰乐雪,带旺研学游市场。延续冰雪游热潮,这个夏天,黑龙江省研学游从"一地一季"走向"全域全季",成为旅游市场"主力"。2024 年以来,哈尔滨站管内各站接待研学团体超过 70 批次、5500 人次,特别是 5 月至今,儿童旅客较 2023 年同期增长38%,"铁路+研学"成为许多青少年出游的新选择。

为确保研学专列顺利开行,哈尔滨铁路局集团公司优化列车开行方案,组织相关部门积极对接教育主管单位和研学教育基地,从产品线路、服务提升、要素保障等方面入手精心设计,在优化产品供给、塑造品牌形象等方面发力,推动旅游业高质量发展,更好地满足青少年多样化旅行需求。

列车出发前,哈尔滨西站青年志愿者提前在进站口、检票口等重点位置做好乘车引导服务。牡丹江客运段列车工作人员将车厢打造成"流动课堂",为学生旅客讲述红色故事、铁路发展史、暑期安全知识、文明乘车常识等内容,通过开展打卡合影留念、"时光列车——给未来的你一封信"等活动,为研学旅途增添乐趣。他们还邀请学生化身"小小列车员",寓学于旅、寓教于游,不断提升研学体验,增强研学游的趣味性。

（资料来源：人民铁道网）

引导问题：

1. 哈尔滨铁路部门为什么要开行研学游主题专列？

2. 乘坐研学游主题专列的旅客可以享受哪些服务？铁路部门为什么要提供这些服务？

市场的情况变化莫测,环境的变化也难以预料,一些产品刚刚流行就有新的产品代替,就会退出市场。如今的市场激烈竞争,所以企业需要不断地适应市场的变化。企业只有了解了市场的基本情况,了解那些消费者的基本消费观、消费态度、消费动机等之后,才能对自己企业生产的产品进行一系列的改良,以便使自身的产品和服务能够更加符合消费者的消费方向,也能够让企业获得更多的利润。

铁路运输市场调查是指铁路运输企业为了实现自身经济利益和社会公益目标,运用科学的方法和手段,系统且有目的地收集、分析和研究与运输市场营销有关的各种信息,掌握运输市场现状及发展趋势,找出影响运输企业市场营销的主要因素,为运输企业准确地预测和决策,有效地利用市场机会提供正确依据的一种市场营销活动。具体而言,铁路运输市场调查是指铁路运输企业对运输经济腹地产、供、销及客源地进行的调查研究工作,通过市场调查,了解和掌握运输经济腹地及客源地的货源、客源构成及流向、流量等,为货源及客流组织工作准备资料,为保证运输计划有节奏、均衡地实施提供客观依据。

一、市场调查的作用

市场调查的作用包括如下:

(1)市场调查是铁路运输企业了解市场现状和发展趋势的重要途径。通过系统地、有目的地搜集、记录和分析市场相关信息,铁路运输企业可以清晰地掌握国内外运输市场的需求和产、供、销的全部情况,包括客流货源的构成、变化规律以及未来的发展趋势,从而为企业制定合理的发展方向和经营策略提供坚实的数据支撑。

(2)市场调查是铁路运输企业进行经营决策的基础。在现代企业管理中,决策的重心在于经营,而经营决策的依据则来源于可靠的市场信息。通过市场调查,企业可以获取客观、正确的市场资料,为市场预测和决策制定提供有力的支持。这有助于企业避免经营的盲目性,确保决策的科学性和合理性。

(3)市场调查还有助于铁路运输企业优化营销策略和提升服务质量。通过深入了解客户需求和偏好,企业可以制定更加精准的营销策略,满足不同客户群体的个性化需求。同时,通过收集客户反馈和投诉,企业可以及时发现服务中存在的问题和不足,进而采取措施进行改进,提升服务质量和客户满意度。

二、市场调查的方法

市场调查的方法主要有观察法、实验法与访问法。

1. 观察法

观察法是社会调查和市场调查研究的最基本的方法。它是由调查人员根据调查研究的对象,利用眼睛、耳朵等感官以直接观察的方式对其进行观察并搜集资料的方法。例如,市场调查人员到被访问者的销售场所去观察商品的品牌及包装情况。

2. 实验法

实验法是由调查人员根据调查的要求,用实验的方式,将调查的对象控制在特定的环境条件下,对其进行观察以获得相应的信息的方法。控制对象可以是产品的价格、品质、包装等。实验法帮助调查人员在可控制的条件下观察市场现象,揭示在自然条件下不易发生的市场规律,这种方法主要用于市场销售实验和消费者使用实验。

3. 访问法

访问法可以分为结构式访问和无结构式访问。

结构式访问是事先设计好的、有一定结构的访问问卷的访问。调查人员要按照事先设计好的调查表或访问提纲进行访问,要以相同的提问方式和记录方式进行访问。提问的语气和态度也要尽可能地保持一致。

无结构式访问是没有统一问卷,由调查人员与被访问者自由交谈的访问。调查人员可以根据调查的内容,与被访问者进行广泛的交流,如就商品的价格进行交谈,了解被访问者对价格的看法。

三、市场调查的内容

市场调查的内容涉及市场营销活动的整个过程,主要内容如下。

1. 市场环境调查

市场环境调查主要包括经济环境、政治法律环境、社会文化环境、科学环境和自然地理环境等。具体的调查内容可以是市场的购买力水平、经济结构、国家的方针、政策和法律法规、风俗习惯、科学发展动态、气候等各种影响市场营销的因素。

2. 市场需求调查

市场需求调查主要包括消费者需求量调查、消费者收入调查、消费结构调查、消费者行为调查,也包括消费者为什么购买、购买什么、购买数量、购买频率、购买时间、购买方式、购买习惯、购买偏好和购买后的评价等的调查。

3. 市场供给调查

市场供给调查主要包括产品生产能力调查、产品实体调查等。具体为某一产品市场可以提供的产品的数量、质量、功能、型号、品牌以及生产供应企业的情况等。

4. 市场营销因素调查

市场营销因素调查主要包括产品、价格、渠道和促销活动的调查。产品调查主要了解市场上新产品开发的情况、设计的情况、消费者使用的情况、消费者的评价、产品生命周期阶段、产品的组合情况等。价格调查主要了解消费者对价格的接受情况、对价格策略的反应等。渠道调查主要了解渠道的结构、中间商的情况、消费者对中间商的满意情况等。促销活动调查主要了解各种促销活动的效果,如广告实施的效果、人员推销的效果、营业推广的效果和对外宣传的市场反应等。

5. 市场竞争情况调查

市场竞争情况调查主要包括对竞争企业的调查和分析,了解同类企业的产品、价格等方面的情况,他们采取了什么竞争手段和策略,做到知己知彼,通过调查帮助企业确定企业的竞争策略。

四、市场调查的步骤

科学的市场调查必须按照一定的步骤进行,以保证市场调查的顺利进行和达到预期的目的。市场调查的步骤大致分为四个阶段。

1. 市场调查的准备阶段

市场调查的准备阶段是市场调查的决策、设计、筹划阶段,也是整个调查的起点。这个阶段的具体工作有三项,即确定调查任务、设计调查方案、组建调查队伍。其中,合理确定调查任务是搞好市场调查的首要前提;科学设计调查方案是保证市场调查取得成功的关键;认真组建调查队伍是顺利完成调查任务的基本保证。

（1）确定调查任务

确定调查任务包括选择调查问题,进行初步探索等具体工作。调查问题是市场调查所要说明的市场问题,选择调查问题是确定调查任务的首要工作。在实际工作中,选择问题既要从管理的需要性出发,也要考虑到实际取得资料的可能性;同时,调查问题应具有科学性和创造性,在科学理论指导下,按照新颖、独特和先进的要求来选择。

在选择调查问题后,设计调查方案前,必须围绕选定的问题进行一些探索性调查研究,目的是为正确解决调查问题探寻可供选择的方向和道路,为设计调查方案提供可靠的客观依据。

（2）设计调查方案

市场调查方案是整个市场调查工作的行动纲领,起到保证市场调查工作顺利进行的重要作用。市场调查的总体方案一般必须包括以下主要内容:

①明确市场调查目的。说明为什么要做此项调查,通过市场调查要解决哪些问题、要达成什么目标。市场调查目的要明确提出,绝不能含糊、笼统。

②设计市场调查的项目和工具。这是市场调查方案的核心部分,也是设计调查方案时必须要考虑的。调查项目是调查过程中用来反映市场现象的类别、状态、规模、水平、速度等特征的名称;市场调查工具是指用于收集、整理、分析和解释市场信息的各种方法和手段。

知识拓展

市场调查项目的内容

市场基本状况调查包括市场规范、总体需求量、市场动向、同行业市场分布及占有率等,有助于企业了解市场的整体情况。市场环境调查包括政策环境、经济环境、社会文化环境等,这些因素对企业的市场营销活动具有重要影响。消费者行为调查包括消费者的购买习惯、偏好、决策过程等,这是企业制定营销策略的重要依据。竞争对手调查包括竞争对手的产品、价格、营销策略等,有助于企业制定差异化的竞争策略。企业产品或服务调查包括产品的性能、质量、价格、售后服务等,这是企业评估自身市场竞争力的关键。

在选择市场调查工具时,需要考虑调查的目的、受众特点、预算和时间等因素。同时,为了确保调查数据的准确性和有效性,还需要注意调查工具的灵活性、适用性和可靠性。市场调查工具可以分为定性工具和定量工具两大类。定性工具有深度访谈、焦点小组与投射法;定量工具有问卷、电话与网络等。

③规定市场调查的空间和时间。市场调查空间是指市场调查在何地进行,有多大范围。市场调查空间的选择有利于达到调查目的,有利于搜集资料工作的进行,有利于节省人力、财力、物力。

④规定市场调查对象和调查单位。市场调查对象是指市场调查的总体。市场调查对象的确定决定着市场调查的范围大小,它由调查目的、调查空间、调查方式、调查单位等共同决定。调查单位是指组成总体的个体,每一个调查单位都是调查项目的承担者。确定调查对象和调查单位必须对总体单位数量、调查单位的选择方法和数量作出具体的设计和安排。

⑤确定市场调查的方法。市场调查包括选择适当的组织调查方式和搜集资料的方法。调查方法的选择要根据市场调查的目的、内容,也要根据一定时间、地点、条件下市场的客观实际状况来进行。调查者必须选择最适合、最有效的方法,做到既节省调查费用又能达到调查目的。

⑥落实调查人员、经费和工作安排。这是市场调查顺利进行的基础和条件,也是设计调查方案时不可忽视的内容。

在此阶段中,搜集资料的基本工具是调查表。它以书面的形式记录和反映调查对象的看法与要求。一份完整的调查表包括主题、封面语,问题和答案(主体部分),以及其他资料等。

(3)组建调查队伍

组建一支良好的调查队伍,不仅要正确选择调查人员,而且要对调查人员进行必要的培训。调查人员培训内容有思想教育、知识准备、方法习练等。其中,思想教育是先导,知识准备是基础,方法习练是重点。培训方法有集中讲授、阅读和讨论、示范和模拟、现场实习等。

在调查人员的使用上,要注意扬人之长、避人之短;要合理搭配、优化组合;要明确职责和权力、落实任务;要分层管理、逐步安排;要严格要求、深入检查。

2. 市场调查搜集资料阶段

该阶段的主要任务是采取各种调查方法,按调查方案的要求,搜集市场资料。搜集资料阶段是市场调查者与被调查者进行接触的阶段。为了能够较好地控制和掌握工作进程,顺利完成调查任务,调查者必须做好有关各方面的协调工作:①依靠被调查单位或地区的有关部门和各级组织,争取支持和帮助;②密切结合被调查者的特点,争取他们的理解和合作。

在市场调查搜集资料阶段,要使每个调查人员按照统一要求,顺利完成搜集资料的任务。在整个市场调查工作中,调查搜集资料阶段是唯一的现场实施阶段,是取得市场第一手资料的关键阶段,因此要求组织者集中精力做好内外部协调工作,力求以最少的人力、最短的时间、最好的质量完成搜集资料的任务。市场调查搜集的资料必须做到真实准确、全面系统,否则准备阶段的工作和研究阶段的工作都失去了意义。

3. 市场调查研究阶段

该阶段的主要任务是对市场调查搜集资料阶段取得的资料进行鉴别与整理,并对整理后的市场资料进行统计分析,开展理论研究。鉴别资料就是对取得的市场资料进行全面的审核,目的是消除资料中虚假的、错误的、短缺的信息,保证原始资料的真实性、准确性和全面性。整理资料是对鉴别后的市场资料进行初步加工,使调查得到的反映市场现象个体特征的资料系统化、条理化,以简明的方式反映市场现象总体的特征。

对资料进行统计分析,就是运用统计学的有关原理和方法,研究市场现象总体的数量特征和数量关系。通过统计分析可以揭示市场现象的发展规模、水平,总体的结构和比例,市场现象的发展趋势等。经统计整理和分析得到的市场现象数据是对市场现象准确而系统的反映,也是对市场现象进行定量分析和定量预测的宝贵资料,同时为进一步开展对市场问题的定性研究提供了准确系统的数据资料。

4. 市场调查总结阶段

该阶段是市场调查的最后阶段,主要任务是撰写市场调查报告、总结调查工作、评估调查结果。调查报告是市场调查研究成果的集中体现,是对市场调查工作最集中的总结,而撰写调查报告是市场调查的重要环节,必须使调查报告在理论研究或实际工作中发挥重要作用,同时应对调查工作的经验教训加以总结。评估调查结果主要是学术成果和应用成果两方面,目的是总结市场调查所取得的成果价值。认真做好总结工作,对于提高市场调查研究的能力和水平有很重要的作用。在市场调查的实际工作中,市场调查的各阶段是相互联系的、有机结合的完整过程。

项 目 实 训

【实训目标】

通过实训,学生能够独立或分组展开调查,熟悉当地的铁路运输企业及其案例,能够灵活运用铁路运输营销知识,奔赴铁路运输企业现场进行调查。提出自己的见解,形成报告,能用PPT进行演示分析。

【实训任务】

(1)独立或分组设计一份与铁路运输企业有关的调查问卷,根据问卷的需要奔赴企业现场展开调查。

(2)回校后进行数据分析并写出调查报告。

【实训步骤】

(1)通过各种渠道确定调查企业,并进行初步文案调查。

(2)基于背景资料与活动目标,拟定调查计划书。

(3)与目标企业沟通联系,确定实地调查具体事宜。

(4)组织实施企业实地调查,并做好相应记录与收集资料。

(5)对收集的资料进行数据分析。

(6)利用所学知识找出市场调查中发现的问题,提出改进建议。

(7)形成分析报告。

(8)制作PPT。

(9)分组汇报交流(每组10min),教师点评,学生互评,或找企业专家评价。

(10)进一步修改报告与PPT,上交留存。

注意:步骤9在课堂完成,其他步骤在课外完成。

【实训注意】

(1)各组使用交际礼仪,注意交通与人身安全。

(2)此次现场调查所需的知识由学生课后自学,学生利用微信、QQ等方式向任课教师咨询获取建议。

(3)本次实训分工合作,使用制作PPT与演讲技巧。

【实训成果】

企业现场调查分析报告与PPT。

在线答题

1.请学生扫描封面二维码,每个码只可激活一次。

2.长按弹出界面的二维码关注"交通教育出版"微信公众号并自动绑定资源。

3.公众号弹出"购买成功"通知,点击"查看详情"进入后选择绑定的图书,即可进行在线答题。

4.可进入"交通教育出版"微信公众号,点击下方菜单"用户服务—图书增值",选择已绑定的教材进行在线答题。

项目三

选择目标铁路运输市场

　　铁路运输在国民经济中发挥着重要作用,但是它不可能满足整个运输市场的需求,尤其是在运输市场发生很大变化,其他运输手段突飞猛进、不断发展的情况下更是如此。因此,要想在激烈的市场竞争中取胜,铁路运输企业必须通过市场调查,结合特定的市场营销环境和自身资源条件选择本企业的市场经营范围,很好地满足这一部分市场的需求,这一部分市场就是铁路运输企业的目标市场。

学习目标

素质目标	知识目标	技能目标
①通过学习与实训,培养团队合作能力,树立创新意识; ②培养铁路运输工作的职业素养; ③培养洞察市场的能力	①理解铁路运输市场细分、目标市场和市场定位的概念; ②掌握铁路运输市场细分的方法、目标市场和市场定位的基本形式; ③了解铁路运输市场定位的策略	①会进行铁路运输市场细分; ②会运用铁路运输目标市场的模式和策略; ③会进行铁路运输市场定位策略的选择

知识结构

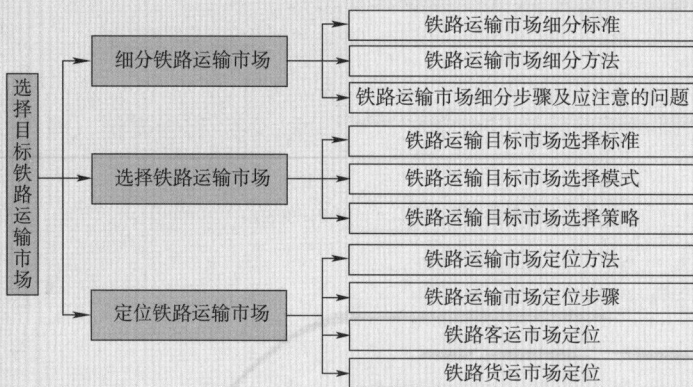

选择目标铁路运输市场
- 细分铁路运输市场
  - 铁路运输市场细分标准
  - 铁路运输市场细分方法
  - 铁路运输市场细分步骤及应注意的问题
- 选择铁路运输市场
  - 铁路运输目标市场选择标准
  - 铁路运输目标市场选择模式
  - 铁路运输目标市场选择策略
- 定位铁路运输市场
  - 铁路运输市场定位方法
  - 铁路运输市场定位步骤
  - 铁路客运市场定位
  - 铁路货运市场定位

思政微课

司机的舍己为人

任务一 细分铁路运输市场

✿【任务导入案例】

成都铁路局集团公司依托管内密集的铁路网优势,围绕银发经济、跨境旅游、红色旅游、研学旅游等主题,细分高端、舒适、普惠等旅游产品,通过盘活普速列车资源、吸引社会投资等方式,推出集交通、住宿、餐饮、娱乐等功能于一体的"熊猫专列·什邡号"旅游专列,构建品牌矩阵,实现"铁路+旅游""专列+专线""文化+产品"的深度融合。

据统计,截至2023年9月17日,成都铁路局集团公司2023年开行旅游专列100列,其中"熊猫专列"18列,组织接待6万余名旅客畅游中国。

(信息来源:http://www.china-railway.com.cn/xwzx/zhxw/202405/t20240527_136395.html,有改动)

引导问题:

1. 案例中成都铁路局集团公司是如何进行市场细分的? 你觉得企业市场细分的依据是什么?

2. 根据此案例,谈谈市场细分对铁路运输企业的影响。

铁路运输市场细分是指铁路运输企业的营销者通过市场调查,根据旅客和货主对铁路运输的不同需求和欲望,按照一个或几个细分变量将铁路运输产品的整体市场划分为若干个具有相似需求和欲望的旅客群和货主群的市场分类过程。这个过程的核心是识别和区分不同消费者群体的需求和偏好,以便企业能够更精准地定位自己的目标市场,制定有效的营销策略和服务方案。

铁路运输细分市场是铁路运输市场细分的结果,即按照一定细分变量划分出来的具有相似需求和欲望的旅客群和货主群所构成的市场。这些细分市场可以是基于地理、人口、心理、行为等多种因素划分的。例如,根据旅客和货主所在的地理位置(如地区、城市规模等)进行划分,不同地区的消费者可能对铁路运输的需求和偏好存在差异。

一、铁路运输市场细分标准

(一)铁路运输市场细分标准的概念

细分标准,即细分依据、细分变量,是指在进行市场细分时所采用的标准或原则。这些标准或原则可以帮助营销者将整体市场划分为若干个具有相似需求和特征的消费者群体,即细分市场。铁路运输市场细分标准是指在进行铁路运输市场细分时所考虑的各种因素和变量。例如,我们可以把客运市场按照"运距"这个因素分为三个子市场,即长途客运市场、中途客运市场和短途客运市场。如果按"速度"这个因素,又可以把客运市场分为快速客运市场和一般速度客运市场。消费者的需求具有绝对的差异性,这为市场细分提供了可能;同

47

时,消费者的需求又有相对的相似性,这才使得市场细分变为现实。

知识拓展

有效的市场细分特征

企业进行市场细分的目的是通过定位顾客需求差异,取得较大的经济效益。众所周知,产品的差异化必然导致生产成本和营销费用的相应增长,所以,企业必须在市场细分所得收益与市场细分所增成本之间做出权衡。由此,有效的细分市场必须具备以下特征。

1. 可衡量性

可衡量性是指用来细分市场的标准和变数及细分后的市场是可以被识别和衡量的,即有明显的区别和合理的范围。如果某些细分变数或购买者的需求和特点很难衡量,细分市场后无法界定,难以描述,那么市场细分就失去了意义。一般来说,一些带有客观性的变数(如年龄、性别、收入、地理位置、民族等)都易于确定,并且有关的信息和统计数据也比较容易获得,而一些带有主观性的变数(如心理和性格方面的变数)就比较难以确定。

2. 可进入性

可进入性是指企业能够进入所选定的市场部分,能进行有效的促销和分销,实际上就是考虑营销活动的可行性。

(1)企业能够通过一定的广告媒体把产品的信息传递到该市场众多的消费者中去。

(2)产品能通过一定的销售渠道抵达该市场。

3. 可盈利性

可盈利性是指细分市场的规模要大到能够使企业获利的程度,使企业值得为它设计一套营销规划方案,以便顺利地实现其营销目标,并且有可拓展的潜力,以保证按计划能获得理想的经济效益和社会服务效益。例如,一个普通大学的餐馆,如果专门开设一个西餐馆满足少数师生酷爱西餐的要求,可能由于这个细分市场太小而得不偿失;但如果开设一个回族饭菜供应部,虽然其市场仍然很窄,但从细微处体现了民族政策,有较大的社会效益,值得去做。

任何运输企业,都不可能为所有用户服务,它们必须将整个运输市场按照不同标准细分,然后寻找适合自身能力的市场进入。

对市场进行细分,必须有一定的标准,使各个细分市场之间差异明确而且可衡量,因此,确定细分的标准就成为市场细分化的重要条件。铁路运输企业可以按照需求不同,将运输市场分为铁路客运市场与铁路货运市场。运输需求首先可分为货运需求和客运需求,因此把运输市场一分为二,运输市场细分也可分为客运市场的细分和货运市场的细分。以下具体介绍客运市场与货运市场的细分标准。

(二)铁路客运市场细分的标准

铁路客运市场细分是指铁路运输企业根据旅客需求和旅客行为的差异性,将客运整体市场划分为若干个旅客群体的过程。消费者市场细分的因素对客运市场细分同样起着很大的作用,如年龄、职业、人员构成等因素。此外,铁路客运市场细分还有其独特的标准。下面将使用基于旅客需求和行为的细分标准去划分铁路客运市场。

1.按照出行目的细分市场

(1)商务出行客运市场。该细分市场旅客的出行目的是出差、会议等,这类旅客通常对时间、舒适度要求较高,对价格相对不敏感。

(2)探亲访友客运市场。该细分市场的旅客更注重便捷性和价格,希望在合理的价格内享受舒适的旅行体验。

(3)旅游观光客运市场。该细分市场的旅客追求旅行过程中的体验和感受,对景点的可达性、旅行时间、舒适度等有一定要求。

(4)通勤上学客运市场。该细分市场主要是日常上下班或上学的旅客,对时间和便捷性有较高要求,价格也是考虑因素之一。

2.按照出行距离细分市场

(1)长途旅行客运市场。该细分市场出行是跨越较长距离的旅行,旅客可能更注重旅行的舒适度和安全性。

(2)中短途旅行客运市场。该细分市场出行是短途或中等距离的旅行,旅客可能更关注旅行的便捷性和时效性。

3.按照旅客年龄细分市场

(1)老年旅客市场。该细分市场的旅客更注重旅行的舒适度和安全性,对价格相对不敏感。

(2)青年旅客市场。该细分市场的旅客追求时尚和个性化,对价格较为敏感,同时关注旅行过程中的娱乐和社交体验。

(3)少年旅客市场。该细分市场的旅客通常由家长陪同出行,或者由专门组织或专人陪护,对价格和安全性有较高要求。

4.按照旅客职业细分市场

(1)商务人士市场。该细分市场的旅客对时间、舒适度要求较高,通常选择高铁、动车等快速、便捷的交通工具。

(2)学生群体市场。该细分市场的旅客对价格较为敏感,通常选择经济实惠的交通方式。

(3)工人、农民市场等。该细分市场的旅客更注重性价比,选择价格适中、服务较好的交通工具。

铁路旅客运输市场细分是一个复杂而细致的过程,需要根据旅客需求和行为的差异性、地理位置、收入水平、旅行时间等多种因素进行综合考虑。通过市场细分,铁路运输企业可以更加精准地定位自己的目标市场,制定有效的营销策略和服务方案,提高市场竞争力。

🔗 行业洞察

全国铁路新的列车运行图来了

2024年1月10日零时起,全国铁路将实行新的列车运行图。调图后,全国铁路每日安

49

排旅客列车 11149 列,较现图增加 233 列;每日开行货物列车 22264 列,较现图增加 40
列。列车开行结构不断优化,客货运输能力进一步提升,为经济社会发展注入新动能。

(1)充分运用济郑、杭昌高铁等新线资源,密切中部地区和山东半岛、长三角地区联系。

(2)充分运用成自宜高铁、丽香铁路、川青铁路青白江东至镇江关段开通新增能力,
优化西部地区铁路运行图,服务西部大开发战略。

(3)以华南地区新站、新线开通运营为契机,优化区域运行图,服务粤港澳大湾区
建设。

(4)优化调整北京铁路枢纽客站功能,助力京津冀协同发展。优化调整北京地区主
要客运站分工,进一步提升首都铁路枢纽综合服务能力。

(5)优化部分旅客列车运行径路、通达范围和装备设施,满足旅客多样化出行需求。

(6)优化物流产品供给,提升货物运输能力,更好地服务经济社会发展和人民群众
安全温暖过冬。

(信息来源:东方网、人民铁道网,有改动)

课堂讨论

组织学生结合个人亲身经历,说明客运产品的新变化为我们的生活带来了哪些便利。

(三)铁路货运市场细分的标准

铁路货运市场细分是指铁路运输企业根据货主运输需求、行为差异性以及货物性质、运输
条件要求的差异,将货物运输整体市场分为若干个货主群的过程。铁路货运市场细分是铁路
运输企业为了更好地满足货主需求、优化资源配置和提高市场竞争力而进行的重要工作。铁
路货物运输企业主要是服务于各大、中、小型企业,为企业进行原材料运输及成品运输,因此,
货运市场应属于生产者市场的范畴,它的细分应主要依据生产者市场细分的标准来进行。

铁路货运市场可以根据货主行业特点、运输距离、货物类别和运输条件要求等多个标准
进行细分。这些细分标准有助于铁路运输企业更好地了解市场需求,制定针对性的营销策
略和服务方案,提高市场竞争力。以下是根据不同标准对铁路货运市场进行的细分。

1.按照货主行业特点细分市场

(1)大宗货物运输市场

铁路运输企业主要服务于能源、原材料等大宗货物的运输,如煤炭、石油、矿石等。该目
标市场的货物通常运输量大、运输距离长,对运输成本和安全性要求较高。

(2)工业制品运输市场

铁路运输企业主要服务于机械设备、电子产品、汽车零部件等工业制品的运输。该目标
市场的货物对运输时效性和包装要求较高,且通常需要提供"门到门"的服务。

(3)农业产品运输市场

铁路运输企业主要服务于粮食、蔬菜、水果等农产品的运输。该目标市场的货物对运输

时效性和保鲜要求较高,且通常需要提供冷藏、保鲜等增值服务。

(4)危险品运输市场

铁路运输企业主要服务于易燃、易爆、有毒有害等危险品的运输。该目标市场的货物对运输安全性要求极高,需要严格遵守相关法规和标准,确保运输过程中的安全。

2.按照运输距离细分市场

(1)短途运输市场

铁路运输企业主要服务于城市内部或周边地区的货物运输。该目标市场的运输距离较短,对运输时效性和灵活性要求较高。

(2)中途运输市场

铁路运输企业主要服务于省际或跨地区的货物运输。该目标市场的运输距离适中,对运输成本和服务质量有一定要求。

(3)长途运输市场

铁路运输企业主要服务于跨国或跨大洲的货物运输。该目标市场的运输距离长,对运输成本、安全性和时效性都有较高要求。

3.按照货物类别细分市场

(1)普通货物运输市场

铁路运输企业主要服务于普通货物的运输,如日用品、家具、家电等。该目标市场的货物对运输条件要求相对较低,但对服务质量和价格较为敏感。

(2)特殊货物运输市场

铁路运输企业主要服务于超限货物、冷藏货物、易腐货物等特殊货物的运输。该目标市场的货物对运输条件要求较高,需要提供专业的运输设备和增值服务。

4.按照运输条件要求细分市场

(1)快速运输市场

铁路运输企业主要服务于对时效性要求极高的货物运输,如生鲜食品、急救药品等。该目标市场的货物需要快速、准确地送达目的地。

(2)普通运输市场

铁路运输企业主要服务于对时效性要求不高的货物运输,如大宗货物、工业制品等。该目标市场的货物更注重运输成本和安全性。

(3)特种运输市场

铁路运输企业主要服务于需要特殊运输条件的货物运输,如危险品、冷藏货物等。该目标市场的货物需要严格遵守相关法规和标准,确保运输过程中的安全。

铁路运输市场细分标准是一个多维度的考量体系,涉及货主行业特点、生产规模、货物运输距离、地理因素、货物类型以及服务需求等多个方面。通过科学合理的市场细分,铁路物流企业可以更好地满足客户需求,提升市场竞争力。

二、铁路运输市场细分方法

铁路运输企业市场细分的方法主要有单一变量法、主导因素排列法、综合因素细分法、系列因素细分法等。

（一）单一变量法

所谓单一变量法，是指根据运输企业市场营销调查结果，把影响消费者或用户需求最主要的因素作为细分变量，从而达到运输市场细分的目的。这种细分方法以运输企业的经营实践、行业经验和对组织客户的了解为基础，在宏观变量或微观变量间，找到一种能有效区分客户并使运输企业的营销组合产生有效性的对应变量。例如，性别可以作为市场细分变量而被铁路运输企业所使用，现在的妇女儿童车厢等的出现正反映出性别标准为人们所重视。

（二）主导因素排列法

主导因素排列法是指用一个因素对运输企业市场进行细分的方法，如按职业收入细分铁路客运市场，按货物性质细分铁路货运市场等。这种细分方法简便易行，但难以反映复杂多变的顾客需求。

（三）综合因素细分法

综合因素细分法是指用影响消费需求的两种或两种以上的因素进行综合细分的方法。综合因素细分法在铁路货运市场中的应用主要是通过考虑多种因素，如货主行业、货物类型、运输距离、地理区域等，来将铁路货运市场细分为多个具有相似特征的子市场。

（四）系列因素细分法

当细分市场所涉及的因素是多项的，并且各因素是按一定的顺序逐步进行时，可由粗到细、由浅入深，逐步进行细分，这种方法称为系列因素细分法。例如，某企业的铁路物流市场可以用系列因素细分法做如下细分：先按地理区域分为区域物流、跨区域物流与国际物流市场；接着按客户行业分为农业制造业、商贸业与服务业市场；然后按照产品属性分为生产资料、生活资料与其他资料市场；再按照物流作业环节分为联合运输、直达运输、中转运输、甩车运输与集装箱运输市场；最后形成"区域联合运输的生活资料制造业市场"等多个细分市场。

三、铁路运输市场细分步骤及应注意的问题

（一）铁路运输市场细分步骤

铁路运输市场细分作为一个比较、分类、选择的过程，应该按照一定的程序来进行，通常有以下几步。

1. 选定市场范围

铁路运输企业决定粗略市场，选定运输市场范围。根据运输企业的目标、规模和产品的特性，决定铁路运输企业应该选择哪些市场作为细分市场。例如，对客运市场细分时，根据

运输企业提供的产品特性,可以将客运市场按照行程、旅客收入、旅行目的等因素进行细分。

2.列出市场需求

在选定市场范围后,铁路运输企业需要对这些市场进行适当的调查,以了解消费者的具体需求。这一步骤涉及收集和分析各种细分标准下的消费者需求。例如,在铁路客运市场中,铁路运输企业可能会根据行程长短、旅客收入、旅行目的等因素列出不同的需求。同样,在铁路货运市场中,铁路运输企业可能会根据货物的种类、重量、体积、运输条件、时效性等因素列出货主的具体需求。

3.市场偏好归类

市场偏好归类是基于客户对产品属性、价格或服务等核心要素的需求差异,将市场划分为需求特征相近的细分群体,以精准匹配产品策略的分类方法。它把所罗列出的需求按相近偏好分类,每一类就可以作为一个细分子市场,即将所选定的运输市场范围划分为若干个细分子市场。市场偏好主要包括同质偏好、扩散偏好和集群偏好这三种模式。例如,同质偏好是消费者需求高度趋同,扩散偏好是需求差异大且分散,而集群偏好则是形成多个相似需求的群体。在铁路运输市场中,不同旅客有不同的需求,有的追求速度,有的在意价格,有的需要舒适度。这就能对不同偏好进行归类,形成追求速度的子市场、价格敏感型子市场及舒适型子市场。例如,商务出行的人可能属于速度优先型,这可能是集群偏好中的一个群体;而普通通勤者可能更关注价格,属于价格敏感型,这也可能是一个集群。

(二)铁路运输市场细分应注意的问题

在对铁路运输市场进行细分时,无论是铁路客运市场还是铁路货运市场,其细分的标准都是相辅相成的。我们可以利用单一变量法来细分,也可以将它们组合起来,形成组合变量来细分市场。

影响各种产品的市场细分标准是不尽相同的,而且各种细分因素也是在不断变化的。铁路运输企业应动态地分析与掌握各种因素,创造性地运用细分标准。例如,将客运市场细分为若干个子市场,在细分时任意两个因素对换,就会有不同的细分市场出现,铁路运输企业可据自己的条件和目标来选择细分标准,从而确定不同的运输子市场。

任务二　选择铁路运输市场

【任务导入案例】

中国中车的市场选择之路

中国中车集团有限公司(简称中国中车)是全球领先的轨道交通装备制造企业,拥有完整的产业链和强大的研发能力。其核心业务涵盖铁路机车、客车、货车、动车组等各类轨道交通装备的制造、销售和维修。中国中车在选择目标市场时,展现了其深远的战略眼光和精准的市场定位。以下是对中国中车选择目标市场的详细分析。

一、国内市场

1.铁路装备市场

中国中车作为国内轨道交通装备制造业的领军企业,始终将铁路装备市场作为其核心目标市场。随着国内经济的持续发展和铁路建设的不断推进,铁路装备市场需求持续增长。中国中车凭借其在技术研发、生产制造、售后服务等方面的优势,成功占据了国内铁路装备市场的领先地位。

2.城市轨道交通市场

随着城市化进程的加速和城市轨道交通建设的不断推进,城市轨道交通市场也成为中国中车的重要目标市场。中国中车致力于提供优质的城市轨道交通装备和服务,包括地铁车辆、轻轨车辆等,满足城市交通需求,提升城市公共交通效率。

3.新能源与清洁能源市场

在新能源与清洁能源领域,中国中车也积极布局,致力于推动清洁能源装备的高质量发展。通过研发和生产风电整机及关键零部件,如发电机、叶片、塔筒等,中国中车为国内外新能源市场提供了优质的产品和服务。

二、国际市场

1.发展中国家市场

发展中国家在基础设施建设方面有着巨大的需求,尤其是铁路和城市轨道交通建设。中国中车凭借其在轨道交通装备制造方面的技术和经验优势,积极参与发展中国家的铁路和城市轨道交通建设项目,为其提供优质的装备和服务。

2.发达国家市场

尽管发达国家在轨道交通装备领域已经拥有一定的技术和市场基础,但中国中车仍然通过技术创新和品质提升,努力拓展发达国家市场。例如,在高速动车组、智能轨道交通装备等领域,中国中车已经成功进入一些发达国家市场,并赢得了良好的口碑。

(信息来源:《以"五维"特质塑造中国中车集团品牌》,有改动)

引导问题:

1.案例中,中国中车用了哪些标准进行市场细分?市场细分的具体方法是什么?

2.根据此案例,介绍中国中车选择了哪些市场,谈谈为什么这样选择。

运输市场细分的目的在于有效地选择并进入铁路运输企业目标市场。如果运输市场细分是依据旅客和货主的需求来进行的,那么目标市场则是依据运输企业的特性来选择的。

铁路运输目标市场选择,即铁路运输市场选择,是指在市场细分的基础上,铁路运输企业根据市场需求、自身实力与竞争优势,选择一个或几个具有吸引力的细分市场作为其主要服务对象的过程。铁路运输企业目标市场选择是指铁路运输企业经过比较,决定作为服务对象的相应子市场。目标市场可以包含一个、多个或者全部子市场。铁路运输企业选择的目标市场应该是那些能创造最大客户价值并能保持营业利润的细分市场。资源有限的运输企业可以只服务于一个或几个特殊的细分市场。

一、铁路运输目标市场选择标准

一个成功、有效的运输企业目标市场除了具有一定的规模、发展前景和有足够大的市场吸引力以外,还应具备的条件包括:①它必须与铁路运输企业的战略目标相一致;②它必须与铁路运输企业资源相适应;③它必须能使铁路运输企业在竞争中取得绝对或相对的优势;④它必须能给铁路运输企业带来较高的利润。目标市场的选择是否恰当、有效,关系到铁路运输企业目标和任务能否完成,铁路运输企业市场营销战略能否制定与实现。铁路运输目标市场选择标准如下。

(一)具有市场规模和发展潜力

铁路运输企业进入某一市场是期望能够有利可图,如果运输市场规模狭小或者趋于萎缩状态,铁路运输企业进入后难以获得发展,此时,应审慎考虑,不宜轻易进入。当然,铁路运输企业也不宜以市场吸引力作为唯一取舍,特别是应力求避免"多数谬误",即与竞争企业遵循同一思维逻辑,将规模最大、吸引力最大的运输市场作为目标市场。大家共同争夺同一个客户群的结果是,造成过度竞争和社会资源的无端浪费,同时使客户的一些本应得到满足的需求遭受冷落和忽视。现在国内很多运输企业动辄将大中城市、大宗货物作为其首选市场,而对小城镇和农村市场、小件货物不屑一顾,很可能步入误区。如果转换一下思维角度,一些目前经营尚不理想的运输企业说不定会出现"柳暗花明"的局面。

(二)细分市场结构的吸引力

细分市场可能具备理想的规模和发展特征,然而从盈利的观点来看,它未必有吸引力。波特认为有五种力量决定整个市场或其中任何一个细分市场的长期内在吸引力。这五个群体分别是同行业竞争者、潜在的新参加的竞争者、替代产品、购买者和供应商。它们具有如下五种威胁性。

1. 细分市场内激烈竞争的威胁

如果某个细分市场已经有了众多的、强大的或者竞争意识强烈的竞争者,那么该细分市场就会失去吸引力。如果该细分市场处于稳定或者衰退阶段,固定成本过高,撤出市场的壁垒过高,竞争者投资很大,情况就会更糟。这些情况常常会导致价格战、广告争夺战、新产品推出,企业要参与竞争就必须付出高昂的代价。

2. 新竞争者的威胁

如果某个细分市场可能会吸引具有新的生产能力和大量资源并争夺市场份额的新的竞争者,那么该细分市场就会没有吸引力。问题的关键是新的竞争者能否轻易地进入这个细分市场。如果新的竞争者进入这个细分市场时遇到森严的壁垒,并且遭受到细分市场内原来的企业的强烈报复,他们便很难进入。保护细分市场的壁垒越低,原来占领细分市场的企业的报复心理越弱,这个细分市场就越缺乏吸引力。某个细分市场的吸引力随其进退难易的程度而有所区别。根据行业利润的观点,最有吸引力的细分市场应该是进入的壁垒高、退出的壁垒低。在这样的细分市场里,新的企业很难打入,但经营不善的企业可以安然撤退。如果细分市场进入和退出的壁垒都高,那么利润潜量就大,但往往伴随较大的风险,因为经营不善的企业难以撤退,必须坚持到底。如果细分市场进入和退出的壁垒都较低,企业可以进退自如,然而获得的报酬虽然稳定,但不高。最坏的情况是进入细分市场的壁垒较低,而退出的壁垒却很高。于是在经济良好时,企业蜂拥而入,但在经济萧条时,却很难退出。其结果是大家都生产能力过剩,收入下降。

3. 替代产品的威胁

如果某个细分市场存在替代产品或者潜在替代产品,那么该细分市场就失去吸引力,替代产品会限制细分市场内价格和利润的增长。企业应密切注意替代产品的价格趋向,如果在这些替代产品行业中技术有所发展,或者竞争日趋激烈,这个细分市场的价格和利润就可能会下降。

4. 购买者讨价还价能力加强的威胁

如果某个细分市场中购买者的讨价还价能力很强或正在加强,该细分市场就没有吸引力。购买者会设法压低价格,对产品质量和服务提出更高的要求,并且使竞争者互相斗争,所有这些都会使企业利润受损。以下因素会导致购买者讨价还价能力加强:购买者比较集中或者有组织,该产品在购买者的成本中占较大比重,产品无法实行差别化,购买者的转换成本较低,购买者由于利益较低而对价格敏感,购买者能够向后实行联合。销售商为了保护自己,可选择议价能力最弱或者转换销售商能力最弱的购买者。较好的防卫方法是提供顾客无法拒绝的优质产品供应市场。

5. 供应商讨价还价能力加强的威胁

如果企业的供应商——原材料和设备供应商、公用事业、银行、工会等,能够提价或者降低产品和服务的质量,或减少供应数量,那么该企业所在的细分市场就会没有吸引力。以下因素会导致供应商讨价还价能力加强:供应商集中或有组织,替代产品少,供应的产品是重要的投入要素,转换成本高,供应商可以向前实行联合。因此,与供应商建立良好关系和开拓多种供应渠道才是防御上策。

(三) 符合运输企业目标和能力

某些细分市场虽然有较大吸引力,但不能推动铁路运输企业实现发展目标,甚至分散铁路运输企业的精力,使之无法达成其主要目标,这样的市场应考虑放弃。另外,还应考虑铁路运输企业的资源条件是否适合在某一细分市场经营,只有选择那些铁路运输企业有条件进入、能充分发挥其资源优势的市场作为目标市场,铁路运输企业才会立于不败之地。

二、铁路运输目标市场选择模式

运输企业进行市场细分后,既可以从中选择一个子市场作为目标市场,也可以选择几个甚至全部子市场作为目标市场,这就是运输企业目标市场选择模式的问题。

(一)市场集中化

市场集中化(图3-1)是指企业只选择一个细分市场,只生产一类产品,供应某一单一的顾客群,进行集中营销。它是一种最简单的目标市场选择模式。例如,中铁快运股份有限公司(简称中铁快运)只选择零星货物的快运市场作为自己的目标市场。

市场集中化模式一般基于以下考虑:①企业具备在该细分市场从事专业化经营后取胜的优势条件;②限于资金能力,企业只能经营一个细分市场;③该细分市场没有竞争对手;④企业准备以此为出发点,取得成功后向更多的细分市场扩展。

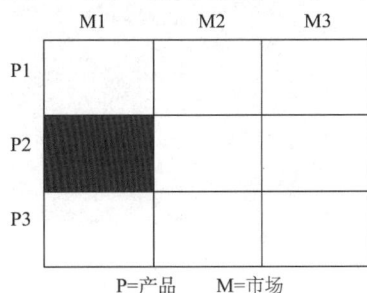
图3-1 市场集中化

(二)产品专业化

产品专业化是企业集中生产一种产品,并向各类顾客销售这种产品,如图3-2所示。例如,在过去很长一段时间里,铁路运输企业只经营一个品种"绿皮车",同时向各类人群和旅客销售。

这种形式的优点是企业专注于某一种或一类产品的生产,有利于形成和发展市场及技术上的优势,在该领域树立形象。其局限性是当该领域被另一种全新的技术与产品所替代时,产品销售量有大幅下降的危险。

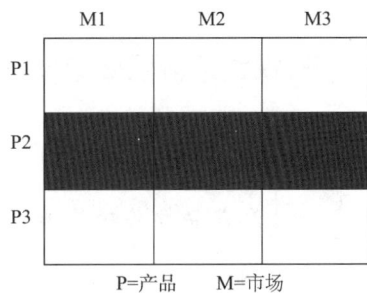
图3-2 产品专业化

(三)市场专门化

市场专门化是企业专门经营满足某一顾客群体需要的各种产品,如图3-3所示。例如,宝供物流专门向日用品制造企业用户提供多项物流服务。

这种形式的优点是产品类型众多,能有效地分散经营风险。但由于集中于某一类顾客,当这类顾客的需求下降时,产品销售量有大幅下降的危险。

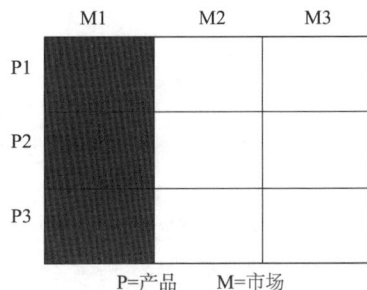
图3-3 市场专门化

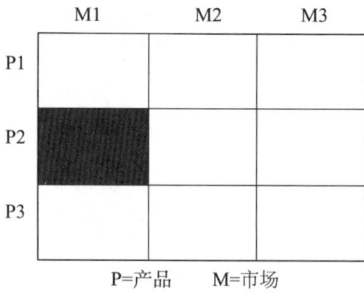

图 3-4　选择专业化

图 3-5　市场全面化

（四）选择专业化

选择专业化是企业选取若干个具有良好盈利潜力和结构吸引力而且符合企业的目标和资源的细分市场作为目标市场，其中每一个细分市场和其他细分市场之间较少联系，如图3-4所示。

这种形式的优点是可以有效地分散经营风险，即使某个细分市场盈利不佳，仍可在其他细分市场取得盈利。采用选择专业化模式的企业应具备较强资源和营销实力。

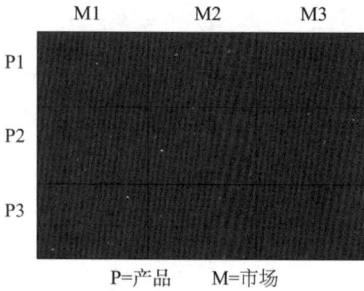

（五）市场全面化

市场全面化是企业生产多种产品去满足各种顾客群体的需要。实力雄厚的大型企业选用这种模式，才能收到良好的经营效果，如图3-5所示。

铁路作为一个大型运输企业，有自己的优势。但由于本身运输特点的局限，如没有汽车运输灵活、机动性差、不太适合短途运输以及运输成本等方面的因素，能否将整个运输市场作为目标市场，生产适销对路的产品，很值得研究。

三、铁路运输目标市场选择策略

企业根据目标市场确定的营销策略有以下三种。

（一）无差异性营销策略

无差异性营销策略是指企业面对整个市场，只提供一种产品，采取一种营销方案吸引顾客的营销策略，如图3-6所示。这种营销策略将细分市场之间的需求量差异忽略不计，只注重其需求共性。

| 市场营销策略组合 | ⟶ | 整个市场 |

图 3-6　无差异性营销策略

无差异性市场营销策略的优点是能够通过单一产品的大量生产降低产品成本和提高生产效率，降低了多种产品的研制费用和产品的促销费用，使产品以较低的价格出现在市场上。

无差异性市场策略的缺点是不能满足不同消费者的特殊需求，消费者也就不会长期地接受企业的产品。这时，就会有其他企业注意到消费者的需求差异而参与竞争。例如，铁路客运一直是对短途、长途旅客一视同仁，即都要经过购票、候车、进站等过程才能上车，使得一些短途旅客在两头车站的候车、进站、出站时间大于途中运行时间。高速公路正是在这种情况下才抢占了短途客运市场。因此,这种策略对绝大多数产品和企业来说都是不太适宜采用的。铁路运输企业在运输市场已形成且竞争激烈的今天,只提供单一模式的产品给顾客,就肯定会失去部分市场份额。

(二)差异性营销策略

差异性营销策略是指企业选择两个或两个以上的细分市场作为经营方向,针对每一个细分市场开发不同的产品,并选择不同的营销策略,如图 3-7 所示。

差异性营销策略的优点:可以有针对性地面对不同的目标市场,提高了产品的竞争能力;由于能满足不同细分市场的需求,企业在所有的细分市场上都取得成功,扩大了企业的销售总量。

差异性营销策略的缺点:企业的目标市场多,因而设计产品和促销产品的费用高;容易分散企业的精力,使企业顾此失彼。

因此,企业只有在规模较大,各方面实力较强、管理水平较高的情况下才能采用这种策略。铁路运输企业可以考虑采用差异性营销策略。

(三)集中性营销策略

集中性营销策略是指企业选择一个细分市场作为目标市场,制定一套营销方案,争取在这一个细分市场中取得较大的份额。当然,企业在这里选择的一个细分市场还可进一步细分为更小的子市场。集中性营销策略如图 3-8 所示。

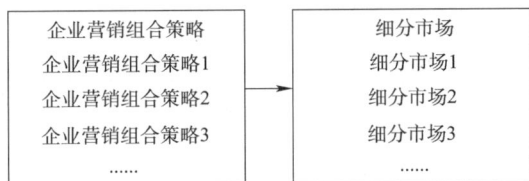

图 3-7 差异性市场营销策略

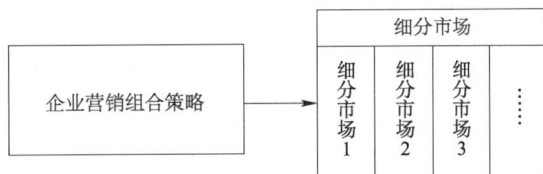

图 3-8 集中性市场营销策略

集中性营销策略的优点:企业选择的目标市场少,可以将有限的资源投入到一个目标市场中,充分发挥企业自身的特点,全力以赴地满足该市场的需求,使顾客的满意率达到最大化。

集中性营销策略的缺点:风险性较大,如果企业选择的唯一市场发生变化,企业就无任何的回旋余地;企业的市场专一,限制了企业的发展和适应大市场的能力。因此,采用集中性营销策略的企业应时刻注意市场的变化,并事先制定应急措施。

企业在选择目标市场营销策略时,还应注意以下几个因素:

(1)企业的特点。企业资源丰富,人力、财力、物力充足,可选择差异性营销策略;如企业无力面对每一个细分市场,可选择集中性营销策略,主攻一个市场。

(2)产品的特点。需求弹性较小的初级产品可采用无差异性策略;需

课程知识

铁路货运目标
市场选择

59

求弹性较大、产品差异化较大的产品,可选用差异性或集中性营销策略。

(3)市场的特点。对消费者需求和购买数量比较接近的市场,称为"同质市场",可采用无差异性营销策略;如市场上消费者需求差异较大,则应选用差异性策略。

(4)产品所处的生命周期各阶段。当产品处于投入期或成长期前半期时,由于企业在生产之初,难以推出多种产品,同时竞争者也少,因此宜采用无差异性策略;当产品处于成长期后半期和成熟期时,企业应采取差异性营销策略;当竞争者强大,产品处于衰退期时,企业应采取集中性营销策略。

(5)竞争对手的营销策略。如竞争对手采用无差异性策略,企业也可选用无差异性策略;如竞争对手采用差异性策略,企业就更要细分市场,采用差异性策略或集中性策略;如竞争对手实力较低,企业也可暂时采用无差异性策略。

总之,企业应在了解各策略优缺点的基础上,通过对各因素的分析,反复权衡,最后决定在一段时期内的目标市场营销策略。

课堂讨论

铁路运输目标市场选择策略的意义何在

以铁路货运来看,随着国家经济市场化的进程的推进,经济产业结构的调整,企业的兼并与重组,公路、航空、水运等运输方式崛起与竞争,"适者生存"的市场竞争法则无情而又公正地摆在每一个铁路货运员工面前。铁路货物运量日渐下降,在全国运输量中所占份额逐渐减少。昔日雄踞运输市场"霸主"的"铁老大",第一次面对货运产品的滞销,第一次面对行业性亏损,第一次面临生存的危机!"易穷则变,变则通,通则久"。日益严峻的形势应引起我们的反思:是什么因素使铁路货运营销推动迟缓? 是什么因素使铁路货运营销市场的建立举步维艰? 铁路货运企业的目标市场有哪些?

任务三　定位铁路运输市场

【任务导入案例】

立足"支点"定位　服务战略大局

武汉铁路局集团公司立足枢纽中心定位,打造枢纽节点,畅通高效地服务全国铁路网,近年来先后建成投用汉十、黄黄、郑渝等高铁线路,管内时速200km以上的铁路里程突破2000km,在武汉初步构建起"以沪汉蓉铁路为横向,以京广高铁为纵向,以汉十高铁、武九高铁为东南至西北走向"的骨干高铁网络,高铁枢纽重要地位愈发凸显。目前,武汉铁路局集团公司管内西十、荆荆、襄荆等5条高铁建设有序推进,为构建湖北综合交通枢纽、建设"祖国立交桥"提供有力支撑。他们优化完善普速铁路客货设施布局,充分发挥武汉北、襄阳北两大路网性编组站功能作用,系统提升管内焦柳、浩吉、襄渝、汉丹等货运主通道能力,服务保障能源安全。他们还充分利用长江在湖北境内岸线达到1061km的条件,扎实推进沿江高铁和铁路货运通道能力建设,积极构建"经济带内畅通、南北辐射通达"的沿江铁路运输格局,让中部铁路网更好地发挥连接东西部主要经济区的通道作用。

武汉铁路局集团公司牢牢把握"支点"赋予的新使命,依托九省通衢区位优势,积极服务"一带一路"建设,精准掌握湖北省内各市产业特点和企业出口需求,帮助武汉周边城市共享中欧班列开行成果。同时,他们积极吸引长三角、珠三角等地货物在武汉聚集,形成了"海、江、铁"物流闭环,畅通了贯穿东亚、中亚、中东及欧洲的"江海直航、铁海联运"国际物流通道。今年上半年,中欧班列(武汉)累计到发515列、5.9万标准箱,同比分别增长117.3%和159.3%,创开行以来历史新高,到发量和增幅均在全路名列前茅。目前,中欧班列(武汉)已拥有48条国际物流通道,辐射40个国家和地区112个城市。他们依托地处长江中部的区位优势,用好管内三江港、盐卡港、枝城港等港口码头的铁矿、焦炭、集装箱"公转铁"重点项目,实现铁水联运无缝衔接,为区域综合交通体系建设作出积极贡献。截至2023年8月21日,武汉铁路局集团公司今年已通过铁水联运发运货物594.23万吨,同比增长3.68%,为长江经济带发展提供强有力的运力支撑。

(信息来源:人民铁道网,有改动)

引导问题:武汉铁路局集团公司在铁路运输市场上树立什么样的独特形象呢?

铁路运输企业选定目标市场后,往往已有其他运输企业的产品出现在该目标市场上,也就是说,竞争者已在这个目标市场上捷足先登,甚至已占据了市场的有利地位。因此,铁路运输企业为了出奇制胜,就必须了解现有竞争者的实力、经营特点和市场地位等,进而确定本企业进入目标市场的相应市场定位。

一、铁路运输市场定位方法

（一）铁路运输市场定位的概念

铁路运输市场定位是指铁路运输企业根据市场竞争状况和自身资源条件,建立和发展差异化优势,以使自己在货主心目中形成区别并优越于竞争者的独特形象。这种特色和形象可以从产品实体方面体现出来,也可以从客户心理上反映出来,或者由两方共同作用而表现出来。

目标市场定位的实质在于取得铁路运输产品在目标市场上的竞争优势,确定铁路运输产品在顾客心目中的适当位置并留下值得购买的印象,以吸引更多的顾客。市场定位是运输企业市场营销战略体系中的重要组成部分,它有利于形成铁路运输企业及其产品特色、限制竞争对手、满足顾客偏好,提高企业竞争力。

（二）铁路运输市场定位的方式

1.初次定位与重新定位

初次定位,也称潜在定位,是指新成立的企业初入市场、企业新产品投入市场或产品进入新市场时,企业必须从零开始,运用所有的市场营销组合,使产品特色符合所选择的目标市场。但是,企业要进入目标市场时,往往会遇到竞争者产品的阻力,这时企业应该认真研究竞争者产品在目标市场上的位置,从而确定本企业产品的有利位置。例如,某铁路局集团公司决定开行甲—乙间的列车,通过市场调查,了解旅客最关心的列车的两个特性是车速度和乘车条件。目前,甲—乙间已开行了四趟旅客列车,每趟列车开到的时刻不同,造成了其上座率的不同。某铁路局集团公司客运产品市场定位图如图3-9所示。图3-9中,用圆圈的大小表示列车上座率的高低。该铁路局集团公司对新开行的甲—乙间的旅客列车的定位主要有以下两种选择:

（1）选择将产品位置定在 A 附近,即开行特快或快速列车,使用新型空调车底,列车编组由硬座、软座、硬卧和软卧组成。

（2）选择将产品的位置定在图中左上方的空白处,即开行特快或快速列车,使用无空调设备的车底,列车编组以硬座为主。

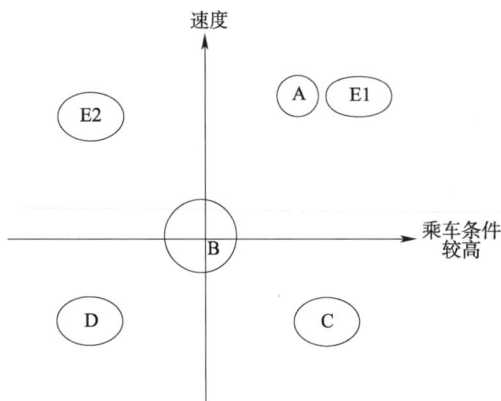

图3-9　某铁路局集团公司客运产品市场定位图

重新定位,也称二次定位或再定位,是指企业通过变动产品特色来改变目标顾客对其原有的印象,使目标顾客对其产品新形象有一个重新的认识过程。市场重新定位对于企业适应市场环境、调整市场营销战略是必不可少的。一般来说,企业产品在市场上的定位即使很恰当,但在出现下列情况时,也需要考虑重新定位:①在本企业产品定位附近出现了较大的竞争者,侵占了本企业品牌的部分市场,导致本企业产品市场萎缩和产品品牌的目标市场占有率下降;②消费者偏好发生变化,从喜爱本企业品牌转移到喜爱竞争者品牌。企业在重新定位前必须慎重考虑两个问题:①企业将自己的品牌地位从一个子市场转移到另外一个子市场时所付出的全部成本有多大。②企业将自己的品牌定在新位置上的营业额究竟有多大。这又要取决于该子市场的购买者和竞争者状况以及在该子市场上的销售价格能定多高等。

例如,某铁路局集团公司在其管内开行了新型空调特快列车,由于高速公路的建成通车,高速公路的票价和新型空调特快列车的票价一样,使得铁路短途运输的市场份额下降,列车严重虚糜。这时该铁路局集团公司对该趟列车进行重新定位,改用无空调的绿皮车,票价下浮,运行时间不变,为该列车赢得了市场。

2.对峙性定位和回避性定位

(1)对峙性定位,又称竞争性定位,或称为针对性定位,是指企业选择靠近于现有竞争者或与其重合的市场定位,争取同样的顾客。这种定位的条件是企业与竞争者彼此在产品、价格、分销及促销各方面区别不大。图 3-9 中的第一种选择 E1 就是这种定位。

(2)回避性定位,又称创新式定位,是指企业回避与目标市场上竞争者直接对抗,将其产品的位置定在市场上某处空白的领地或空隙,开发并销售目前市场上还没有的特色产品,开拓新市场。图 3-9 中的第二种选择 E2 就是这种定位。

3.心理定位

心理定位是指企业从顾客需求心理出发,积极创造自己产品的特色,以自身最突出的优势来定位,从而达到在顾客心目中留下特殊印象和树立市场形象的目的。心理定位应贯穿于产品定位的始终,无论是初次定位还是重新定位,无论是对峙性定位还是回避性定位,都要考虑顾客的需求心理,赋予产品更新的特点和突出的优越性。

心理定位有以下四种策略可供选择:

(1)廉价定位。企业采取措施使单位产品成本与竞争者单位产品成本相比处于明显的领先优势,即让本企业单位产品成本较低,进而采取廉价策略,提高市场占有率。随着市场占有率的提高,可以发挥经验曲线的作用,使本来就比竞争者低的单位产品成本进一步降低,从而保证比竞争者价格更有优势。

(2)偏好定位。它是指企业为顾客提供特殊的利益,比竞争者的产品更富有特色,使消费者感觉该企业能够满足自己的偏好。偏好定位的定位方式主要有两种:一种是在具体产品特色上定位,另一种是在利益、解决问题或需求上定位。

(3)为特定的使用场合定位。例如,铁路开行的"球迷列车""收棉花列车"等就是采用该种定位方式。

(4)使用者类型定位。企业可以根据其产品的使用者类型寻找最佳定位。例如,铁路开行的"研学列车""夕阳红列车"。

二、铁路运输市场定位步骤

铁路运输市场定位的关键就是铁路运输企业要设法在自己的铁路运输产品上寻找竞争

优势。竞争优势一般有两种类型:①价格竞争优势,即在同样条件下定出更低的价格,这就要求铁路运输企业采取一切努力,力求降低铁路运输产品单位成本;②偏好竞争优势,即能提供铁路运输特色产品来满足客户的特定偏好,这就要求铁路运输企业在运输产品特色上下功夫。

竞争优势的两种基本类型提供了运输市场定位的两种有利途径,因此铁路运输企业市场定位的全过程就可以通过以下三个步骤来完成,即确认本企业潜在的优势、准确地选择相对的竞争优势和明确显示企业独特的竞争优势。

(一)确认本企业潜在的竞争优势

这一步骤的中心任务是要回答以下三个问题:①竞争对手的产品如何定位? ②目标市场上足够数量的客户欲望如何满足以及还需要什么?③针对竞争对手的市场定位和潜在客户的真正需要,铁路运输企业应该和能够做什么? 要回答这三个问题,铁路运输企业市场营销人员必须通过一切调研手段,系统地设计、搜索、分析并报告有关上述问题的资料和研究结果。通过回答上述三个问题,铁路运输企业就可从中把握和确定自己潜在的竞争优势在何处。

(二)准确地选择相对的竞争优势

相对竞争优势是企业具有的能够胜过竞争者的能力。这种能力既可以是现有的也可以是潜在的。准确地选择相对的竞争优势就是铁路运输企业各方面实力与竞争者实力相比较的过程,比较的指标应该是一个完整的体系,只有这样才能准确地选择相对竞争优势。铁路运输企业应从企业的技术、生产、产品、营销等方面分析与比较,选出最适合铁路运输企业本企业的优势项目。

(三)明确显示企业独特的竞争优势

这一步骤的主要任务就是铁路运输企业要通过一系列的宣传、促销活动,将其独特的竞争优势准确传播给潜在顾客,并在顾客心目中留下深刻印象。首先,铁路运输企业应使目标客户了解、知道、熟悉、认同、喜欢和偏爱铁路运输企业的市场定位,在客户心目中建立与该定位相一致的形象。其次,铁路运输企业通过一切努力强化目标客户形象、保持目标客户的了解、稳定目标客户的态度、加深目标客户的感情,从而巩固与市场相一致的形象。最后,铁路运输企业应注意目标客户对其市场定位理解出现偏差或由于铁路运输企业市场定位宣传上的失误而造成的目标客户的模糊、混乱和误会,及时纠正与铁路运输市场定位不一致的形象。

三、铁路客运市场定位

铁路客运产品的市场定位,实际上就是要在目标客户的心目中,为铁路运输企业和产品创造一定的特色,适应客户的一定需求和偏好。

（一）中长途客运产品的目标市场定位

中长途的旅客对列车运行速度的要求是最主要的条件。不同的客流,对列车舒适度和服务的要求各不相同。我们可以将中长途客运产品按客流的不同定位,如图 3-10 所示。

A 代表商贸客流和公务客流,服务于这部分客流的产品应定位在高价、快速、舒适度高、优质服务上。

B 代表旅游客流,服务于这部分客流的产品应定位在中等价格,列车运行速度、舒适度和服务均处于中等偏上的水平。

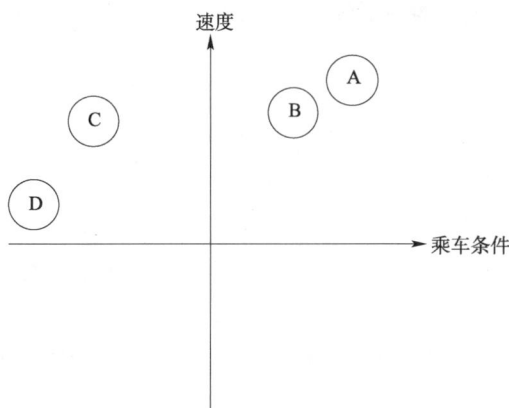

图 3-10　中长途客运产品市场定位图

C 代表学生和探亲流。这部分客流收入差异大,基本上全是自费乘车。因此,服务于这部分客流的产品应定位在价格较低、速度较快的位置上,他们对服务的要求也低于上述几种客流。

D 代表农民工流。对服务于这部分客流的客运产品可定位于低价、低舒适度。例如,可用普通无空调的硬座车编组成民工专列。这部分客流对便利程度的要求超过长途客流。这就要求铁路运输企业针对民工客流,利用运行线的空档加开专列。

（二）短途客运产品的定位

短途客流,无论其构成如何,乘车的短途客运产品必须以乘车便利为首要条件。例如,车站可开设专门的进站口(不通过候车室,直接面对站前广场),放行管内列车和市郊列车的短途旅客,旅客可先上车,后买票,而且免收车上补票费。另外,方便快捷是短途旅客的突出要求。如果去火车站的时间、候车的时间及购票的环节冗繁费时,超过乘车时间,短途客流就可能放弃乘火车。

短途客运产品市场定位图如图 3-11 所示。短途客运产品根据客流行程及客流组成的不同定位。

A 代表两大城市之间的客流。这部分客流以旅游客流、公务客流和商贸客流为主,要求乘车方便,列车准时、高速、车内舒适、服务优质。例如,北京—天津、上海—南京、西安—宝鸡的列车应定在 A 位上。定在 A 位上的列车可定为特快、快速列车、旅游列车,票价可定得较高,还可发售不记名的月票方便旅客使用。

B 代表两小站(小城镇)间的客流,这部分客流以农民旅客居多,兼有学生旅客和工人旅客。他们在速度、服务、舒适度上要求不高,但

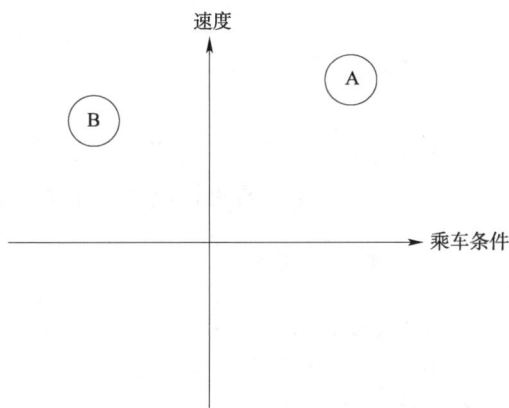

图 3-11　短途客运产品市场定位图

65

同样要求乘车便利,同时要求票价低廉。

(三)行包运输的市场定位

行李和包裹运输是铁路客运的一个组成部分。由铁路旅客列车运送的行包,在安全性、可靠性方面高于公路运输,但在机动灵活性上不如公路运输;同时,客运行包在送达速度上要快于货运中的零担运输,但在运价上却要远远高于货运。因此,在这种情况下,行包运输应定位在快捷、方便、运价适中灵活、服务周到的位置上。

1. 快捷

该定位要求行包的运送速度和旅客的运送速度基本一致,体现时效性,与航空运输争夺市场。例如,现在开行的行包专列就是以特快列车的速度运行的,如广州的荔枝运输,因为行包专列的开行,有许多由空运改为铁路运输。

2. 方便

由于人们生活水平的提高,出门旅行的人再不愿大包扛小包提了,而是将行李都办理托运,这就要求行包在托运和领取时必须手续简便,否则,将会影响旅客的正常旅行,也会导致铁路运输失去货主。在托运手续项目较多时,可由行包房的行李员专门引导,方便货主。

3. 运价适中灵活

小件物品的运输处在航空、公路和铁路客运、铁路货运竞相争夺的市场中,必须有一个适中、灵活的运价。行包运价可高于铁路货物运输,略高于公路运输,但应低于航空运输。对托运人长期包租行李车及行李车固定空间的,运价还可协商制定。同时,包裹运价也应随季节的不同、运输方向的不同而上、下浮动。

4. 服务周到

在行包运输过程中,服务是不可少的一个环节。如果车站行包人员的素质不高、服务意识不强,便会降低行包运输产品的竞争力,把行包流推向公路运输。因此,在做好行包承运和交付工作的同时,车站应开展行包的免费服务(如托运指导、打包等)和行包的延伸服务,如送货上门等,争取更多的顾客。

四、铁路货运市场定位

铁路货运市场定位涉及多个方面,包括货物品类、客户结构、服务范围以及与其他运输方式的竞争关系等。常见铁路货运市场定位如下。

(一)货物品类定位

铁路货运在货物品类上主要定位于大宗货物运输,如煤炭、矿石、钢材等。这些货物具有运量大、成本低的特点,非常适合铁路运输。同时,随着市场的发展,铁路货运也逐渐涉足快速消费品、图书、家电产品、建材产品、电子产品等日常生活用品和高附加值货物的运输,这些货物对运输时效和安全性有较高要求,铁路运输的连续性强、覆盖范围广、能耗小、污染少等优势在这些领域得到了体现。

（二）客户结构定位

铁路货运的客户结构主要定位于生产制造企业、加工企业、零售企业等上下游生产贸易企业。这些企业需要大量的原材料和产品的运输，铁路运输企业能够提供稳定、可靠的运输服务，满足其需求。同时，铁路货运还与港口、机场等合作提供多式联运服务，与公路物流企业、传统运输仓储企业、代理企业联盟合作开展"门到门"全程物流服务，进一步扩大了其客户基础。

（三）服务范围定位

铁路货运的服务范围主要定位于国内外市场。在国内市场，铁路货运通过构建完善的铁路网络，实现货物的快速集散和高效运输。在国外市场，铁路货运还积极参与国际贸易和跨境物流，通过中欧班列、中老班列等国际班列，将货物运往欧洲、中亚、东南亚等地区，为中国企业"走出去"提供了有力的物流支持。

（四）与其他运输方式的竞争关系定位

在与其他运输方式的竞争中，铁路货运主要凭借其运量大、成本低、能耗小、污染少等优势，在长途大宗货物运输中占据重要地位。同时，铁路货运也在不断提高运输效率和服务质量，以应对来自公路运输、水路运输和航空运输等竞争对手的挑战。例如，通过运用物联网、大数据、云计算等现代信息技术，提高物流运输的效率和安全性；通过优化运输方案，降低运营成本；通过提供定制化解决方案，满足客户的个性化需求；等等。

🔗 行业洞察

成都国际铁路港的市场定位

成都国际铁路港是成都中欧班列、西部陆海新通道、中老班列等国际班列始发地，先后获批自贸区、综合保税区、国家级经济开发区、国家进口贸易促进创新示范区。近年来，成都国际铁路港积极响应国家"一带一路"倡议，充分发挥中欧班列通道优势，致力于构建亚欧大陆多式联运物流新通道，推动外贸进出口高效顺畅运转。

1. 市场定位策略

（1）构建"四向通道"，建立班列高效运输机制

成都国际铁路港建立以成都为主枢纽，西进欧洲、北上蒙俄、东联日韩、南拓东盟的"四向"成都国际班列线路网络和全球陆海货运配送体系。通过开辟中欧班列陆上直达补充线路，便利内陆企业自主高效选择国际运输路线，为保障产业链供应链稳定提供有力保障。

（2）通道助力建设"贸易高地"，外向型产业集群成链成势

利用班列高效运输机制，成都国际铁路港为多家企业提供稳定的供应链服务，同时推动跨国企业构建与国际班列运输相匹配的全新生产组织模式，有力保障了本地产业运

输需求,带动出口量和出口额平均每年增长 30%,助推中国制造"走出去"。

(3)建设"智慧陆港",创新金融服务

成都国际铁路港搭建"智慧陆港"信息平台,整合海关、检验检疫、中欧班列公司、场站等各方信息,提高国际贸易便利化水平。同时,创新金融服务,构建多式联运"提单"及配套规则体系,明确提单唯一取货凭证功能,为国际贸易提供更加便捷、高效的金融服务。

2. 市场定位成效

(1)提升物流效率

通过构建"四向通道"和建立班列高效运输机制,成都国际铁路港实现了货物的快速集散和高效运输,缩短了运输时间,提高了物流效率。

(2)促进外贸增长

成都国际铁路港利用中欧班列等国际班列,推动外向型产业集群成链成势,带动了本地产业的出口增长,为外贸进出口的高效顺畅运转提供了有力支撑。

(3)创新物流模式

成都国际铁路港通过建设"智慧陆港"和创新金融服务等举措,推动了物流模式的创新和发展,为国际贸易提供了更加便捷、高效的物流服务。

综上所述,成都国际铁路港通过精准的市场定位策略和有效的实施措施,成功构建了亚欧大陆多式联运物流新通道,推动了外贸进出口的高效顺畅运转,为铁路货运市场的发展提供了有益的借鉴和启示。

(信息来源:果园港国家物流枢纽 http://www.cqgyzone.com/home/articles/1358.html,有改动)

通过精准的市场定位,铁路货运能够更好地满足客户需求,提高市场竞争力,实现可持续发展。在货物送达时间(运送速度)、办理托运和领取手续的方便程度、运价、货运安全质量、服务质量等方面,最能体现货运产品特色的便是运送速度和运价了,可将此作为定位的切入点。

项 目 实 训

【实训目标】

通过实训,学生通过独立或分组展开调查,熟悉当地的铁路运输企业及其案例,能够灵活运用铁路运输营销市场细分、铁路运输目标市场选择与铁路运输市场定位的理论去分析企业的各种营销活动,提出自己的见解,形成报告,并用 PPT 进行演示分析。

【实训任务】

学生李毅认为自己对铁路运输市场的市场细分、目标市场选择及市场定位还没有清晰的认识,希望通过调查一个铁路运输市场的案例来增加感性认识。教师结合学生学情特点,布置学生调查铁路货运市场的状况,实地调查了解并形成简单的调研分析报告。

【实训步骤】

(1)确定调研目标与范围

李毅需要明确调研的主要目的是了解铁路货运市场的市场细分、目标市场选择及市场定位。确定调研的地域范围,如本地、省内或全国范围内的铁路货运市场。

(2)收集资料与文献

通过图书馆、互联网等渠道,收集关于铁路运输市场、货运市场、市场细分、目标市场选择和市场定位的相关理论知识及案例,查找相关铁路货运企业的年报、公告、市场分析报告等,了解行业现状和趋势。

(3)设计调研问卷与访谈提纲

根据调研目标,设计针对铁路货运企业客户(如货主、物流公司等)的问卷,了解他们对铁路货运的需求、偏好、满意度等。准备访谈提纲,用于对铁路货运企业的工作人员进行深度访谈,获取企业内部的营销策略、市场定位等信息。

(4)实地调查与访谈

选择具有代表性的铁路货运企业进行实地调查,包括观察货运站点的运营情况、了解货运流程等。对货主、物流公司等客户进行问卷调查,并安排对铁路货运企业工作人员的访谈。

(5)数据分析与整理

对收集到的问卷数据和访谈记录进行整理和分析,提炼出关于铁路货运市场细分、目标市场选择和市场定位的关键信息。绘制图表,如市场细分图、目标客户分布图等,以直观地展示分析结果。

(6)撰写调研分析报告

根据数据分析结果,撰写调研分析报告,包括调研背景、目的、方法、主要发现、结论与建议等部分。在报告中,运用铁路运输营销市场细分、目标市场选择与市场定位的理论,对铁路货运企业的营销活动进行分析和评价。

(7)制作 PPT 进行演示分析

根据调研分析报告的内容,制作 PPT 演示文稿,包括调研背景、数据展示、分析结果、结论与建议等部分。准备口头演示,以便在课堂上或小组会议上向老师和同学展示调研成果。

【实训注意】

(1)在调研过程中,要保持客观公正的态度,避免主观臆断和偏见。

(2)确保收集到的数据准确可靠,避免数据造假或误导性陈述。

(3)在调研过程中,要尊重被调查者的隐私权,不得泄露其个人信息或敏感数据。

(4)在调研过程中,要遵守相关法律法规和道德规范,不得进行违法违规的调查活动。

【实训成果】

(1)调研分析报告:一份详细、客观的铁路货运市场调研分析报告,包括市场细分、目标市场选择和市场定位的分析结果。

(2)PPT演示文稿:一份制作精良的PPT演示文稿,用于展示调研成果和分析结果。

(3)口头演示:一次清晰、流畅的口头演示,能够准确传达调研成果和分析结论。

在线答题

1.请学生扫描封面二维码,每个码只可激活一次。

2.长按弹出界面的二维码关注"交通教育出版"微信公众号并自动绑定资源。

3.公众号弹出"购买成功"通知,点击"查看详情"进入后选择绑定的图书,即可进行在线答题。

4.可进入"交通教育出版"微信公众号,点击下方菜单"用户服务—图书增值",选择已绑定的教材进行在线答题。

开发与巩固铁路运输客户

　　铁路运输企业在市场调研与细分的基础上,根据铁路运输目标市场的客户需求设计出符合客户需求的铁路运输服务项目,接下来最重要的任务就是通过客户开发和营销组合,让客户购买铁路运输服务,获得订单。在开发铁路运输客户的过程中,铁路运输企业营销人员既要与老客户交流,维系与巩固老客户,也要不断开发新客户。

⊛ 学习目标

素质目标	知识目标	技能目标
①通过学习与实训,培养与不同人融洽沟通的职业素养; ②培养细心观察、勤于思考的职业素养; ③树立时间观念与法律意识	①了解铁路运输市场客户开发的过程; ②掌握开发新客户与巩固老客户的技巧与方法; ③了解铁路运输项目标书的制作方法与投标过程	①能够在铁路企业中独立开发目标客户; ②能维系与巩固老客户; ③能配合团队撰写铁路运输项目标书,并从事投标工作

⊛ 知识结构

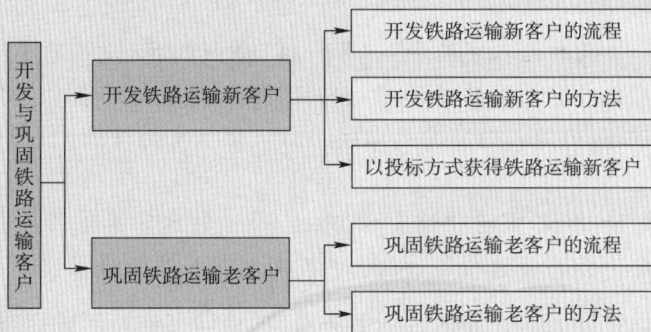

```
                                    ┌─→ 开发铁路运输新客户的流程
                    ┌─ 开发铁路运输新客户 ┼─→ 开发铁路运输新客户的方法
开发与巩固铁路运输客户 ─┤                └─→ 以投标方式获得铁路运输新客户
                    │
                    └─ 巩固铁路运输老客户 ┬─→ 巩固铁路运输老客户的流程
                                    └─→ 巩固铁路运输老客户的方法
```

◎ 思政微课

铁路上的揽客

任务一　开发铁路运输新客户

【任务导入案例】

自 2013 年 6 月 15 日开始,中国铁路总公司正式实施货运组织改革,推动铁路货运全面走向市场,实现铁路货运加快向现代物流转变。铁路货运的目标市场涵盖了大宗货物运输、工业原材料及消费品运输、特殊货物运输和集装箱运输以及国际物流等多个领域,展现出广泛的市场潜力和光明的发展前景。

1. 大宗货物运输市场

大宗货物运输是铁路货运的核心业务,占据了行业的大部分市场份额。大宗货物(如煤炭、矿石、钢材等)运输量大、运输距离长,且对运输成本有一定要求,因此非常适合通过铁路运输。

2. 工业原材料及消费品运输市场

随着电子商务的兴起和消费者对快速配送需求的增加,铁路货运在消费品运输领域也展现出巨大的潜力。这包括工业原材料、快速消费品、图书、家电产品、建材产品、电子产品等日常生活用品和高附加值货物等的运输。铁路货运凭借其运量大、成本低、连续性强等优势,为这些货物的运输提供了有力的支持。

3. 特殊货物运输和集装箱运输市场

除了大宗货物和消费品,铁路货运还积极拓展特殊货物运输和集装箱运输市场。这包括需要特殊运输条件的货物,如危险品、冷藏品等的运输,以及通过集装箱进行的高效、便捷的货物运输。

4. 国际物流市场

随着全球经济一体化的深入发展和"一带一路"倡议的推进,铁路货运在国际贸易和跨境物流领域的地位日益凸显。铁路货运通过与国际港口、机场等合作,提供多式联运服务,有效开展国际物流服务,为国内外贸易的顺畅进行提供了有力保障。

引导问题:

1. 试用之前所学的"目标市场营销策略"理论分析:铁路货运的客户有哪些?

2. 探讨作为铁路运输的营销人员如何去开发与巩固铁路运输客户。

铁路运输客户是铁路运输企业的目标服务对象,是具有铁路运输需求的旅客及货主,是实现铁路运输企业价值的源泉。其中,旅客不仅包括传统意义上的旅客,还包括团体客户和商业客户;货主包括个人、企业、政府组织及社会公益组织等。

开发铁路运输客户是指营销人员通过各种方式吸引和招揽铁路运输客户,促使其购买的过程。开发的对象有旅客与货主,本书中开发与巩固的铁路运输客户主要是指团体客户、商业客户及货主。

作为铁路运输企业的营销人员,开发目标市场或者客户是其主要职责之一。新客户开发的质量与成效的好坏,对铁路运输企业与市场人员的成长与发展至关重要。

一、开发铁路运输新客户的流程

在铁路运输行业,开发新客户是持续发展的重要驱动力。这一过程不仅关乎市场拓展,更是提升服务质量和增强企业竞争力的关键。从收集客户资源开始,企业需通过多渠道获取潜在客户的信息,为后续接触打下坚实基础。紧接着,接近与识别客户成为关键步骤,通过精准的市场定位和客户画像,企业能够更有效地锁定目标客户群体。随后,拜访与推销洽谈环节考验着企业的专业能力和沟通技巧,如何通过精心设计的开场白、深入的需求分析以及针对性的服务介绍,赢得客户的信任与青睐,是此阶段的核心任务。这一系列流程环环相扣,旨在最终促成交易,签订合同,并在此基础上履行合同,维系良好的客户关系,为企业的长远发展奠定坚实基础。企业营销人员开发铁路运输新客户的流程具体如图4-1所示。

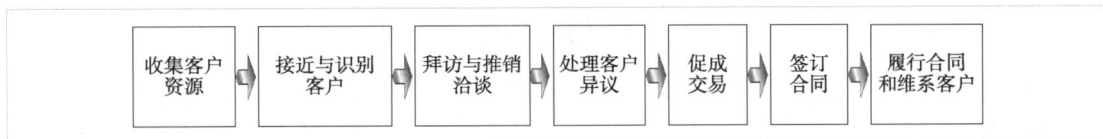

图4-1　企业营销人员开发铁路运输新客户的流程图

(一)收集客户资源

开发新客户的过程中,首要且关键的步骤是进行潜在客户的信息收集和整理。铁路运输企业营销人员,为了寻找新客户,需要进行充分准备,知己知彼才能百战不殆。知己指对自己清楚,包括熟悉产品(服务)、公司与自身的优劣势,这样和目标客户在沟通与洽谈时才能有的放矢;而知彼是指对客户的掌握。通常,企业营销人员可以通过内训,专业拓展,与生产、技术等部门交流等多种方式实现知己。营销人员为了知彼,常用资料分析、人际关系拓展等方法寻找目标客户,了解目标客户的资料信息。具体而言,针对大型制造企业,需要关注其生产线状况、产能规模、产品类型及市场布局等信息;对于商贸流通企业,则需研究其供应链管理方式、销售渠道网络、商品种类和流通效率等关键运营环节;对于物流中心这类物流客户,需了解其仓储设施条件、运输线路规划、服务范围和服务质量要求等信息。

(二)接近与识别客户

通过前期的信息收集,找到潜在的铁路运输客户之后,哪些客户是我们的目标接近对象? 到底如何接近客户? 接近客户到底要做什么? 这些是营销人员亟须解决的问题。

在初次接触时,营销人员务必展现出高度的专业性,准确把握客户的语言和非语言信号,以真诚、热情的态度回应客户的需求和问题。营销人员不仅要熟知自身业务,还要对行业动态、相关政策法规有所掌握,以便为客户提供有价值的见解和建议,从而逐步建立起基于信任和尊重的良好关系。

随后,对收集到的客户资源进行细致入微的分类与识别工作。结合企业的运输能力、服务范围及合作愿景,筛选出那些与企业发展战略高度契合、具有较大合作潜力的客户群体作为重点目标客户。对于不同类型和需求的客户,应灵活运用差异化营销策略,如个性化服务方案的设计、专业解决方案的提供等,以实现资源的最优配置和利用效率的最大化。

(三)拜访与推销洽谈

通过与潜在客户的关键人物进行面对面的接洽,能有效了解客户对铁路运输的需求信息。因为铁路运输服务相对其他产品而言比较复杂,通过电话或信函进行铁路运输服务项目的推广有时不能很好地表达清楚,需要登门拜访。而在真正需要登门拜访前,首先应该明确拜访目的,这样才能在接近客户的较短时间内有适当说辞及佐证资料,并能迅速提供相关资讯,有效地向客户传递铁路运输服务信息。

知识拓展

拜 访 目 的

货运营销人员拜访目标客户的目的主要有八个方面:①引起客户的兴趣;②建立人际关系;③了解客户目前物流的状况;④介绍本企业物流服务的优势;⑤要求进行更进一步的调查工作,以制作建议书;⑥邀请客户参观展示。

整个拜访与推销洽谈阶段应按照开场白—指出客户需求或期望—有针对性地介绍服务三个步骤进行。

1. 开场白设计

开场白是拜访客户时至关重要的环节。一个精心设计的开场白,能够迅速地吸引客户的注意力,并给客户留下良好的第一印象,为后续的交流洽谈打下坚实的基础。开场白时,应首先礼貌地进行自我介绍,包括自己的姓名、职务以及所在企业的名称和业务范围。其次,要明确表示此次拜访的目的和意图,如:"我是××公司的货运营销员,此次拜访是为了与贵公司洽谈关于铁路运输合作的事宜。"同时,在开场白中,还可以适当表达对客户的尊重和重视,如:"我们非常重视与贵公司的合作,特此拜访,希望能够与您深入交流,共同探讨合作的可能性。"

2. 客户需求或期望分析

当顺利地做了开场白,引起了客户的注意,并陈述能带给客户的一般利益后,依据调查的资料,陈述客户目前的状况,指出客户目前期望解决的问题点或期望得到满足的需求。

在拜访客户的过程中,与客户深入交流是至关重要的。通过提问、倾听、观察等方式,全面了解客户的运输需求、成本预算、时间要求等方面的信息。提问时,铁路运输营销人员要尽可能考虑到客户的需求和期望,如:"您最近有没有铁路运输的需求?""您对运输的成本有什么样的预算?""您对运输的时间有什么样的要求?"等。通过这些问题,可以引导客户主动表达他们的需求和期望,从而更好地了解他们的需求。除此之外,铁路运输营销人员还要观察客户的反应和态度,从中获取更多的信息。了解客户对铁路运输的认知和期望同样重要,这有助于铁路运输营销人员提供更加贴合客户需求的解决方案。通过交流,铁路运输营销人员可以了解客户对铁路运输的看法和期望,从而更好地满足他们的需求。

3. 针对性服务介绍

通过与客户交谈,铁路运输营销人员需要清楚地知道客户关心什么,挖掘客户的特殊需求,有针对性地重点介绍铁路运输服务的特性及优点,强调能够满足客户的特殊需求,或解决客户的特殊问题。所以,铁路运输营销人员必须掌握将运输服务的特性转化为客户利益的技巧,如图4-2所示。通常,铁路运输营销人员会运用销售辅助物来介绍铁路运输服务,如本企业的运力与仓储力的展示视频或PPT、成功的铁路运输客户个案等。

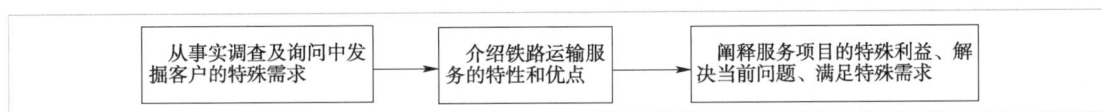

```
┌──────────────────┐     ┌──────────────────┐     ┌──────────────────┐
│ 从事实调查及询问中发 │ ──▶ │ 介绍铁路运输服 │ ──▶ │ 阐释服务项目的特殊利益、解 │
│ 掘客户的特殊需求   │     │ 务的特性和优点 │     │ 决当前问题、满足特殊需求   │
└──────────────────┘     └──────────────────┘     └──────────────────┘
```

图4-2　通过服务推介将铁路运输服务特性转换为客户利益的步骤图

(四)处理客户异议

任何销售都是从客户的拒绝开始的。在铁路运输营销的每个步骤,接触的运输客户都有可能提出异议。铁路运输营销人员越是懂得异议处理的技巧与方法,就越能冷静地化解客户的异议。客户异议是指客户对推销品、推销人员、推销方式和交易条件发出的怀疑、抱怨,提出的否定或反对意见。异议可以分为真实异议、虚假异议等。

在面对客户的异议时,铁路运输营销人员要展现出耐心和专注的态度,认真地倾听客户的问题和疑虑,确保对客户的需求有深入的理解。尽量避免打断或否定客户,要以开放的心态接受并认真分析这些异议,理解客户产生异议的根源。

作为铁路运输营销人员,在分析客户异议的基础上,需要运用专业的产品知识和行业经验,为客户提供详尽且有针对性的解答;对于产品性能、价格、售后服务等方面的疑问,要给出明确、具体的解释,消除客户的困惑;针对客户的顾虑和需求,要提出切实可行的解决方案,展示出企业的诚信和实力,增强客户的信心。

处理客户异议不仅是解决当下问题的过程,更是提升服务质量、优化销售流程的重要途径。通过不断总结经验教训,改进服务细节,提高销售人员的专业素养和服务水平,可以更好地满足客户需求,提升客户满意度,实现长期稳定的合作关系。

(五)促成交易

在铁路运输服务销售过程中,服务的说明、展示及解决异议等只是营销的辅助工具,目的是用来和客户达成交易协议。客户接受服务需要一个循序渐进的过程,由不了解到了解,由不接受到接受。为了促成交易,营销人员要主动提出交易,要自信客户会选择本企业服务,更要坚持,不怕拒绝。

知识拓展

促成交易的过程

促成交易的过程本质上是不断推动客户承诺层级升级的过程,客户在决定购买问题上会有五个承诺的层级:

(1)客户心里想买。客户频繁地点头、认真翻阅产品说明书,证明客户心里想买。

(2)客户嘴上说买,赞美产品。虽然客户口头赞美产品,但是大多数情况下,客户最终没有买。

(3)跟客户签了合同。即使客户签了合同,也会遇到不执行合同的情况,此时,营销人员已占据主动位置。

(4)客户交了定金。虽然客户交了定金,但也不能最终确保客户会买,这样的客户一定要跟踪好。

(5)客户全额付款。如果客户全额付款,那么这就是对营销人员最高的承诺。

在复杂的商业环境中,诚信与透明是构建长期稳定合作关系的基础。因此,在整个交易过程中,必须坚守诚信原则,公开、公正地处理所有信息与事务,确保所有细节都经得起推敲和检验。这不仅有助于维护双方的良好合作关系,更能为未来的进一步发展奠定坚实的基础。

(六)签订合同

在交易双方达成一致意见后,为了确保整个运输过程顺利进行并受到法律保护,必须签订一份具有法律约束力的正式运输合同。这份合同的目的在于明确和规范双方的权利与义务,确保所有环节均按照事先约定的条件执行。合同的内容应当详尽无遗,涵盖运输方式的选择、货物的详细描述、价格条款、运输期限设定以及违约责任追究等多个关键方面。

在签订合同前,仔细审查合同条款是至关重要的步骤。这不仅有助于理解合同内容,还能确保合同符合国家法律法规的要求,避免未来因不合规而产生纠纷或存在法律风险。通过专业律师或法律顾问的协助,可以进一步确保合同的合法性和有效性。

在合同中,明确双方的权利和义务能为合同的顺利执行提供坚实的法律保障。在合同签订过程中,双方应秉持诚实守信的原则,严格按照合同约定履行各自的责任,共同维护合同的权威性和执行力。只有这样,才能实现货物安全、准时送达的目标,同时保障交易双方的合法权益不受损害。

知识拓展

运输合同条款

运输合同是承运人将旅客或货物运到约定地点,旅客、托运人或收货人支付票款或运费的合同。运输合同的特征包括:运输合同是有偿的合同;运输合同的客体是指承运人将一定的货物或旅客运输到约定的地点的行为。运输合同包括客运合同、货运合同、多式联运合同。

一般合同内容条款应包括如下内容：

(1)确定法律责任,如责任的界定、知识产权的保护、保密条款和使用法律界定双方的运营关系。

(2)服务范围。

(3)订购流程。

(4)管理流程。

(5)价格。

(6)支付条款。

(7)绩效水平评估。

(8)合同中止。

(9)奖励和激励条款。

(10)财务惩罚等。

按年度、半年度、季度或月份签订的货物运输合同,应写明下列主要条款：

(1)托运人和收货人的名称或者姓名及住所。

(2)发货站与到货站的详细名称。

(3)货物的名称(运输标的名称)。

(4)货物的性质(是否属易碎、易燃、易爆物品等)。

(5)货物的重量。

(6)货物的数量(如车种、车数、件数等)。

(7)运输形式(零担、速递或联运等)。

(8)收货地点。

(9)违约责任。

(10)费用的承担。

(11)包装要求。

(12)合同纠纷解决方式。

(13)双方约定的其他事项等。

以货物运单形式签订的合同应载明下列内容：

(1)托运人、收货人的名称或姓名及其详细住所或地址。

(2)发货站、到货站及主管铁路局集团公司。

(3)货物的名称。

(4)货物的包装、标志、件数和数量。

(5)承运日期。

(6)运到期限。

(7)运输费用。

(8)货车的类型或车号。

(9)双方商定的其他事项。

（七）履行合同和维系客户

在合同签订之后，铁路运输企业需要严格按照合同中约定的各项条款和条件，切实履行运输服务责任。这包括但不限于按照预定的车次、时间表和路线进行货物运输，确保货物在途中的安全保障措施得到有效执行，以及应对各种突发状况。此外，定期与客户保持透明、及时的沟通至关重要，包括但不限于运输状态、预计到达时间、任何潜在的风险预警或突发情况的处理等，让客户随时掌握货物动态，从而增强其对铁路运输服务的信任感和满意度。

合同履行完毕后，铁路运输企业应当将客户关系的维系工作视为业务拓展和持续发展的关键环节。在合同结束后的一段时间内，通过多种方式保持与客户的紧密联系，如定期进行客户回访、收集客户反馈的满意度调查、提供额外的增值服务或解决方案等，以了解客户的最新需求和反馈。根据客户的反馈和建议，不断优化服务质量和流程，提升客户满意度和忠诚度。通过长期的合作和互动，建立稳定、长期的客户关系，为铁路运输企业的持续发展提供有力支撑。

二、开发铁路运输新客户的方法

除了国家规定的有特殊运输限制的货物之外，铁路运输企业对各类货物敞开受理，随到随办。铁路运输一直以煤、铁、焦为代表的"黑货"为主，通过协议运输方式给予运力保障。市场改革后，企业营销人员需要走出去，开发工业机械、电子电器、农副产品、日用百货等新客户，并根据客户的运输需求编制运输计划，及时安排装运，提高运输效率。

🔍 行业洞察

抢占"白货"运输市场

2024年3月13日，一趟载着1600吨元明粉的货物班列从眉山站始发，驶向山东沂南站，这是眉山开行的首趟元明粉"公转铁"班列，也是成都车务段瞄准新赛道深挖"白货"市场，争取货运增量的一个缩影。

长期以来，铁路货运主要依赖煤炭、钢铁、矿石等"黑货"货源。但近年来，市场对"黑货"的需求不断减少，要想实现货运增量，必须寻找新的增长点。

"拿下'白货'市场、做大'白货'运载体量、满足'白货'客户需求，是货运物流转型发展的突破口。"该段到达端眉山片区项目部部长陈宏告诉记者。"白货"包括化肥、食品等日用品，且通常都是走公路、水路运输，其"公转铁"需要项目部自行开发招揽货源，难度系数较大。

为此，该段根据自身实际，一改昔日的"坐商"姿态，化身主动出击的"行商"。早在2021年，陈宏就开始"追踪"元明粉项目。由于政策与客户需求不匹配，元明粉项目始终没有谈拢。货改政策一出，陈宏再次找到3家元明粉厂，并提出了"三人成团"的运价策略。

在他的"牵线搭桥"下,四川省洪雅青衣江元明粉有限公司、四川同庆南风有限责任公司和丹棱化工有限公司3家元明粉生产企业结成了"联盟"。3家企业可以一起享受项目优惠,类似于团购,条件是每季度3家企业共需提供1150个集装箱的发运量。据陈宏介绍,截至2024年3月18日,该项目已发送3.12万吨元明粉,全年预计增运10万吨。

（信息来源:西南铁道报《瞄准新赛道　项目加速跑》,有改动）

引导问题:

1. 铁路运输营销人员如何找到新客户?

2. 铁路运输营销人员开发新客户经过哪些流程?

(一)收集客户资源的方法

铁路运输营销人员要开发新客户,应先找出潜在客户。要开拓新的潜在客户,需要收集尽可能多的客户资源信息,具体收集方法如下。

1. 资料分析法

铁路运输营销人员可以通过收集分析文案资料信息,广泛撒网,最大范围寻找更多有需求的客户。这类文案资料一般有行业统计资料、黄页、各类网站、专业展会、专业报纸、专业期刊等。其中,行业统计资料可从国家相关部门的统计报告、行业统计数据中查找,也可以根据有关生产、商业企业公布的资料统计收集。有些调研等机构掌握批量客户的文案资料,可以通过购买的方式获得资料,进而获得客户资源信息。

2. 人际网络拓展法

铁路运输营销人员可以通过自身拥有的社交网络来寻找潜在客户。根据六度空间理论,最多通过6个人就能够认识世界上任何一个陌生人。铁路运输营销人员可以与现有客户、供应商、合作商等沟通,还可以与企业内部如调研部门、售后部门的工作人员,同部门其他的营销人员交流,借此收集寻找可能需要铁路运输服务的目标客户。

在寻找客户的过程中,营销人员的任务就是沟通,让他人了解自己的工作,通过这种快速扩大的涟漪效应找到自己的潜在客户。协会、俱乐部等行业人士及展会策划人员背后有庞大的客户网,营销人员和他们搞好关系,能够迅速拓展人际关系,打开营销通道。

3. 客户主动上门获得法

受铁路运输企业形象、声誉、品牌等影响,一些客户会慕名主动上门。营销人员与客户洽谈,为其提供咨询服务,记下客户的联系方式,在后续跟进中获得客户更多信息。

案例

中欧班列的魅力影响

中欧班列(武汉)不仅拥有广泛的国际物流通道,辐射多达40个国家和地区、117个城市,而且其开行数量持续增长,展现出强劲的发展态势。中欧班列(武汉)以其独特的魅力和广泛的影响力,成为连接中国与欧洲的重要物流纽带。

中欧班列(武汉)以其运输成本低、运输时效快、流程环节简化等优势,助力光电、机械制造、新能源汽车及汽配、光伏等产品走出国门,拓宽了国际市场。同时,中欧班列(武汉)不断开通新线路,如至白俄罗斯、俄罗斯等地的新线路,进一步丰富了国际物流网络,为国内外贸企业提供了更多选择。它与武汉阳逻港等交通枢纽的紧密衔接,提升了货物中转效率,为湖北乃至中部地区的经济发展注入了新的活力。中欧班列(武汉)的开通,不仅为湖北企业提供了便捷的出口通道,更吸引了更多国际货物通过武汉中转,进一步提升了武汉的国际影响力和竞争力。

(信息来源:中国网《铁路时评:中欧班列点燃发展澎湃新火种》,有改动)

(二)接近与识别客户的方法

营销人员在收集客户资源后,需着手准备接近与识别客户。

1.接近客户的方法

如何接近客户,给客户留下良好的第一印象,继而一鼓作气拿下客户呢?与铁路运输客户接近是铁路运输营销市场开发工作的第二步,是顺利打开铁路运输市场业务的关键。如何营造一种轻松、和谐的交谈气氛,如何用语言打动铁路运输客户、引起客户的兴趣是铁路运输营销人员应思考和解决的问题,而解决这一问题的关键是周密设计和安排初次见面的方式和所要表达的语言。高明的接近方法能帮助营销人员顺利进入商谈,而笨拙的接近方法则易招来客户的拒绝。

常见接近客户的方法主要有六种。

(1)问题接近法

问题接近法是通过营销人员直接向客户提出有关问题,通过提问的形式激发顾客的注意力和兴趣点,进而顺利过渡到正式洽谈。营销人员在使用问题接近法时,应注意尽量寻找自己的专长或者洽谈客户熟悉的领域。

(2)介绍接近法

介绍接近法是营销人员自我介绍或经由第三者介绍接近目标客户的一种方法。这种接近方法操作难度小,接洽轻松。第三者介绍通常有客户转介绍、朋友介绍。无论采用哪种介绍法,首先都会考虑到人际关系问题。每一个人背后都有社会关系,营销人员只需要整理好自己的社会关系,就更容易开始拓展的业务。

(3)求教接近法

求教接近法是营销人员怀着学习、请教的心态来求教客户进而接近客户的一种方法。世上渴望别人倾听者多于渴望别人口若悬河者。通过请教接近客户,拉近与客户的距离,通常能让客户把内心的不愉快或者说深层潜意识展现出来;同时,客户感觉和营销人员很有缘,就会经常与营销人员交流,双方成为朋友之后,销售就变得简单起来。

(4)好奇接近法

好奇接近法主要是利用客户的好奇心理来接近对方。好奇心是人们普遍存在的一种行为动机,客户的许多购买决策有时也多受好奇心理的驱使。如果可以的话,营销人员把产品使用方法展示出来。每一个产品都有其独特之处,如铁路物流中心,除了有特色的物流运输服务之外,还能够提供多功能多样化的仓储与加工服务。需要注意的是,营销人员为本企业服务找到独特之处、惊奇之处、新颖之处。

(5)利益接近法

利益接近法是营销人员通过展示商品或服务的价值、利益引起客户兴趣,进而接近客户的方法。在展示商品与服务的价值后,有客户继续听营销人员的讲解,也有客户离开。通常留下的客户成为潜在客户的可能性较高。例如,铁路运输企业可以提供多式联运,还能办理"一带一路"等通关外贸手续等。

(6)演示接近法

演示接近法是营销人员通过操作产品或者演示服务接近客户的方法。营销人员邀请目标客户参观运输作业现场,体验运输或仓储等服务,让目标客户直观企业服务的能力与产品的特色,更容易引起目标客户的兴趣。

在销售技巧中,初次面对客户时的话语称为接近话语。以上六种接近客户的方法,是铁路运输营销人员接近客户最常使用的,能够综合使用,效果会更好。

2.识别客户的方法

识别客户阶段主要是在目标市场筛选出潜在客户。潜在客户需要具备一些 MAN 法则特征,具体如图 4-3 所示。

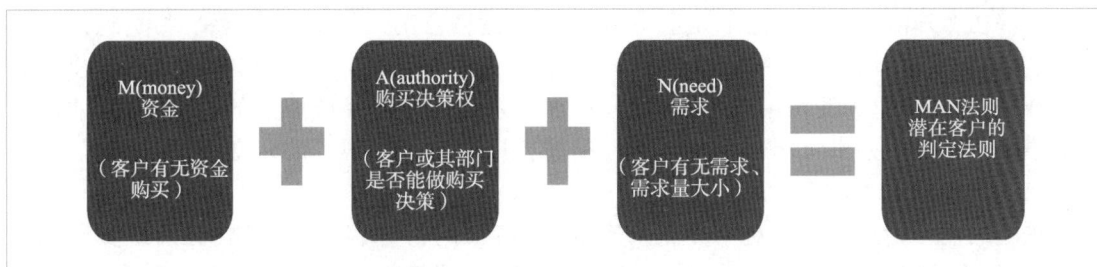

图 4-3 MAN 法则

MAN 法则是一种常用的销售工具,用于识别潜在客户是否具备成为实际客户的条件。MAN 分别代表资金(Money)、购买决策权(Authority)和需求(Need)。当潜在客户同时具备这三个条件时,他们更有可能成为企业的新客户。然而,在实际销售过程中,目标客户往往不一定完全具备这三个条件。针对这种情况,铁路运输营销人员需要灵活调整营销策略,以最大限度地吸引和转化潜在客户。以下是一些针对不同目标客户情况的适当营销对策。

(1)具备资金和购买决策权,但缺乏需求

当潜在客户具备资金和购买决策权,但缺乏需求时,铁路运输营销人员采取的营销对策:通过市场教育活动,如研讨会、在线课程或博客文章,帮助客户认识到他们的潜在需求,并展示本企业的产品或服务如何满足这些需求。分享其他客户如何通过使用本企业的产品或服务解决了类似问题,激发潜在客户的兴趣。提供定制化的产品或服务体验,让客户亲身体验到产品或服务的价值,从而激发其需求。

（2）具备购买决策权和需求，但缺乏资金

当潜在客户具备购买决策权和需求，但缺乏资金时，铁路运输营销人员采取的营销对策：提供分期付款、贷款或租赁等灵活的支付方式，减轻客户的经济压力。强调产品或服务的长期价值，如节省成本、提高效率等，使客户认识到这是一项值得的投资。推出限时折扣、优惠券或积分兑换等优惠活动，吸引客户在资金允许的情况下进行购买。

（3）具备资金和需求，但缺乏购买决策权

当潜在客户具备资金和需求，但缺乏购买决策权时，铁路运输营销人员采取的营销对策：与潜在客户的决策者建立联系，了解他们的需求和决策流程，以便更好地满足他们的需求。根据潜在客户的决策者的需求，提供定制化的解决方案，并展示本企业的产品或服务如何帮助他们解决问题。通过提供优质的客户服务、展示成功案例或推荐信等方式，增强客户对本企业的信任感，从而更容易获得购买决策权。

（4）同时缺乏资金、购买决策权和需求

当潜在客户同时缺乏资金、购买决策权和需求时，铁路运输营销人员采取的营销对策：深入了解目标市场的需求和竞争情况，为产品或服务的改进提供依据。通过社交媒体营销、内容营销或电子邮件营销等手段，与潜在客户保持联系，并提供有价值的信息和资源，以培养他们的需求和购买决策权。尝试新的营销手段，如直播营销、短视频营销等，以吸引更多潜在客户的关注，并激发他们的购买意愿。

（5）潜在需求但尚未完全明确

当潜在客户潜在需求但尚未完全明确时，铁路运输营销人员采取的营销对策：通过问卷调查、客户访谈等方式，深入了解客户的潜在需求，为产品或服务的改进提供依据；提供产品试用或体验，即提供免费试用或体验机会，让客户亲身体验产品或服务的价值，从而明确他们的需求。通过举办讲座、研讨会等活动，提高客户对产品和服务的认知度，帮助他们认识到自己的潜在需求。

铁路运输营销人员在面对不具备所有 MAN 特征的目标客户时，需要灵活调整营销策略，根据客户的实际情况采取相应的对策。通过深入了解客户需求、提供定制化的解决方案、激发购买意愿和建立长期关系等手段，铁路运输企业可以最大限度地吸引和转化潜在客户，实现销售业绩的持续增长。

（三）拜访与推销洽谈的方法

拜访与推销洽谈，也称交易谈判，是指营销人员运用各种方式、方法和手段，向客户传递铁路运输信息，并设法说服顾客购买铁路服务的协商过程。本阶段目标在于向客户传递服务信息，诱发客户的购买动机，激发客户的购买欲望，说服客户达成交易。因此，营销人员在顺利地做开场白，引起客户的注意，并陈述服务能带给客户的一般利益后，更要探究出本企业及其服务能提供给客户的如提高效率、降低成本、增值服务、售后服务、付款方式等特殊利益。

营销人员与目标客户在洽谈阶段常用的方法有诱导法、介绍法、演示法与提示法四种。

1. 诱导法

诱导法是指营销人员在客户推销或与客户洽谈时，为了引起客户的兴趣，刺激客户的购买欲望,从谈论客户的需要与欲望出发,巧妙地把客户的需要与欲望同推销品紧密地结合起来,诱导客户明确自己对推销品的需求,最终说服其购买的方法。

诱导法的核心在于吸引客户的兴趣,挖掘客户的真正需求。怎么挖掘客户的真正需求?客户的这些真正需求,可通过状况询问法、问题询问法、暗示询问法三种事实调查方法确认。

(1)状况询问法

为了解客户目前的状况,所做的询问都称为状况询问。这种方法的目的是经过询问了解潜在客户的运作状况及可能的心理状况。日常生活中,状况询问法用到的次数最多。

(2)问题询问法

问题询问法是对客户进行状况询问后,为了探求客户的不同、不平、焦虑而提出的问题。也就是探求客户潜在需求的询问。

(3)暗示询问法

暗示询问法是营销人员在察觉到客户可能的潜在需求后,用非直接、旁敲侧击等暗示询问的方式提出针对该需求的解决方案。

专业的铁路运输营销人员应该熟练地交叉使用以上三种询问方式,通过对客户进行引导与提醒,不知不觉中获得客户潜在需求等信息。

2.介绍法

介绍法是介于提示法和演示法之间的一种方法,是铁路运输营销人员利用生动形象的语言介绍服务,劝说顾客购买铁路服务的洽谈方法。介绍法可分为直接介绍法、间接介绍法和逻辑介绍法三种。

(1)直接介绍法

直接介绍法是营销人员直接介绍铁路运输服务的特色、利益点,劝说客户购买的方法。该方法开门见山,节省洽谈时间,提高商贸效率。营销人员使用该方法时,应针对客户的不同购买心理,选择容易被客户接受的铁路服务明显特征与竞争优势,站在客户角度介绍服务及客户所能得到的好处。

(2)间接介绍法

间接介绍法是营销人员通过对客户介绍与铁路运输服务密切相关的其他事物来间接介绍产品本身的方法。通过介绍企业的营销理念与意识,间接证明本企业的运输服务品质与特色。该方法不是向客户直述服务的竞争优势,而是通过对企业营销管理、生产工艺与流程、运输工具、运输线路与仓储工具等优点与特色的介绍,使得客户了解该服务能带来的利益。

营销人员使用间接介绍法时需要注意以下几点:

①选用的说明资料一定真实、可靠。

②选用的说明资料最好是客户熟知或容易接受、认可的,并有助于间接介绍商品。

③介绍、推销的语言要温和、婉转、含蓄,并注意观察客户的反应。

(3)逻辑介绍法

逻辑介绍法是铁路运输营销人员利用逻辑推理来劝说货主选择铁路服务的洽谈方

法。例如："您看,运输货物先要保证货物的安全,才去追求运货的准时、高效与成本。咱们铁路运输服务是铁路线路地面运输,二十四小时风雨无阻的运输,安全性是所有运输方式中最好的……"这是典型的推理介绍,是一种以理服人、顺理成章、说服力很强的方法。

在使用逻辑介绍法时,营销人员应注意下述问题:

①有针对性地使用。一般来说,营销人员向目标货运企业的专家、技术人员、采购人员等类型的客户推销铁路运输服务时,应尽量多用逻辑介绍法介绍。因为他们懂技术、有专长,具有科学思维能力,注重理性判断,决策能力强。尤其是推销铁路运输、仓储等复杂服务项目时,有针对性地进行逻辑推理介绍,会激起客户的理性思维。

②避免逻辑错误。营销人员在使用逻辑介绍法时,要避免概念不明、判断不当、自相矛盾、偷换论题等逻辑错误。

③应注意表达上的艺术性。逻辑性并不排斥艺术性,干巴巴的推理论证只能使人感觉乏味,产生厌烦情绪。要用生动、形象与通俗的语言,提示事物间的内在联系,论证自己的观点,使客户容易听懂,易于接受。

3.演示法

演示法,又称直观示范法,是指营销人员运用非语言的形式,通过实际操作推销服务或辅助物品,让客户通过视觉、听觉、味觉、嗅觉和触觉直接感受推销服务信息,最终促使客户购买服务的洽谈方法。

营销人员常用的演示法主要有以下几种。

（1）产品演示法

有些不便随身携带的产品或者服务,或即使借助其他辅助物品演示,效果也不理想的产品或服务,只能在店堂或者现场演示,则有必要邀请客户亲临现场体验,如营销人员可以邀请货主观看铁路货运站的仓储与运输等。

营销人员在进行示范演示时,要注意以下问题:

①操作演示一定要熟练。

②操作演示一定要"投其所好"(营销人员在演示时要具有针对性)。

③操作演示一定要突出重点。

④操作演示一定要速度适当。

（2）文字图片演示法

文字图片演示法是指营销人员通过展示有关商品或服务的文字、图片资料来劝说顾客购买的洽谈方法。比如,一些运输服务的实施方案、运输工具、价目表等。

文字图片演示法既准确可靠又方便省力,能生动、形象地向客户介绍产品或服务,传递推销信息。这种图文并茂、生动形象的推销方法,不仅容易被客户接受,而且对客户具有强大的感染力。

在使用文字图片演示法时应注意以下几个问题:

①根据推销洽谈的实际需要,收集与整理有关的文字、图片资料。在推销过程中,营销

人员所演示的文字、图片资料作为一种推销工具,应该与推销目的保持一致。

②文字、图片相结合演示,做到图文并茂。文字、图片都是视觉信息媒介,两者关系十分密切。在演示过程中,二者相配合,既有实物图片又有实物说明,既有情景图片又有情景介绍,图文并茂,易于客户接受。

③坚持洽谈的真实原则,演示真实、可靠的文字资料。营销人员必须遵守有关推销法律,不能演示虚假资料或非法资料。

(3)影视演示法

影视演示法是一种创新的营销手段,它充分利用了现代视听技术的优势,通过视频和动画等多媒体形式,生动、直观地展示产品或服务的特点和优势,从而吸引并劝说客户购买推销品。这种方法结合了视觉和听觉的双重刺激,使得信息传达更加高效和引人入胜。

(4)证明演示法

证明演示法是指营销人员通过演示有关的证明资料或进行破坏性的表演,来劝说客户购买推销服务的洽谈方法。证明演示法适用于那些需要强调产品质量、性能或独特性的场合。例如,当推销的产品具有某种特殊的性能或优势,而这些优势难以通过简单的描述或展示来传达时,可以使用证明演示法。通过进行证明性的试验或破坏性的表演,可以直观地展示产品的优势,增强客户的购买信心。

证明演示法能让客户产生一种出乎意料的感觉,使用时需注意以下几点:

①准备很充分的证明资料和证明表演。

②演示的推销证明资料必须是真实可靠的。

③选择恰当的时机和方法进行证明演示。

(5)客户亲自演示法

客户亲自演示法指在推销洽谈中,积极主动邀请客户参与推销服务的各种演示活动。在此种演示法运用中,营销人员应该向客户讲解清楚推销服务的特点与操作要领,避免客户在操作中发生错误,造成不良的后果。这种方法的特点在于其高度的互动性和参与性,能够让客户通过实际操作来感受产品或服务的优势和特点。

4. 提示法

提示法是指营销人员在推销洽谈中利用语言的形式启发、诱导客户购买推销服务的方法。营销人员向客户介绍完商品或服务,客户对是否购买还有犹豫时,采用提示法可以进一步引起客户的注意,刺激客户的购买欲望。使用该方法不仅要让客户清楚购买推销品的利益,而且要让客户相信购买是自己的需要,以促成交易。

(1)直接提示法

直接提示法是指营销人员将推销服务能给客户带来的最大利益直接提出来,劝说客户购买推销服务的洽谈方法。这是一种适应现代化快节奏生活、节省推销洽谈的时间、提高推销洽谈效率的好方法,也是一种最常用的推销洽谈的方法。

营销人员在使用直接提示法时,需要注意以下几点:

①提示要突出推销重点。

②提示内容真实可靠并易于客户理解和接受。

（2）间接提示法

间接提示法，是指推销人员婉转、间接地提示推销重点，劝说客户购买推销品的方法。间接提示法也能达到"曲径通幽"的效果。

营销人员在使用提示法时要选准客户，针对客户类型选用直接提示法或间接提示法。有的客户心直口快，喜欢直来直去，开门见山。对这样的客户，营销人员最好运用直接提示法。有的客户，感情细腻，自尊心很强，甚至虚荣心也很强。对这样的客户，营销人员最好使用间接提示法，说服客户。

（3）名人提示法

名人提示法，又称明星提示法或威望提示法，是营销人员常用的一种策略，其核心在于利用客户对名人的崇拜心理，借助名人的声望来说服客户购买推销品。这种方法利用了人们的求名心理和情感购买动机，通过名人的权威效应来消除客户的疑虑，影响客户的态度，诱发客户的购买欲望，最终导致购买行为。

使用名人提示法需要注意以下几点：

①所提示的名人必须具有较高的知名度、美誉度，并被客户所知、所接受。

②所提示的名人应与推销品有内在联系。明星效应不是无限大的，而是具有一定的范围的。

③所提示的名人与推销品之间的关系必须真实。

名人提示法在许多领域都有广泛的应用，如化妆品、服装、饮料、电子产品、快递等。

（4）联想提示法

联想提示法是指推销人员通过自己示范时的举止言谈、音容笑貌，或是提示某些事实，描述某些情景，使客户产生某些联想、刺激客户购买欲望的推销洽谈的方法。营销人员应以亲切、友好的态度与旅客交流，通过微笑、点头等肢体语言传递出友好和热情，让客户感受到舒适和放松，从而更容易产生积极的联想。例如，在运用联想提示法之前，营销人员需要深入了解客户的需求和痛点，以便找到与客户需求相关的联想点。营销人员应使用生动、形象的语言来描述货物运输服务的特点和优势，避免使用刻板、教条的语言。通过描述或模拟货物运输的场景，让客户能够想象到使用服务后的效果和便利性。

知识拓展

联想提示法的范例

货运营销人员小王正在向一位需要运输大量电子产品的货主李总推销服务，可以运用以下联想提示法。

1. 描述安全性

小王："我们的包装材料经过严格测试，能够有效防止电子产品在运输过程中的震动和损坏。您可以想象一下，当您的产品安全无损地到达目的地时，客户对您的满意度将大大提高。"

2. 强调时效性

小王："我们拥有完善的物流网络和高效的运输系统，能够确保您的产品在最短时间内到达目的地。这意味着您可以更快地满足客户需求,提高市场竞争力。"

3.展示专业性

小王:"我们的团队具备丰富的电子产品运输经验,能够为您提供定制化的运输方案。无论是包装、运输还是保险服务,我们都将为您提供全方位的支持。"

4.利用客户评价

小王:"之前有很多像您这样的客户选择了我们的服务,他们都对我们的专业性和服务质量表示高度认可。您可以看看这些客户评价,了解我们的服务是如何帮助他们解决问题的。"

通过运用联想提示法,营销人员可以更加生动、形象地展示货物运输服务的优势和特点,从而刺激货主的购买欲望。同时,这种方法也有助于建立与货主之间的信任和良好关系,为未来的合作打下坚实基础。

(四)处理客户异议的方法

在开发新客户的过程中,客户异议是客观存在、不可避免的。任何交易几乎都是从客户异议开始的,营销人员要正视并处理好它。客户异议既是成交的障碍,也是客户对服务产生兴趣的信号。每一名营销人员都有自己独特的处理异议的方法,不同的方法适用于不同的客户、项目和场所。作为一名优秀的营销人员,只有了解并掌握多种多样的处理客户异议的方法,才能在处理客户异议时促成交易。下面将介绍处理客户异议的一般原则与常见方法。

1.处理客户异议需遵循的一般原则

(1)避免争论,谨慎回答

在处理客户异议时,营销人员难免会因与客户意见不一而陷入争论,这种争论不但容易发生,而且会带来糟糕的后果,有时你会突然发现自己在不知不觉中和客户争论起来。营销人员必须牢记的是,无论客户异议真实还是虚假,不管客户怎样激烈地反驳你,不管客户的话语怎样与你针锋相对,即使客户想和你吵架,你也不要与客户争吵。有时,输了"嘴皮"或许能赢了"交易"。另外,对于客户提出的异议,营销人员必须谨慎回答。一般而言,营销人员应以坦白、直率的态度,将有关事实、数据、资料或证明,以口述或书面方式送交客户。回答客户异议时,措辞必须恰当,语调必须温和,并在和谐友好的气氛下进行,以解决问题。

(2)尊重客户,适时处理

营销人员在处理客户异议时,一定不要忽视或轻视客户异议,以免引起客户的不满或怀疑,从而使交易谈判无法继续下去。营销人员更不能赤裸裸地直接反驳客户,如果粗鲁地表示反对,甚至指责客户愚昧无知,会使客户受到伤害,双方的关系将永远无法弥补。因此,营销人员应尊重客户和客户的异议,并选择适当的时机答复客户。

(3)攻破心防,有的放矢

在处理客户异议时,客户的真实异议一般有公开异议和隐藏异议之分。公开异议是指客户用各种方式直接向营销人员提出的各类异议;隐藏异议则是隐藏在客户内心深处的相关异议。由于某些特定的原因,客户对推销服务和推销行为的反对意见不愿外露,不愿轻易向营销人员表达,这实际上加大了营销人员处理客户异议的难度。

在实际销售过程中,有的客户一方面明确提出种种无关异议或借口,另一方面又隐藏真实的异议,声东击西,妨碍成交。对于客户的秘密异议,营销人员的首要工作就是设法破解,通过各种手段把这些秘密异议转化为公开异议,并在此基础上,找出异议的真实根源,运用适当的技巧,妥善处理客户的异议。

(4)将心比心,对待客户

将心比心原则就是要求营销人员多站在客户的立场上想问题,多替客户想一想。当客户提出异议时,营销人员可以想象假如自己是客户,提出这些异议时,自己的真实想法会是什么样的,千万不要从内心上将自己和客户对立起来,认为客户提出异议就是想和自己作对。其实,在推销过程中,你买我卖本是互惠互利的事情,没有什么尖锐的矛盾。

(5)持之以恒,决不放弃

销售无难事,最怕有心人!任何一名营销人员都可能经常觉得自己的工作困难重重,客户总是提出许多不购买的理由,有的还好应对一些,而有的似乎根本就无从下手。那么,这些没法下手的客户是否应该及早放弃呢?

答案当然是"不"。为什么要放弃呢?当遇到客户异议时,决不能轻易放弃,一定要相信自己,相信客户一定会购买你的产品,而且要相信客户会从产品中得到好处。假如直到销售的最后阶段,客户仍旧拒绝你,很可能并不是因为客户不想要那个产品,而是你在某个推销阶段处理得不够理想。

(6)明智撤退,保留后路

营销人员应该明白,有些客户异议是不能轻而易举地解决的,但面谈时所采取的方法对于双方将来的关系会产生很大的影响。如果感觉到一时无法成交,营销人员应设法敲开今后重新洽谈的大门,以期再有机会去解决这些分歧。因此,营销人员要时时做好遭遇挫折的心理准备,学会在适当的时候做"明智撤退",从而给自己保留后路。

当然,在实际运用中,营销人员还应注意具体情况具体对待。

2.处理客户异议的常见方法

(1)以优补劣法

以优补劣法是指营销人员用服务的优点来抵消和弥补它的某种缺点,以激发客户购买的意愿。某些时候,客户提出的异议正好是提供服务的缺陷,遇到这种情况时,营销人员千万不能回避或直接否定,而应该肯定客户提出的缺点,然后淡化处理,利用服务的其他优点来补偿甚至抵消这些缺点,让客户在心理上获得补偿,取得心理平衡。例如,客户认为价格过高,铁路运输营销人员可以提出:服务的价值与售价一致,服务的高质量对客户是很重要的。客户可能要求服务的优点越多越好,但真正影响客户购买与否的关键点其实不多。

(2)让步处理法

让步处理法是营销人员根据有关事实和理由来间接否定客户的异议。采用这种方法时,营销人员要先向客户做出一定让步,承认客户的看法有一定的道理,然后再说出自己的看法。这样可以减少客户的反抗情绪,也容易被客户接受。

（3）转化意见法

转化意见法是指营销人员利用客户的反对意见本身来处理客户异议的一种方法。有时候,客户的反对意见具有双重属性,它既是交易的障碍,又是很好的成交机会。营销人员应该学会利用其中的积极与正面的因素去抵制消极与负面的因素,用客户自身的观点化解客户的异议。这种方法适用于客户并不十分坚持的异议,特别是客户的一些借口,但是在使用此种方法时,一定要留意礼貌,不能让客户下不了台。

（4）询问客户法

询问客户法是指营销人员在面对客户的反对意见时,通过运用"为何""如何""难道"等词语根据必要的情况询问客户的一种处理方法。营销人员通过向客户逐步询问,让客户说出他们的真正看法,从中获得更多的回馈信息,并找到客户异议的真实根源,从而把攻守形势反转过来。使用这种方法时虽然要及时询问客户,但也要注意适可而止,不能对客户死缠烂打、刨根问底,以免冒犯客户。

（5）直接否定法

直接否定法是指营销人员根据有关事实和理由直接否定客户异议的一种处理方法。当客户对企业的服务有所怀疑或者客户引用的资料不正确时,营销人员可直接向客户解释,加强客户对服务的信心与信任。这种方法容易使气氛僵化,不利于客户接纳营销人员的意见,应尽量避免或少用。必须使用这种方法时,营销人员一定要让客户明白,否定的只是客户对产品的意见,而不是他本人,在表达时,语气要柔和、委婉,维护客户的自尊心,绝不能让客户以为营销人员是有意与他争辩。

（6）忽视处理法

忽视处理法是当客户提出一些和眼前的交易毫无直接关系的反对意见,并不是真的想要获得解决或讨论时,营销人员只要面带笑容地同意即可。对于客户提出的一些无关紧要的细节问题或是故意刁难,营销人员可以不予理睬,转而讨论自己要说的问题,如可以用"您说得有道理,但是我们还是先来谈谈……"等语句。营销人员在使用这种方法时一定要谨慎,不要让客户觉得自己不被尊重,从而产生反感,阻碍销售的进行。

处理客户异议,既要讲究原则,又要讲究方法,只有灵活运用恰当、有效的处理方法,才能成功地处理好客户异议。处理异议的原则与方法能帮助营销人员提高效率,但只有对异议秉持正确的态度,才能在客户提出异议时保持冷静、沉稳;只有冷静、沉稳才能辨别异议的真伪,才能从异议中发觉客户的需求,才能把异议转换成每一个销售机会。因此,营销人员在训练自己处理异议时,不但要练习技巧,而且要培养面对客户异议的正确态度。

（五）促成交易的方法

当营销人员解决客户的异议之后,就进入促成交易阶段。在此阶段,很少有客户主动提出成交的要求,更多地需要货运营销人员主动出击,采取促成行动。

1. 识别成交信号

一般来讲,与客户的贸易洽谈进入后期阶段,客户会有意无意地发出购买或成交信号。通常,营销人员可以通过对客户的行为、语言、表情等多种外在渠道发现购买信号。

知识拓展

客户的成交信号

成交信号就是用身体、声音与行为表现满意的形式,即客户所说和所做的一切都在表示愿意购买或交易。在大多数情况下,购买或成交信号的出现是较为突然的,有的时候,客户甚至可能会用某种购买或成交信号打断你的讲话,因此请你保持警觉。铁路运输营销人员在与客户的贸易洽谈中,需要及时捕捉行为、语言、表情等购买或成交信号。常见的客户购买或成交信号有以下几种:

(1)客户具体比较分析企业与竞争对手的各项交易条件。

(2)客户询问服务提供时间。

(3)商谈期间,客户不再接待其他公司的货运营销人员。

(4)客户要求去货站、货场了解具体服务状况。

(5)客户会找各种理由要求降低交易价格。

(6)客户会把你介绍给公司其他的负责人。

(7)客户索取货运面单等资料。

(8)客户要求详细介绍火车车厢容、装卸、运输时间点等事项。

(9)询问服务能为客户节省多少成本。

(10)询问铁路服务提供周期、货运赔付率等。

(11)把你的服务与竞品的货损率、赔付率加以比较。

(12)询问服务的货主行业或货物类型。

2.把握信号,促成成交

在此阶段,营销人员要学会识别与把握住客户发出的购买或成交信号,才能使用相应的方法与技巧促成交易。常见的促成交易方法有以下几种。

(1)请求成交法

请求成交法,即直接发问法,是营销人员用简单明了的语言直截了当地向客户提出成交要求的一种方法。在识别到客户的成交信号后,营销人员采用这种方法,主动"出击",请求成交。

(2)假定成交法

假定成交法,即利益汇总法,是建立在"客户成交"的肯定假设上,营销人员陈述将会获得的服务项目利益,加重客户对利益的感受,同时请求成交,达成协议的一种方法。这种成交方法能够让营销人员与客户的交易水到渠成。

(3)选择成交法

选择成交法,是指由营销人员为客户确定一个有效的选择范围,并要求客户立即做出抉择的成交方法。运用选择成交法时应注意,营销人员所提供的选择事项应让客户从中做出一种肯定的回答,而不要给客户拒绝的机会。向客户提出选择时,尽量避免向客户提出太多的方案,最好是两项,最多不要超过三项,否则可能不能达到尽快成交的目的。

■ 知识拓展

客户的帮手

营销人员在和客户洽谈中,一般不要问客户想要什么服务方案来解决物流问题。通常,为客户制定化设计服务方案,让客户在企业的方案中做出选择,这样能将主动权控制在自己手上,也会让客户觉得你是来帮助他解决物流问题,给他带去效益。

（4）小点成交法

小点成交法,即次要问题成交法、化整为零成交法或者避重就轻成交法,是营销人员通过次要问题的解决来促成交易实现的一种成交方法。这种促成交易的方法其实是营销人员根据客户的心理活动规律,首先在一些次要的小问题上与客户达成一致意见,进而促成全部交易的成交技巧,它是假定成交技巧的发展。

■ 知识拓展

小点成交法使用时机

总的来看,小点成交法主要适用于以下几种情况:

（1）规模比较大的交易。

（2）客户不愿直接涉及的购买决策。

（3）小点在整个购买决定中占有突出地位的时候,即成交决定只依据某一特定小点时。

（4）客户只对交易的某些问题产生兴趣。

（5）营销人员看准了成交信号,最后的关键在于某一小点,如式样、颜色、付款方式等;或者营销人员未发现任何成交信号,需做可能避免冷遇或反感的成交尝试。

（6）成交气氛紧张,客户心理压力过大。

对于价格较高的铁路服务项目,客户一般不会轻易做出购买决策,而要在决策前反复考虑,有时即使经过反复考虑仍会拿不定主意。营销人员应不直接提出成交,以避免在客户心里造成压力,而是通过一系列的试探性提问,逐步清除客户心中的疑虑,循序渐进,积少成多,逐步接近目标。成交的小点通常是指有关推销洽谈的次要问题、小问题,如产品的包装、运输、装卸、托盘等一些相对次要的问题。

■ 案例

小 点 成 交

一位营销人员对客户说:"方总,您完全不必担心运输时间方面的问题,我们保证按照客户的具体要求,及时运输到货场,这个月或者下个月都可以,您看呢?"这位营销人员看准了成交信号,把成交信号转化为小点问题,先就交货时间方面的问题与客户达成协议,再间接地促成交易。在这种情况下,营销人员正是抓住了有利的成交时机,直接把成交信号作为成交小点问题,既可以针对客户的购买动机和购买意向,处理有关的客户异议,又可以减轻客户的成交心理压力,有效地促使客户自动成交。

（5）证实提问法

证实提问法就是提出一些特殊问题,若客户回答这些问题,就表明客户感兴趣而且愿意继续深入下去。营销人员提出证实性问题时,其实是在寻找给自己正面激励的答案。证实提问法可以分为直接询问法、选择法和错误矫正法。

（六）签订合同的方法

营销人员可适当提前布置合同签订现场,邀请双方相应的人员参与合同签订仪式。签订合同时的注意事项:

（1）合作方应加盖其单位的公章。

（2）合作方的经办人应提供加盖了其单位公章的签约授权委托书。

（3）加盖的公章应清晰可辨。

（4）合同文本经过修改的,应由双方在修改过的地方盖章确认。

（5）争取取得合作方的营业执照复印件。

（七）履行合同和维系客户的方法

当营销人员与客户建立了合作关系后,应该安排与进行客户维系活动。比如,定期的客户回访及联络,传递铁路新技术与新知识,适度建立与客户的私人关系。

行业模范

老骥伏枥显担当,货运营销站排头

"货源是走出来的",这是通辽铁路物流中心珠斯花营业部经理王志刚对营业室营销人员常说的一句话。提起王志刚,通辽铁路物流中心的人都会佩服地竖起大拇指,他曾被授予"火车头奖章""全国铁路劳动模范""内蒙古自治区五一劳动奖章"等诸多荣誉。在大家的印象中,他是出了名的拼命三郎,为了营销上量,55岁的他靠着自己一股子不达目的不罢休的劲头,成为营销创效的排头兵。

为了深挖货源,营销上量,做强做稳西部煤炭货源基本盘,物流中心组建了两个西部货源板块的营销小组,王志刚因为能力突出被任命为营销小组的组长。他不仅要负责珠斯花营业部日常工作,还要负责西部地区各企业的走访营销和调研,工作强度可想而知。但他在困难面前不怕苦、不言累、不退缩,取得了较好的营销业绩,获得了企业货主的一致信赖和好评。

西部地区营销环境非常艰苦,尤其冬天,冰雪封路是常事,有时为了走访一个企业就要跋涉一天。一次为了从叶蜡石生产企业入手,王志刚深入到距离霍林河170km的草原深处大山里的科左中旗三鼎矿业有限责任公司。由于大雪封道,探索式绕行 5 个多小时他终于到达矿山,深入了解企业生产量、汽车运输情况。他经过对比测算,详细地向企业负责人介绍铁路运输优势,希望他们能通过铁路运输。企业负责人被他不屈不挠的精神深深打动,表示能冒着这么大风雪来到矿山搞营销,实在是太有诚意了,并承诺一定与铁路合作。等他返回霍林河已经黑天了,顾不上一天没吃饭,连夜对企业情况、运输价格组成、汽运价格对比等情况进行汇总,上报中心营销事业部。后来,他与营销部一起,多次与企业磨细节、定方案、沟通协调,使该企业成为中心的稳定客户。截至 2024 年 8 月底,共开行叶蜡石班列 12 列,实现公转铁 524 车 3.56 万吨。

种瓜得瓜,种豆得豆,营销工作就得不断播撒才能有所收获。王志刚在营销过程中,不论企业大小,不管业务量多少,本着不轻易放走一车货的原则,都尽量争取。2024 年 3 月中旬,王志刚带领小组人员在走访客户浙江顶顺物流有限公司时了解到,该公司与江苏鼎胜新能源材料股份有限公司、杭州五星铝业有限公司签订了铝带全程运输代理合同 20 万吨,计划采取公海联运方式由霍林河到高桥镇、鲅鱼圈北站后上船发到江苏镇江、浙江杭州地区。为实现该批货源实现"公转铁",他立即对两家公司进行深度走访,向该公司负责人宣传铁路运输的高效、便捷和不受季节影响,能及时供货等特点,经过不懈努力,终于将这批货源揽入囊中,预计到年底增加运量 1 万吨。霍林郭勒地区矿产丰富,铝产业众多,号称"铝都"。王志刚带领营销人员对生产加工企业地毯式走访,一家一家讲铁路政策,讲铁路运输优势,量身定制运输方案。虽然遭白眼、受冷落是常有的事,但他仍然不厌其烦地一次次磋商、谈判、针对性制定运输方案,终于拿下多个铝产品发运订单。截至 2024 年 8 月末,开行铝制品专列 44 列,总计发运 4205 车 21.7 万吨,预计全年可实现运量达 30 万吨。

莫道桑榆晚,为霞尚满天。在营销路上,王志刚走得艰难而执着。他心系企业货主,怀揣为民初心,用自己的努力和拼搏,唱响了"我是党员"的响亮口号。

(信息来源:中国新闻网 https://www. ln. chinanews. com. cn/news/2024/0830/28223. html,有改动)

三、以投标方式获得铁路运输新客户

铁路运输营销人员在市场开发中,经常会遇到一些大客户,为了获取新客户,需要参加招投标。在招投标过程中,铁路运输营销人员需要进行长达数月甚至更久时间的努力,从客户关系突破、需求调研、价值传递,到方案交流、评估考察,一系列的工作成果其实都要在最后那短短的几个小时内见分晓。

(一)招投标概述

1.招投标

招投标是在市场经济条件下进行的大宗货物的买卖、工程建设项目有发包与承包,以及服务项目的采购与提供时,所采用的一种交易方式。其实质是以较低的价格获得最优的货物、工程和服务。

招标是在一定范围内公开货物、工程或服务采购的条件和要求,邀请众多投标人参加投标,并按照规定程序从中选择交易对象的一种市场交易行为。

投标是指投标人应招标人的邀请,根据招标公告或投标邀请书所规定的条件,在规定的期限内,向招标人递盘的行为。

案例

物流招投标网站

中国物流招标网是中国物流与采购联合会冷链物流专业委员会、医药物流分会、医疗器械供应链分会、食材供应链分会共同孵化的物流服务和物流设备招标采购平台。它专注物流招标15年,致力于为商贸企业、制造企业提供招标信息的精准投放和物流外包咨询服务,为物流企业提供及时准确的招标信息和推送服务。

截至2022年,平台注册用户超十五万家企业,用户分布于全国200个核心城市,行业覆盖食品快消、餐饮零售、食材电商、药品器械、家电建材、机械电子、煤炭金属、石油化工、通信技术、电力电气十大领域。截至目前,平台发布物流招标采购信息超过35万条,招标采购金额超3000亿元。

(信息来源:中国物流招标网 www.clb.org.cn,有改动)

招投标交易方式通常是由项目(包括货物的购买、工程的发包和服务的采购)的采购方作为招标方,通过发布招标公告或者向一定数量的特定供应商、承包商发出招标邀请等方式发出招标采购的信息,提出所需采购项目的性质及数量、质量、技术要求,交货期、竣工期或提供服务的时间,以及其他供应商、承包商的资格要求等招标采购条件,表明将选择最能够满足采购要求的供应商、承包商与之签订采购合同的意向,由各有意提供采购所需货物、工程或服务的报价及其他响应招标要求的投标者,参加投标竞争。经招标方对各投标者的报价及其他的条件进行审查比较后,从中择优选定中标者,并与其签订采购合同。

2. 标书与投标书

标书是由招标单位编制或委托设计单位编制,向投标者提供对该工程的主要技术、质量、工期等要求的文件。标书,又叫招标书,是招标工作时采购当事人都要遵守的具有法律效力且可执行的投标行为标准文件。招标书的主要内容可分为三大部分:程序条款、技术条款、商务条款。一般无论是工程还是货物,主要包含下列九项内容:招标邀请函,投标人须知,招标项目的技术要求及附件,投标书格式,投标保证文件,合同条件(合同有一般条款及特殊条款),技术标准、规范,投标企业资格文件,合同格式。

标书的逻辑性要强,不能前后矛盾,模棱两可;用语要精练、简短。标书也是投标商投标编制投标书的依据,投标商必须对标书的内容进行实质性的响应,否则被判定为无效标(按废弃标处理)。标书也是评标最重要的依据。标书一般有至少一个正本,两个或多个副本。

知识拓展

标 书 范 例

一、招标邀请函

本部分由招标机构编制,简要介绍招标单位名称、招标项目名称及内容、招标形式、售标、投标、开标时间地点、承办联系人姓名地址电话等。开标时间除前面讲的给投标商留足准备标书传递书的时间外,国际招标应尽量避开国外休假和圣诞节,国内招标避开春节和其他节假日。

二、投标人须知

本部分由招标机构编制,是招标的一项重要内容,着重说明本次招标的基本程序。投标人须知应遵循的规定和承诺的义务,投标文件的基本内容、份数、形式、有效期和密封及投标其他要求,评标的方法、原则、招标结果的处理、合同的授予及签订方式、投标保证金。

三、招标要求及附件

招标要求及附件是招标书最主要的内容,主要由使用单位提供资料,使用单位和招标机构共同编制,具体内容可能根据项目性质和招标人的需求有所不同,但通常会包含以下几个核心部分:

招标要求主要包括项目概况、投标人资格要求(如资质条件、财务状况、业绩经验、技术能力、信誉要求等)、招标范围与技术要求、报价要求、投标文件编制要求、开标评标定标流程、合同条件、其他要求(如保密协议、环保要求、安全生产要求等)。

附件主要包括项目图纸与技术规范、工程量清单、样本或原型要求、合同条款模板、投标保证金缴纳凭证格式、项目背景资料、市场调研报告、环境评估报告等。

四、投标书格式

此部分由招标公司编制。投标书格式是对投标文件的规范要求。其中包括投标方授权代表签署的投标函,说明投标的具体内容和总报价,并承诺遵守招标程序和各项责任、义务,确认在规定的投标有效期内,投标期限所具有的约束力,以及技术方案内容的提纲和投标价目表格式。

五、投标保证文件

投标保证文件是投标有效的必检文件。投标保证文件一般采用三种形式:支票、投标保证金和银行保函。项目金额少可采用支票和投标保证金的方式,一般规定为2%。投标保证金有效期要长于标书有效期,和履约保证金相衔接。银行保函由银行开具,是借助银行信誉投标。企业信誉和银行信誉是企业进入国际大市场的必要条件。投标方在投标有效期内放弃投标或拒签合同,招标公司有权没收保证金以弥补招标过程蒙受的损失。

六、合同条件

合同条件也是招标书的一项重要内容,后面谈合同部分时再谈。此部分内容是双方经济关系的法律基础,因此对招、投标方都很重要。国际招标应符合国际惯例,同时要符合国内法律。由于项目的特殊要求需要提供补充合同条款,如支付方式、售后服务、质量保证、主保险费用等特殊要求,在标书技术部分专门列出。但这些条款不应过于苛刻,更不允许(实际也做不到)将风险全部转嫁给中标方。

投标书实质上是一项有效期至规定开标日期为止的发盘或初步施工组织编写,内容必须十分明确,中标后与招标人签订合同所要包含的重要内容应全部列入,并在有效期内不得撤回标书、变更标书报价或对标书内容作实质性修改。

■ 知识拓展

投标书写法

(1)封面。招标文件如有要求,按照招标文件要求填写即可。如招标文件无特殊要求,则体现出投标单位名称、项目名称、项目编号、编制日期等(自定义填写)。

(2)目录部分。

(3)正文。投标书正文由开头和主体组成。

开头,写明投标的依据和主导思想。

主体,应把投标的经营思想和经营方针、经营目标、经营措施、要求、外部条件等内容具体、完整、全面地表述出来,力求论证严密、层次清晰、文字简练、体现出公司的综合实力。

严格按照招标文件的格式要求去编制投标文件,主要是根据招标文件的招标公告、投标人须知前附表、招标文件的组成内容、投标文件的格式、评分要求去进行编制。

(4)标书电子版确定无误后,进行打印、胶装,按照要求签字、盖章、包封。

3.招标方式与组织形式

招标方式分为公开招标和邀请招标。公开招标,又叫竞争性招标,是指由招标人在报刊、电子网络或其他媒体上刊登招标公告,吸引众多企业单位参加投标竞争,招标人从中择优选择中标单位的招标方式。按照竞争程度,公开招标可分为国际竞争性招标和国内竞争性招标。邀请招标,也称为有限竞争招标,是一种由招标人选择若干供应商或承包商,向其发出投标邀请,由被邀请的供应商、承包商投标竞争,从中选定中标者的招标方式。

招标组织形式分为委托招标和自行招标。依法必须招标的项目经批准后,招标人根据项目实际情况需要和自身条件,可以自主选择招标代理机构进行委托招标;招标人如具备自行招标的能力,按规定向主管部门备案同意后,也可进行自行招标。

(二)投标的流程

投标工作按投标备战、投标会战和投标追击三个阶段进行。

1.投标备战

投标备战是投标的初始阶段。此阶段的关键要领是抓信息,做比较,早准备。铁路运输营销人员在这一阶段的主要工作就是围绕招标相关信息,针对竞争对手进行技术和战术分析。具体来说,投标备战阶段要做好以下几方面的工作:

(1)向招标方领取标书并了解招标委员会人员的组成情况。具体包括:①领取标书,明确招标产品的型号及规格;②通过相关人员了解招标委员会的人员组成情况,包括人员的构成、人数、招标委员会关键人物三方面信息;③通过发标书来了解参标的竞争对手的情况,包括他们的产品生产地、产品型号、参加投标的人员组成。

(2)了解参加本次投标的竞争对手的情况并对其优劣势进行分析。具体包括:①本次其他参加投标厂家产品与本公司产品相比所存在的优势,并制定突破其优势的策略;②其他参加投标厂家产品与本公司产品相比所存在的劣势,并结合客户利益来剖析其劣势,从另一方面凸显本公司产品的优势,给对手造成直接杀伤;③根据竞争对手情况对招标会现场的产品展示及发言进行周密策划。

(3)材料准备。具体包括:①制作本企业的几个重要展示物,如产品模板或相关应用照片等;②策划发言用的文稿,包括开场白、企业介绍、产品要点介绍、产品特点分述、产品要点归纳、本公司带给客户的利益点、结束语。

(4)模拟招标会问题解决方案及招标会现场展示本公司产品的优势。具体包括:①列出招标评委可能提出的若干问题并给出标准答案;②熟练掌握商务发言的语速及语调,保证招标现场商务发言的效果;③结合招投标现场情景进行产品模拟展示。

2.投标会战

投标会战是整个参投标工作中最重要的一环。此阶段的关键词是编演程序与商务发言。前面的准备工作都是基础性的工作,而这些基础工作所产生的成果必须通过招标会现场的"临门一脚"来得以体现。

(1)编演程序

投标人需要制定详细的投标展示程序,包括公司资质及文件的展示、商务发言的陈述以及产品实物或模型的演示。这些程序的编排应合理有序,能够全面、系统地展示投标人的技术实力、产品质量和项目管理能力。其中,公司资质及文件展示,通常是以文本的形式直接发放给评委,让评委对投标人的基本情况和资质有初步了解。演示过程中,应注重产品的特点、优势以及与其他竞品的区别,让评委能够直观地感受到产品的价值和魅力。

(2)商务发言

商务发言是投标会战中的一项重要任务。一份优秀的商务发言讲稿不仅可以让评委清晰地了解企业和产品特点,还能迅速活跃会场气氛,让评委在轻松的氛围中接受企业及其产品。商务发言应包含开场白、企业介绍、产品要点介绍、产品特点分述、产品要点归纳、本公司产品带给客户的利益点以及结束语等部分,以确保内容的完整性和逻辑性。商务发言陈述是投标会战中的核心环节。商务发言不仅应紧密结合招标文件的要求,清晰、准确地阐述投标人的技术方案、项目管理计划、质量保证措施等,同时突出投标人的优势和特色;还应注重语言的表达和艺术性,以吸引评委的注意并给其留下深刻印象。产品实物或模型演示是对于某些需要直观展示的产品或技术,投标人可以通过实物或模型演示来进一步增强说服力。

3.投标追击

投标追击是投标工作后续工作。此阶段关键要领是效果探寻,发挥关键人物的作用,确保夺标。

（1）效果探寻

对本次招标会后招标方评委对本企业总体评价、产品特点、产品价格、合作兴趣等要素进行追踪摸底。这就要求营销人员在招标会后做如下工作：

①抓紧对教练员进行回访，了解本公司在招标会上的展示效果及目前评标进展情况。

②尽可能创造拜访招标会评委的机会，直接向评委表达本企业的合作诚意。

（2）发挥关键人物的关键作用

关键人物通常是指在购买决策中起着重要或决定作用的人。所以，企业在参加招标会后，如能取得招标方关键人物的支持，会水到渠成，反之可能功亏一篑。

因此，一定要想办法在招标会后见到招标会的关键人物。此外，在得到任何一位关键人物的某种暗示性支持或明确支持后，还应及时拜访其他关键人物，以取得全面支持。任何环节出错，都有可能满盘皆输。

既然在大客户的开发中，营销人员都要经历招投标这一关，而且这个环节又可以说是整个销售流程中最关键的那个，那么通过深入地分析招投标的法律法规，分析客户的真实想法和操作手段就很有必要。营销人员能够在招投标环节控制好项目：前期有优势的，通过招投标把优势转化为胜势；前期处于劣势的，通过招投标反戈一击，出奇制胜。

（三）投标的工作内容

以招投标方式获得铁路运输客户是比较常见的一种开发新客户的形式。以招标形式获得客户，主要工作内容如下。

1. 制作铁路运输服务项目标书

铁路运输服务项目标书分为招标书和投标书两种。标准的国内竞争性招标书的格式是参照世界银行贷款项目范本的中文版本制定的，其基本结构是固定的。项目投标书的基本结构根据招标书的要求，投标书的内容可能存在差异。但投标书的结构大致相同。

（1）铁路运输服务项目投标书的制作流程

铁路运输企业制作项目投标书可分为九个流程（图4-4）：

①购买标书。根据购买标书的截止时间和开标时间，以标明的价格，采用现场购买，涉及地点、投标保证金额及付款方式。

②分析标书。关键是看投标资质要求、招标内容和技术要求、评分要点、交标时间。

③应答标书。除了常规的部分外，投标书应对招标书的技术规范要求进行逐条详细应答，并加上对招标项目的解释和澄清。

④准备附件。投标企业各种资质文件、业绩文件，法律文件，需要以附件的形式附上。

⑤印制标书。按照封面、目录、正文、附件、封底的顺序，按照规定的份数印制标书。

⑥装订标书。正副本按照招标书规定的装订尺寸、装订侧面（左侧装订或顶部装订）、装订方式（有钉装订或无钉胶装等）进行装订。正副本封面上要明确标明"正本"或"副本"。

⑦签字盖章。正副本需要签字、盖章的地方都分别签字、盖章（有需要法人签名的地方可以盖法人章代替）。正副本封面需要盖投标单位公章。副本中所有与投标人公司有关的复印件均需盖章。

⑧封装标书。按照招标文件要求,将正副本分开封装或者合装,用牛皮纸或纸质文件袋包装。封装袋上按照招标文件要求标明招标单位、项目名称、项目编号、投标商名称和"于×年×月×日×时×分(开标时间)之前不得启封"字样。封装袋上需要盖章。所有封口处、封装袋四角、侧边均需盖章。

⑨送达标书。在投标时间截止前将封装的标书送到指定地点。

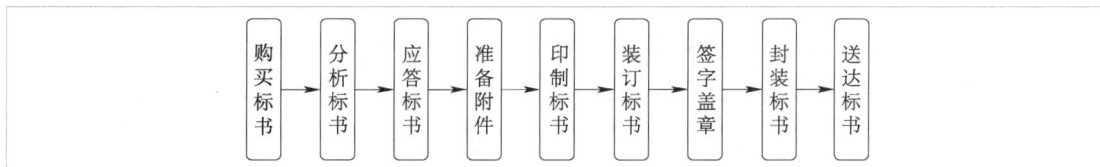

图4-4 铁路运输服务项目投标书的制作流程

(2)铁路运输服务项目投标书的制作注意事项

①标书须全面反映使用单位需求,不能有疏漏。

②投标商必须对标书的内容进行实质性的响应。

③科学合理地设计方案和定价。

2. 铁路运输服务项目投标工作时间要点

在铁路运输服务项目投标过程中,营销人员要掌握六个时间控制点和两个有效期。

(1)营销人员要关注投标过程的六个时间控制点

①发卖标书时间。用户正式通知开始卖标书到投标日期截止前都可以购买标书,只有购买了标书的公司才有参与投标的资格。

②截标时间。在规定的时间前递交投标书,迟到者将被拒绝投标。

③开标时间。标书中提到的公开唱标的时间,一般都是在正式截标后不久。

④中标确认时间。招标单位公布中标单位,并向中标者发出中标通知书。

⑤签订合同时间。注意与客户签订合同的时间,可提前准备好签合同的仪式等事宜。

⑥保证金退回时间。投标公司如果没有在退回时间截止前办理清退手续,将造成资金损失。

(2)营销人员要关注投标过程的两个有效期

①投标有效期,即各投标商投标的方案和价格的有效期,一般为90天。这个时间是留给用户评标、合同谈判和合同执行的,在这个有效期内,各个投标商的方案和价格必须保证是可以兑现的。

②投标保证金的有效期。一般要求在投标截止后20天内缴纳投标保证金。

任务二　巩固铁路运输老客户

【任务导入案例】

情系老客户，发掘新货源，不断激发增量潜能

南昌铁路局集团公司情系老客户，提供管家式服务。具有全球影响力的江西南康家具产业一度因产品体量大、运输通道单一等，经营效益受到影响。赣州车务段了解情况后主动上门共商对策。2023 年以来，铁路为南康家具制订了"赣穗组合港""赣深组合港—融湾号""跨境电商 9710 + 海铁联运"等班列运输方案，提供全程供应链服务，促使南康家具发货量一路走高，同比增长 13.1%。"栽下梧桐树，引得凤凰来"的成功案例带来示范效应，格力电器、大自然家居等商家纷纷前来洽谈合作。截至 2023 年 6 月 15 日，赣州车务段 2023 年多式联运"白货"发送量同比增长 34.1%。

漳州车务段建立精细化"一企一策"客户档案，充分利用"价格指挥棒"，精准测算一口价全程海铁联运项目，跟踪货物运输动态，分析每日运量变化，为客户提供全流程服务保障。截至 2023 年 6 月 15 日，该段 2023 年海铁联运发送集装箱货物 79.58 万吨，同比增长 36.5%。

南昌铁路局集团公司精心指导各车务站段充分发挥自身优势，千方百计地发掘新货源。拥有长江黄金水道码头的九江是华东地区粮食运输的重要枢纽。九江车务段在粮食"海进江"上主动作为，积极与上港集团九江公司协作，增配翻箱机和筒仓，充分满足双胞胎集团等企业生产需求。截至 2023 年 6 月 15 日，该段 2023 年以来共发运玉米、糙米、小麦等粮食22.68 万吨，同比增长 37.5%。他们紧盯粮食"散改集"项目，加强货源组织，集装箱粮食到站由过去 12 个增至 2023 年的 19 个，吸引了新希望、温氏、华农恒青等一批知名企业前来发货。

作为外贸"新三样"之一的新能源汽车，近年来出口运输需求旺盛。南昌铁路局集团公司抢抓商机，在持续满足管内江铃汽车、宁德上汽、上饶爱驰等企业运输需求外，2023 年还开发了比亚迪等知名车企海铁联运入箱新产品。仅此一项，他们全年有望实现新增运量 7 万吨。

引导问题：

1. 案例中的铁路客户是谁？客户的需求是什么？铁路企业提供的服务是什么？

2. 作为铁路运输的营销人员，探讨如何去巩固铁路运输老客户。

企业最宝贵的资产不是服务，而是拥有忠诚的客户。留住和巩固老客户比开发新客户更为重要。企业应该像管理其他资产那样珍惜老客户，这是企业成功和更富竞争力的最重要因素。

一、巩固铁路运输老客户的流程

我国铁路运输企业在维系老客户方面，仍缺乏系统规范化的铁路客户的管理方法与举

措,大多数企业对老客户的管理并不规范,如众多的客户信息都掌握在营销人员或货代公司手中。而知名物流企业凭借雄厚的实力、先进的管理理念、出色的服务,特别是对客户的全方位关怀,使得国内大多数货主纷纷与之合作。

(一)建立客户数据库

建立客户数据库是巩固老客户的基础。企业需要全面收集客户信息,包括姓名、联系方式、公司名称、职位、购买历史、兴趣爱好等,并通过客户关系管理(CRM)系统或其他数据库管理工具进行录入、存储和管理。这样做可以确保客户信息的准确性和及时性,方便企业随时查询和分析客户数据,为后续的服务和营销提供有力支持。基于前期已有的客户资料,营销人员不间断地收集并更新客户信息,建立客户资料的数据库系统,全面了解和掌握客户的需求,有助于铁路运输企业为客户提供及时周全的服务。

企业收集老客户资料,包括三大类:客户资料、财务资料与行为资料。其中,客户资料分为企业客户资料(如客户特征、业务状况与交易状况等)和个人客户资料(包括基本资料与人际情况)。财务资料包括如客户的账户类型、付款方式、订货价值等。行为资料,主要指交易行为类资料,包括客户订货时间、询问时间、回应类型、回应频率、回应的价值、回应的方式等。此外,企业所需收集的客户资料为满足营销目的,应包含静态数据和动态数据。静态数据即客户资料与财务资料等。动态数据即行为资料,主要是客户的消费行为资料,如何时购买、历史消费记录、流失或转到竞争对手记录、与企业接触的历史记录等。通过对这些数据的分析,可以得出指导营销的有价值结论。

■ 案例

铁路货运中心客户的一般资料

1.客户信息

客户信息主要包括客户名称、客户企业法人代表、经营项目、企业性质、主营业务年产量、主要到发站、主要运输方式、公司介绍,以及企业所在地文化、习俗等,以达到全面了解企业的目的。

2.客户联系人

客户联系人主要掌握客户联系人基本信息,如联系方式、业务能力、经历背景等,便于了解负责人基本情况,方便联系沟通。

3.客户信用

客户信用主要是指客户企业注册资金、财务状况、企业资产、银行信用、资金状况、客户诚信度、欠款总额、付款态度、有无违约历史及原因等,以全面掌握企业信用状况,减少经营风险。

客户数据库是将现有的、可获得的与可接触的单个客户或潜在客户的众多客户资料,有组织地收集汇总成一个系统,以达到一些营销目的,如产品或服务的销售、维系顾客关系等。

建立客户数据库就是在了解与分析客户的基础上,将客户的各项资料科学地电子化记录、保存、分析、整理与应用,以此来巩固企业与老客户的关系。

建立客户数据库后,企业可以通过数据挖掘、数据分析来认识客户的行为和偏好,了解客户消费模式及习惯的变化,清晰地勾画出客户的发展潜力及可能为企业带来的效益,从而让营销人员锁定潜在目标客户,实施重点公关。同时,要注意验证并更新客户信息,将客户过时的信息及时删除。

(二)分析与分类管理客户

客户分析是铁路运输营销人员巩固客户与维系客户关系的一项重要内容,是利用已有的数据分析不同客户之间的差异与特点,为企业制定未来的开发新客户与引导老客户重购的销售策略提供依据。具体来说,客户分析可以包含以下方面的内容。

1.商业行为分析

商业行为分析通过分析以下几方面的数据来分析客户的综合利用状况。

(1)产品分布情况。分析客户在不同地区、不同时段所购买的不同类型的产品数量,可以获取当前营销系统的状况、各个地区市场状况,以及客户的运转情况。

(2)消费者保持力。通过分析详细的交易数据,细分那些企业希望保持的客户,并将这些客户名单发布到各个分支机构,以确保这些客户能够享受到最好的服务和优惠。细分标准可以是单位时间交易次数、交易金额、结账周期等指标。

(3)消费者损失率。通过分析详细的交易数据来判断客户是否准备结束商业关系或正在转向另外一个竞争者。其目的在于对那些已经被识别结束了交易的客户进行评价,寻找他们结束交易过程的原因。

(4)交叉销售。对那些即将结束交易周期或有良好贷款信用的客户,或者有其他需求的客户进行分类,便于企业识别不同的目标对象。

2.客户特征分析

(1)客户行为习惯分析。根据客户购买记录识别客户的价值,主要用于根据价值来对客户进行分类。

(2)客户产品意见分析。根据不同的客户对各种产品所提出的各种意见,以及在推出各种新产品或服务时的不同态度来确定客户对新事物的接受程度。

3.客户忠诚分析

客户忠诚是基于对企业的信任度、来往频率、服务效果、满意程度以及继续接受同一企业服务可能性的综合评估值,可根据具体的量化指标进行量化。保持老客户要比开发新客户更加经济。保持与客户之间的不断沟通、长期联系,维持和增强消费者的感情纽带,是企业间新的竞争手段,而且巩固这种客户忠诚度的竞争具有隐蔽性,竞争者看不到任何策略变化。

4.客户注意力分析

(1)客户意见分析。根据客户所提出的意见类型、意见产品、日期、发生和解决问题的时间、销售代表和区域等指标来识别与分析一定时期内的客户意见,并指出哪些问题能够成功解决,哪些问题不能解决,分析原因何在。

（2）客户咨询分析。根据客户咨询产品、服务和受理咨询的部门以及发生和解决咨询的时间来分析一定时期内的客户咨询活动,并且跟踪这些建议的执行情况。

（3）客户接触评价。根据企业部门、产品、时间区段来评价一定时期内各个部门主动交出客户的数量并了解客户是否在每个星期都收到多个组织单位的多种信息。

（4）客户满意度分析与评价。根据产品、区域来识别一定时期内感到满意的 20% 的客户和感到最不满意的 20% 的客户,并描述这些客户的特征。

5. 客户收益率分析

客户收益率分析是企业了解客户需求、评估客户价值、制定营销策略和优化资源配置的重要手段,主要目的是帮助企业识别哪些客户是高价值客户,哪些客户可能只能保本甚至带来亏损。通过了解每个客户的盈利情况,企业可以更加精准地制定营销策略和资源分配方案,从而提高整体盈利能力。对每一位客户的毛利润、净利润等收益指标进行分析,可以判断哪些客户是为企业带来利润的。通过深入分析每个客户的成本和收益情况,企业可以更加精准地把握市场动态和客户需求变化,从而实现可持续发展和增强竞争优势。

客户分类是指把本公司已有客户按照某一类别具体划分。客户分类管理能节省企业运营成本与企业资源,更方便对客户进行管理。按照客户企业自身的需求、费用,以及与企业发生交易款项大小将客户分级,实行"一户一档"管理,便于企业有的放矢地开展营销活动。

企业经常根据客户的价值、需求、偏好等综合因素对客户进行分类,可以为客户提供针对性的产品和服务,提高客户满意度。例如,根据客户对企业的价值大小,可以将客户划分为贵宾客户、重要客户及普通客户。

（1）贵宾客户。贵宾客户一般是指消费额占企业销售额总量的比例非常高,对企业销售贡献价值最大的客户,这类客户数量很少。

（2）重要客户。重要客户是指除贵宾客户之外,对产品或服务消费频率高、消费大、客户利润率高而对企业经营业绩能产生一定影响的要害客户。

（3）普通客户。普通客户个体消费总量不大,给企业带来的利润也不多,有时可能给企业带来负利润,这类客户人数众多。

（三）跟进客户服务质量

企业需要定期回访客户,了解客户的使用情况和反馈,及时解决客户遇到的问题和不满。在回访过程中,企业要关注客户的潜在需求和变化,以便及时调整服务策略,满足客户的期望。同时,企业可以利用回访机会促成重复销售或交叉销售,创造新的销售机会。目前,企业通常采用微信、电话、钉钉等沟通方式与客户联系。客户大多由于时间因素或嫌麻烦而不太愿意主动联系,而营销人员也缺乏主动询问的习惯,所以难以获取客户的反馈信息,让企业很难把握客户的满意程度。这就需要企业建立客户质量跟进系统,加强与客户的沟通和联系,不断提高客户满意率。

（四）回应与解决客户投诉

有效地解决客户投诉,有利于针对服务的缺点进行改进,使客户成为公司长期客户,所以铁路运输企业需要建立鼓励客户投诉的机制。收集客户对企业的投诉、建议和意见,对投诉建议进行分析整理,提供给相关部门改进服务。营销人员应先处理客户情感,后处理服务事件,如先耐心倾听客户的投诉,再设法平息客户抱怨,填写投诉处理卡,立档记录客户投诉,并迅速采取行动改进服务,随时跟进客户投诉,让客户感觉到投诉的问题正在或者即将被处理。

(五)回访与沟通客户

面对客户的投诉,企业应该对有问题的客户及时进行回访。及时回访可以向客户直观展示出企业的客户服务、工作作风和办事效率,增进信任,如果帮助客户解决问题,还能够获得客户的忠诚。投诉解决是否满意的回访应该在解决投诉的 2~3 天内进行,在 2 个月后还可以进行定期的客户满意度回访。客户服务部门定期对客户跟进和回访,及时了解客户需求,收集客户对服务反馈意见,及时解决发现问题。企业应开展回访,征询客户意见,认真加以改进,不断提高铁路运输服务质量,努力实现铁路与广大客户之间的良好沟通。

行业洞察

看铁路的变化

"您好,我是上海铁路局集团公司 12306 客服代表,请问您对乘坐 G7539 次高铁动车有什么意见和建议?我们将进一步改进。""乘务人员的态度亲切,车厢卫生整洁,我很满意!"这是日前上海铁路局集团公司 12306 客服代表与杭州某旅客的电话回访片段。

这是上海铁路局集团公司推出的旅客回访机制,回访是以电话、邮件、短信等方式进行。铁路运输进入市场经济以来,为了实现铁路运输组织由内部生产型向市场导向型转变,铁路部门从客运到货运进行了一系列的改革措施。在市场经济的作用下,人们对铁路运输能力、效率以及服务质量提出了更高的要求。

铁路利用"中国铁路"微博、移动客户端、"铁路 12306"微信、"铁路同行小伙伴"App等铁路新媒体服务平台,为旅客随时随地提供最新铁路新闻、运输咨询、客货服务信息。

(信息来源:中国经济网《上海铁路局推出旅客回访机制》,有改动)

二、巩固铁路运输老客户的方法

巩固铁路运输老客户的关键在于建立联系纽带。企业无论实施哪种维护策略方法,都是为了与客户建立不同程度的联系。为了建立与客户的纽带,企业通常会积累与更新大量老客户的信息。

(一)积累与更新老客户信息

积累与更新老客户的信息是铁路运输企业维护良好客户关系、巩固老客户的关键步骤。

1.积累老客户信息

积累客户信息是指系统地收集、整理、存储和分析关于客户的一系列数据和信息的过程。这些客户信息对于企业的市场营销、销售、客户服务以及产品开发等方面都具有重要的价值。积累客户信息需要企业建立有效的客户数据管理系统,如客户关系管理系统,以确保信息的准确性、完整性和安全性。同时,企业还需要遵守相关的数据保护法规,确保在收集、存储和使用客户信息时遵守合法、正当、必要的原则,保护客户的隐私权益,具体做法如下。

(1)建立客户信息管理系统

开发或采用专业的客户关系管理系统,用于存储和分析客户信息。客户关系管理系统应能记录客户的基本信息(如公司名称、联系人、联系方式)、运输历史(如货物类型、数量、目的地、运输时间)、服务需求及偏好等。在新客户首次接触时,通过询问和表单收集详细信息,确保信息的全面性和准确性。企业可以利用线上平台(如网站、App)或线下渠道(如面对面交流、电话访问)对客户信息进行收集。

(2)持续监测客户行为

通过数据分析工具,持续监测客户在使用铁路运输服务过程中的行为模式,如订购频率、偏好变化等。利用大数据和人工智能技术,自动识别客户潜在需求和趋势。

2.更新老客户信息

更新老客户信息是指对现有客户的信息进行定期或不定期的修正、补充和完善,以确保客户信息的准确性和时效性。随着客户需求的变化、市场环境的演变以及企业自身业务的发展,客户信息会不断发生变化,因此更新老客户信息是企业维护良好客户关系、提升服务质量、优化营销策略的重要一环。更新老客户信息的做法通常包括以下几个方面。

(1)定期审查客户信息

企业应设定固定的时间周期,如每季度或每年,对客户信息库进行全面审查。审查内容包括客户的基本信息(如联系方式、地址等)是否仍然准确,交易信息(如购买历史、服务记录等)是否完整,以及客户的偏好和需求是否有所变化。

(2)客户反馈与互动

企业设立定期回访机制,通过电话、邮件、短信或在线聊天等方式,与客户保持联系。在回访中,除了了解客户对服务的满意度外,还要询问客户是否有新的需求或变化,如联系信息更新、运输需求调整等。

通过与客户进行互动,如电话回访、邮件调查、社交媒体互动等,收集客户最新的需求和反馈。这些互动不仅有助于更新客户信息,还能增强与客户的沟通,提升客户满意度。鼓励客户提供反馈,无论是正面的还是负面的,都应及时响应和处理。通过投诉处理流程,收集并分析客户的不满意原因,同时更新客户对于服务的期望和需求。

(3)利用自动化系统

采用客户关系管理系统等自动化工具,可以自动更新客户在与企业互动过程中产生的信息。例如,当客户在网站上更新个人资料或完成一次运输订单时,系统应自动捕捉并更新相关信息。这些系统通常具有数据同步和更新功能,能够确保客户信息的实时性和准确性。

（4）数据清洗与整合

企业定期对客户信息库进行清洗，删除过时、无效或重复的信息，确保数据的准确性和一致性。同时，将不同来源的客户信息进行整合，形成完整的客户信息视图，有助于企业更全面地了解客户。

（二）与老客户建立联系纽带

与老客户建立联系纽带是指通过一系列的策略和行动，维护与老客户之间的长期关系，并确保这种关系持续稳定且富有成效。这种联系纽带不仅仅是基于交易或合同的简单关联，而是建立在相互信任、尊重和共同利益的基础上。

■ 知识拓展

建立与老客户的联系纽带常见的方式

建立与老客户的联系纽带通常有以下几种方式：

（1）个性化沟通：了解每个老客户的特定需求和偏好，通过定制化的沟通内容和方式，如个性化邮件、电话回访、社交媒体互动等，与他们保持密切联系。这种个性化的沟通能够增强客户的归属感，让他们感到被重视和被尊重。

（2）价值传递：定期向老客户传递有价值的信息，如行业动态、产品更新、优惠活动等。这些信息不仅能够帮助客户保持对市场的了解，还能够提升客户对企业的信任和依赖。

（3）问题解决与反馈：当老客户遇到问题时，企业应迅速响应并提供有效的解决方案。同时，积极收集客户的反馈意见，不断改进产品和服务，以满足客户的期望和需求。

（4）建立情感连接：通过组织客户活动、赠送礼品、提供专属服务等方式，与老客户建立情感上的联系。这些活动能够增强客户对企业的认同感和忠诚度。

（5）合作与发展：与老客户探讨未来的合作机会，共同制订发展计划，实现双方的共赢。这种长期的合作关系不仅能够为企业带来稳定的收入来源，还能够通过口碑传播吸引更多的新客户。

建立与老客户的联系纽带需要企业投入时间和精力，但回报也是显著的。通过维护良好的客户关系，企业能够提升客户满意度和忠诚度，增强品牌影响力和市场竞争力，从而实现可持续发展。按照联系纽带的内容不同，企业可与客户建立以下三种类型的联系纽带。

1. 建立财务联系纽带

企业与老客户建立财务联系纽带，这种巩固老客户的方法主要是指通过经济交易和财务优惠来增强客户与企业之间的关联。客户和企业建立交换关系，是希望能从铁路企业中获得更多的回报的经济利润、交易优惠或特殊照顾，如获得价格折扣。这些方法虽然能改变客户的偏好与实现交易，却易被竞争对手模仿，因此不能长久保持与客户的关系优势。例如，为竞争对手制造障碍竞争性出色的产品及其应用电子联系和关系网络，基于全部业务的定价策略，可促成客户长期合作。

企业常使用的营销活动有以下几种：①提供财务优惠。为老客户提供折扣、积分回馈、会员专享优惠等，以经济激励维持客户的忠诚度。②建立长期合同。与重要客户签订长期合作协议，确保双方在经济利益上的共同承诺。③财务透明度。保持与客户在财务交易方面的透明度，如清晰的账单、费用说明等，建立信任。

2. 建立财务与社会联系纽带

企业与客户建立财务与社会联系纽带，这种巩固客户的方法是铁路企业在财务联系的基础上，通过社交互动和共同价值观来加强客户与企业之间的联系。企业的员工可以通过了解客户的需求使服务个性化和人性化，来增强企业和客户的社会性联系。例如，与客户保持频繁联系，及时掌握其需求的变化；与客户共享私人信息，以利于长期维系。又如，举办各个层次的企业参观、社会活动及娱乐高频次的接触、支持客户的特殊活动、承诺高层管理者的介入、灵活性情感投入等。

企业常使用的营销活动有以下几种：①社交活动。组织客户答谢会、行业研讨会等活动，邀请老客户参与，增强社交互动。②分享价值观。展示企业的社会责任感和可持续发展理念，与客户分享共同的价值观和愿景。③社区参与。鼓励老客户参与企业的社会公益活动，如慈善捐赠、环保活动等，共同为社会作出贡献。

3. 建立结构性联系纽带

企业与客户建立结构性联系纽带，这种巩固客户的方法是通过建立稳定的组织架构和流程来确保客户与企业之间的持续合作。这种巩固方法是企业使用联合营销的具体手段，即铁路企业与客户共同运营。例如，铁路企业可以设计一个传递系统信息平台，而竞争者要开发类似的系统可能需要一定的时间，不易被模仿。巩固客户退出障碍，让客户产生心理依赖，给客户优先配给权和折扣，签订长期合同，建立客户俱乐部，对客户家庭或文化群体进行维护，给予特殊的培训支持。

企业常使用的营销活动有以下几种：①建立专门团队。成立专门的客户服务团队，负责维护老客户的关系，确保及时响应和解决问题。②建立客户管理流程。建立客户管理流程，包括定期回访、满意度调查、问题解决等，确保客户关系的稳定。③签订合作框架协议。与重要客户签订详细的合作框架协议，明确双方的权利、义务和合作方式。

项 目 实 训

【实训目标】

通过实训,学生应掌握开发新客户和巩固老客户的基本流程和技巧,理解铁路货运市场的特性和客户需求。能够初步掌握投标获取订单的流程和技巧,包括招标文件分析、投标方案制定、投标报价策略等。能够根据实训要求,撰写目标客户开发策划书,制作相应的 PPT 并进行展示。

【实训任务】

学生李毅对铁路运输市场开发缺乏整体、深入的认识,希望通过模拟市场开发来增加感性认识。在实训中,李毅将扮演一名铁路货运市场开发专员,负责开发新客户并巩固老客户。

【实训流程】

1. 实训准备

分配角色:学生李毅扮演市场开发专员,教师或其他学生扮演客户、竞争对手等角色。

准备资料:包括铁路运输市场分析、竞争对手分析、目标客户资料等。

2. 实训步骤

(1)市场调研

李毅进行市场调研,了解铁路运输市场的现状、趋势、竞争对手以及客户需求。

(2)目标客户开发策划

根据市场调研结果,李毅撰写目标客户开发策划书,明确目标客户、开发策略、营销手段等。制作 PPT,用于向目标客户展示铁路货运的优势和服务。

(3)新客户开发

李毅通过邮件、电话、拜访等方式与目标客户建立联系,介绍铁路货运的优势和服务。根据客户需求,提供定制化的运输方案,并进行报价。

(4)投标获取订单

当目标客户有招标需求时,李毅参与投标,包括分析招标文件、制定投标方案、提交投标报价等。与竞争对手进行竞争,争取获得订单。

(5)巩固老客户

李毅定期与老客户沟通,了解运输过程中的问题和需求,提供改进和优化建议。提供增值服务,如物流咨询、运输保险等,增强客户黏性。

3. 实训总结

李毅总结实训过程中的得失,分享开发经验。教师或其他学生对李毅的实训表现进行评价和反馈。

【实训注意】

(1)真实感:尽量模拟真实的市场开发环境,包括客户反馈、竞争对手反应等。

(2)团队协作:鼓励学生之间进行协作和分享,共同解决问题。

（3）时间管理：合理分配实训时间，确保每个步骤都能得到充分实施。

（4）反馈与改进：及时给予学生反馈，鼓励他们根据反馈进行改进。

【实训成果】

（1）目标客户开发策划书

李毅撰写的目标客户开发策划书，包括市场分析、目标客户定位、开发策略等。

（2）PPT 展示

李毅制作的 PPT，用于向目标客户展示铁路货运的优势和服务。

（3）实训报告

李毅撰写的实训报告，总结实训过程中的得失和经验教训。

（4）订单与合同

如果条件允许，李毅可以争取获得一些模拟订单或合同，作为实训成果的体现。

通过以上实训方案，学生李毅将能够增加对铁路运输市场开发的感性认识，掌握开发新客户和巩固老客户的基本流程和技巧，以及投标获取订单的流程和技巧。同时，他也将学会撰写目标客户开发策划书和制作 PPT 进行展示。

在线答题

1. 请学生扫描封面二维码，每个码只可激活一次。

2. 长按弹出界面的二维码关注"交通教育出版"微信公众号并自动绑定资源。

3. 公众号弹出"购买成功"通知，点击"查看详情"进入后选择绑定的图书，即可进行在线答题。

4. 可进入"交通教育出版"微信公众号，点击下方菜单"用户服务—图书增值"，选择已绑定的教材进行在线答题。

项目五

制定铁路运输营销策略

当铁路运输企业确定目标客户并对其进行开发时，既要针对目标客户需求，又要与公路运输或航空运输竞争，为其提供适需的铁路运输服务，制定客户能接受的铁路运输服务价格，提高客户获取铁路运输服务的便利性，用各种信息沟通方式帮助客户了解与获取运输服务。

❀ 学习目标

素质目标	知识目标	技能目标
①通过学习与实训，树立成本意识、品牌意识、质量意识； ②培养创新意识与创新思维	①了解铁路运输营销组合的发展脉络； ②了解铁路运输营销组合的概念和内容； ③掌握铁路运输营销组合的限制条件； ④掌握铁路运输服务产品、服务定价、服务分销、服务促销的内容、方法与策略	①能够针对铁路企业营销现状，设计一套富有吸引力与执行力的铁路运输营销实施方案； ②能按照已有铁路运输方案开展营销活动

❈ 知识结构

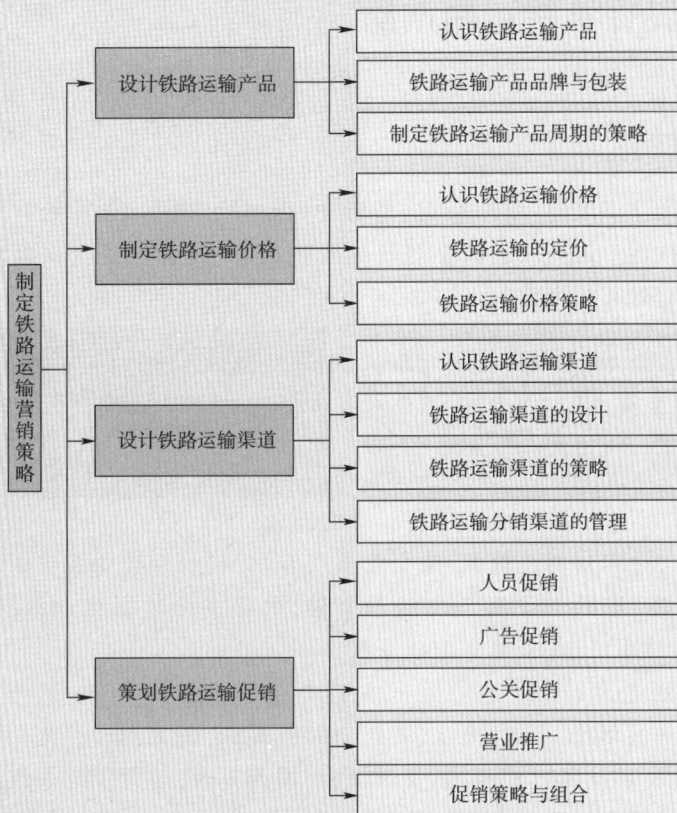

```
                                    ┌─────────────────────────┐
                              ┌─────│ 认识铁路运输产品          │
                    ┌────────────┐  ├─────────────────────────┤
                    │ 设计铁路运输产品 ├──│ 铁路运输产品品牌与包装     │
                    └────────────┘  ├─────────────────────────┤
                              └─────│ 制定铁路运输产品周期的策略  │
                                    └─────────────────────────┘
                                    ┌─────────────────────────┐
                              ┌─────│ 认识铁路运输价格          │
                    ┌────────────┐  ├─────────────────────────┤
                    │ 制定铁路运输价格 ├──│ 铁路运输的定价           │
   ┌──────────┐     └────────────┘  ├─────────────────────────┤
   │制定铁路运输│                └─────│ 铁路运输价格策略         │
   │营销策略    │                      └─────────────────────────┘
   │          │                      ┌─────────────────────────┐
   └──────────┘                ┌─────│ 认识铁路运输渠道          │
                    ┌────────────┐  ├─────────────────────────┤
                    │ 设计铁路运输渠道 ├──│ 铁路运输渠道的设计        │
                    └────────────┘  ├─────────────────────────┤
                              ├─────│ 铁路运输渠道的策略        │
                              │     ├─────────────────────────┤
                              └─────│ 铁路运输分销渠道的管理    │
                                    └─────────────────────────┘
                                    ┌─────────────────────────┐
                              ┌─────│ 人员促销                 │
                    ┌────────────┐  ├─────────────────────────┤
                    │ 策划铁路运输促销 ├──│ 广告促销                 │
                    └────────────┘  ├─────────────────────────┤
                              ├─────│ 公关促销                 │
                              │     ├─────────────────────────┤
                              ├─────│ 营业推广                 │
                              │     ├─────────────────────────┤
                              └─────│ 促销策略与组合           │
                                    └─────────────────────────┘
```

◎ 思政微课

铁路人的担当

任务一　设计铁路运输产品

【任务导入案例】

中欧快铁国际运输(深圳)有限公司(简称中欧快铁)(图5-1)依托中欧班列(中国至欧洲铁路往返班列)提供中国到欧洲的全程往返物流服务,经营范围包括国际、国内货运代理业务、供应链管理及全球采购服务。

图 5-1　中欧快铁

中欧快铁本着"为客户创造价值,为企业赢得客户"的经营理念在中国设有 5 家分公司,10000 多平方米仓库,在欧洲设有三大海外仓储,配备先进的企业资源规划系统(ERP 系统)、高效优质的工作团队,员工共有 100 多人。

公司的主营业务包括:

(1)中欧班列全国订舱:成都、重庆、郑州、西安、武汉、合肥、长沙、义乌等班列。

(2)国内运输:全国范围内整柜、散货的提货,国内集卡,国内货运专线配合服务。

(3)进出口报关及保税区业务:我司有自主报关公司,18 个人的清关团队,有专业的装卸团队,有 3000m² 的保税区,可以支持进出口业务操作,支持进出口保税业务,同时在保税区内可支持跨境电商的一件代发,仓储管理及配送服务。

(4)代理亚马逊物流服务(FBA)头程铁路运输,FBA 代清关服务,FBA 退换标,FBA 中转服务及短期存储。

(5)承接国内到欧盟各国的整柜、散货服务:波兰、德国、荷兰、捷克、爱沙尼亚、立陶宛、法国、瑞典、芬兰、斯洛伐克、斯诺文尼亚、意大利、西班牙、葡萄牙、罗马尼亚,保加利亚、克罗地亚等国家。

(6)承接欧洲到国内的回程整柜、拼箱服务:目前欧洲回程整柜、拼箱起运点为波兰马拉、波兰罗兹、德国杜伊斯堡、德国汉堡、德国纽伦堡、荷兰蒂尔堡。

中欧快铁在波兰有 3000m²,德国伍珀塔尔 8000m² 海外仓服务,支持客户的海外仓一件代发,仓储管理及配送服务。中欧快铁与 UPS、DHL、DPD、德迅等快递及物流公司建立了长期的合作关系。

(信息来源:中欧快铁 http://www.zotrains.com/index.php? c = about&m = index&id = 1,有改动)

引导问题:

1. 找出案例中运输企业的产品项目。

2. 指出该运输企业的品牌名称与品牌标识。

一、认识铁路运输产品

铁路运输企业要满足铁路客户的需求,帮助客户解决问题,要么提供客户所需的旅客交通运输服务,要么提供客户所需的货物仓储、运输、装卸等铁路物流服务;旅客交通运输服务与铁路物流服务就是铁路运输企业的产品。通过产品交换,客户解决问题、满足需求并支付服务费用,企业提供产品获取服务收益。

(一)铁路运输产品

运输业不像工农业生产那样改变劳动对象的性质和形态,而只是改变运输对象(被运送的货物和顾客)在空间与时间上的存在状态,具体体现为空间位置的移动。这种空间位置的改变也是一种物质变化的形式,通常称为"位移"或者"运输"。位移虽不创造新的有形产品,也不改变运输对象的形态,但可以增加被运送货物的使用价值或满足被运送旅客的运输需要。它既是运输生产活动产生的效用,又是运输业用以出售的产品。

1.铁路运输产品的定义

铁路运输产品是铁路运输企业运用铁路设施与设备提供的人或货物的时空位移。铁路运输产品的本质是铁路客货运输服务,包括铁路客运产品与铁路货运产品。该产品与一般产品的最大区别在于其核心部分的"位移"是一种服务,也可以说是铁路运输企业为运送旅客和货物,改变其空间位置所提供的服务。因此,这一产品是非实物的、无形的,也被称为服务,运输产品的本质是服务。

服务实现有形化,就需要铁路设施与设备,如铁路机车,站段、线路、铁路站务票务调度等工作人员,帮助铁路运输企业完成产品交换。铁路要提高市场的竞争能力,必须依靠优质服务,通过服务推销产品,通过服务质量体现产品质量。铁路运输企业应大力开展诚心待客、热情服务、服务承诺等活动,深化形象设计,提高旅客或货主的满意程度。

2.铁路运输整体产品

铁路运输企业的整体产品其实是广义的产品,涵盖了从核心产品到潜在产品的五个层次(图5-2)。这些层次共同构成了铁路运输产品的完整体系,满足了消费者的不同需求和期望。

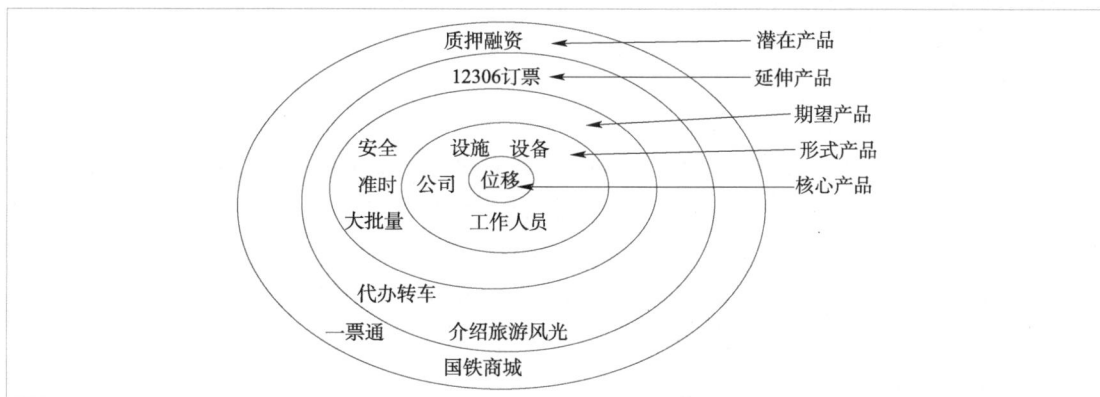

图 5-2 铁路运输整体产品图

（1）核心产品

核心产品是铁路运输企业提供给客户的基本效用或利益,即旅客和货物的空间位移。这是铁路运输产品的核心内容,也是客户购买铁路运输服务的根本目的。核心产品体现了运输服务的基本功能,即实现人和物的空间移动。

（2）形式产品

形式产品是核心产品借以实现的具体形式,是客户能够直接感知到的部分。对于铁路运输产品而言,形式产品包括列车的硬件设施(如车厢设施、座椅舒适度、照明、空调等)、车站环境(如候车室、售票厅、行李托运处等)、运行速度、到达期限、安全保障以及乘车舒适感等方面的满意度。这些因素共同构成了铁路运输产品的形式层,影响着客户的购买决策和使用体验。

（3）期望产品

期望产品是消费者在购买铁路运输产品时期望得到满足的需求和期望的一系列属性和条件。对于铁路运输产品而言,期望产品可能包括列车的准时性、服务的可靠性、乘车的舒适度、车站的便捷性、票务预订的方便性等。铁路运输企业需要努力满足消费者的期望,以提升其满意度和忠诚度。

（4）延伸产品

延伸产品,又称附加产品,是指客户在购买和使用核心产品时所得到的附加利益和服务。这些附加利益和服务能够给客户带来更多的利益和更大的满足。对于铁路运输产品而言,延伸产品可能包括运输咨询、信息查询、候车安排、订送票服务、行李托运和提取服务、餐饮服务、娱乐设施等。此外,一些铁路运输企业还提供会员服务、积分兑换、优惠活动等,以吸引和留住客户。

（5）潜在产品

潜在产品是指铁路运输企业为了满足客户未来可能的需求和期望,而开发或提供的创新服务和产品。这些潜在产品通常基于市场趋势、客户需求的变化以及技术进步等因素进行预测和开发。对于铁路运输产品而言,潜在产品可能包括智能化服务(如人脸识别、自助购票、在线支付等)、个性化定制服务(如座位选择、餐饮定制、娱乐节目选择等)、绿色环保服务(如使用新能源列车、减少碳排放等)、旅游服务、电商服务以及与其他交通方式的联运服务等。

3.铁路运输产品的特点

铁路运输产品具有以下特点。

（1）无形性

实体产品是具体的,有一定质量、外观和形体;铁路运输产品是无形的,以服务的形式体现,其使用价值就是改变客、货的空间位置。正因为铁路运输产品是无形的,所以它在服务的数量和质量方面不同于有形的实体产品。在数量上,运输产品产量由复合的计量单位计量,即旅客运输产量用"人次/km"、货物运输产量用"t/km"等计量。铁路运输产品产量的多少不仅要看在一定时间内被运送的服务对象的数量,还要看被运输的距离长短。

（2）非储存性

由于铁路运输产品不具有实体形态,因此铁路运输产品具有非储存性这一特点。铁路运输产品不能储存意味着它不像实体产品那样具有生产、流通和消费之分,而是生产、消费在空间和时间上同时进行,生产即消费。当运输需求得不到满足时,无法通过产品流通或调剂来解决。铁路运输产品不像实体产品那样,在预期市场供给短缺时可以进行囤积;相反,在市场短缺时,受运输能力限制,只能失掉一部分市场。在市场供给过剩时,将面临运输能力的闲置。铁路运输产品的非储存性使运输企业在生产、经营方面具有较大的被动性和较大的风险性。

（3）效用一次性

铁路运输产品生产和消费的同时性使其效用对消费者来说,只能满足一次性的消费。在每次运输服务活动结束时,铁路运输产品对消费者而言已经消费完毕,而不像大多数实体产品那样可以反复使用。从一般意义上看,一种产品的市场容量大小、市场寿命长短在某种程度上取决于该产品的耐用性大小。越耐用的消费品,由于其使用上的反复性,也就越容易达到市场饱和;一次性产品由于其用途上的一次性,市场不容易饱和。此外,对具有较长期效用的产品,消费者在选择、购买时应更谨慎、挑剔,因为任何选择失误都会带来损失。

（4）同质性

对于铁路运输产品而言,同质性主要体现在其提供的位移服务上,即在不同时间、不同列车上提供的从起始地到目的地的位移服务应具有相似的质量和特性。

这种同质性主要体现在:无论是高速铁路、普通铁路还是货运铁路,它们提供的核心服务都是位移,即将旅客或货物从起始地运送到目的地。这一本质特性使得铁路运输产品在不同形式下具有同质性。铁路运输企业在提供位移服务时,通常会遵循一定的服务标准和规范。这些标准和规范确保了不同列车、不同时间段提供的服务在安全性、准时性、舒适度等方面具有一致性;铁路运输产品的生产和提供依赖于铁路基础设施和列车设备等技术条件。这些技术条件在不同地区、不同铁路企业之间往往具有相似性,从而确保了铁路运输产品在技术标准上的同质性。

当然,铁路运输产品的这种同一性只是相对而言的,从运输需求的各个细小方面也可将运输产品区别开来。但是,这种差异的形成相对来说具有较大的难度。例如,同样是空调,制造厂家可通过规格、外观、辅助功能等方面的改变,很容易地将自己的产品和别的厂家的产品相区分,但运输企业,特别是同种运输方式内部的不同运输企业,想要做到这一点就不容易了。

4.铁路运输产品的类型

铁路运输产品以其多样化的形式和优质的服务,在满足旅客和货物运输需求方面发挥着重要作用。铁路运输产品包括铁路客运产品与铁路货运产品两大类。

（1）铁路客运产品

铁路客运产品是铁路运输企业使用铁路设施与设备为人提供的时空位移的服务,即铁路运输企业为旅客提供铁路运输服务。它主要满足旅客位移的需求,即实现旅客从出发地到目的地的运输。铁路客运产品具有安全、准时、舒适、便捷等特点,尤其是在中长途旅行中,铁路运输往往具有显著的优势。

随着旅客需求的多样化,铁路客运产品也不断丰富。例如,高速列车、动车组、城际列车、普通列车等,都是根据旅客不同的出行需求(如速度、舒适度、价格等)而设计的。此外,铁路部门还提供了诸如座位预订、在线购票、改签、退票等增值服务,以及为特定人群(如学生、军人、老年人等)提供的优惠政策。

知识拓展

铁路客运产品的分类

按铁路列车运行速度,铁路客运产品主要分为高速动车组旅客列车服务、普通动车组列车服务、直达特快旅客列车服务、特快旅客列车服务、快速旅客列车服务、普通旅客列车服务等。

(1)高速动车组旅客列车服务。此产品提供旅客运输服务的运行速度在250km/h及以上,主要在设计速度为300km/h或350km/h的线路上提供旅客服务。

(2)普通动车组列车服务。此产品提供旅客运输服务的运行速度在200~250km/h。

(3)直达特快旅客列车服务。此产品提供旅客运输服务的运行速度最高可达160km/h。

(4)特快旅客列车服务。此产品提供旅客运输服务的运行速度最快可达102km/h。

(5)快速旅客列车服务。此产品提供旅客运输服务的一般区间运行速度为100km/h。

(6)普通旅客列车服务。此产品提供旅客运输服务的列车的运行速度一般在100km/h以下,属于经济型的旅客列车。

(2)铁路货运产品

铁路货运产品是铁路运输企业使用铁路设施与设备为货物提供的时空位移的服务,即铁路运输企业为货主提供货物的铁路运输服务。它主要满足货物位移的需求,即将货物从发货地运送到收货地。铁路货运产品具有运量大、成本低、污染少、安全性高等特点,特别适合于大宗货物的长距离运输。

铁路货运产品也呈现出多样化的趋势。根据货物的性质、体积、重量以及运输距离等因素,铁路部门提供了诸如整车运输、零担运输、集装箱运输等多种运输方式。此外,铁路部门还提供了诸如货物追踪、保险、装卸、仓储等增值服务。

知识拓展

铁路货运产品的分类

通过铁路运输的货物有成百上千种,货主企业的运量情况、对运能的要求各不相同,以及货物又必须以适当的车辆来装运,这就要求铁路运输企业以不同的形式来承运货物。铁路运输根据承运货物方式的不同及货物运送速度的不同会产生不同的货运服务种类。

1.按货物的承运方式分类

按货物的承运方式分类,铁路货运产品可分为随到随运、按计划承运和预约运输。

(1)随到随运

中小企业托运人托运货物是随机的。到站和所需车辆都是在托运时才提出。对这些企业的货物,车站应和调度部门协商,及时解决配空车辆,做到随时承运。整车、零担和集装箱均可采用这种形式。

(2)按计划承运

大型企业的生产有极强的计划性,运输量大。对这些企业要求其提前提报运输计划。同时,对大宗稳定货源的运输也应事先提出运输计划,以参照运输能力均衡安排。

(3)预约运输

对阔大货物、鲜活货物的运输,因为需要特定的车辆,需要托运人和铁路预约,所以铁路运输企业应及时拨配车辆,批复运输要求。

2. 按货物运输的速度分类

按货物运输的速度分类,铁路货运产品分为一般速度货物运输和快运货物运输。

(1)一般速度货物运输

它是按慢运速度(或称普通货物列车)办理的货物运输,货物的运送速度为每天250km/h左右,途中若有其他特殊作业,如中转、加冰等,运到期限可做适当延长,这种运输适合于大多数货物的运输。

(2)快运货物运输

它是按快运速度(或称快运货物列车)办理的货物运输,货物的送达速度为每天500km/h左右,对抢险救灾物资、鲜活货物的运输可采用这种方式。其中,也可按客运速度办理的货物运输,快递行业中的快件可采用客运的高铁班列,实现客货混运。

3. 按铁路与其他行业的联合运输方式分类

按铁路与其他行业的联合运输方式分类,铁路货运产品可分为国铁与地铁间运输、国际铁路货物联运、铁路与水路货物联运、铁路与公路货物联运、铁路军事运输等。

随着科技的进步和人们需求的不断变化,铁路运输产品也将不断创新和完善,以更好地服务于社会经济发展。

(二)铁路运输产品组合

产品组合是指企业生产经营的全部产品的结构以及它们的有机结合方式。铁路运输产品组合,即铁路运输产品搭配,是指铁路运输企业提供给市场的全部产品线和产品项目的组合。铁路运输产品线是指一群相关的铁路运输产品,这类产品可能功能相似,销售给同一客户群,经过相同的销售途径,或者在同一价格范围内。铁路运输产品项目是指铁路运输企业某一品牌或产品大类内由运输速度、运输价格、设施设备、服务流程等来区别的具体产品。

例如,铁路货运产品组合内包括国铁货运、国铁商城、采购服务与招商服务等。国铁货运就是一条铁路运输产品线,国铁货运又包括国内物流、国际物流、专用线服务等子产品线。国内物流产品线下的整车运输、集装箱运输与零散运输就是铁路运输产品的产品项目。

1. 产品组合因素

要分析一个企业的产品竞争力,需要从产品组合的宽度、长度、深度与关联度四方面去衡量。这四个方面稍作调整,就形成一个企业不同的铁路运输产品组合。所以,产品组合包括四个因素,即产品宽度、产品长度、产品深度和产品关联度。

(1)产品宽度

产品宽度指拥有的产品线数目。例如,国铁集团运输经营的产品线有旅客运输、货物运输、铁路建设与多元经营,那它的宽度为4。

(2)产品长度

产品长度是指企业所有的产品线的全部产品项目数。如果一家企业具有多条产品线,企业可以将所有产品线的长度加起来,得到企业产品组合的总长度,除以宽度则可以得到公司平均产品线长度。

(3)产品深度

产品深度是指每一产品线内的产品项目总数,如铁路货运的国内物流有整车运输、零散运输与集装箱运输,此时产品深度是3。当然,如果一个公司具有多条产品线,有的产品线深度是7,有的产品线深度是8,那么,该公司的产品深度是8,等同于最多产品项目的产品线深度。

(4)产品关联度

不同的产品线在设施设备、服务过程、用途、渠道等方面可能有某种程度的关联,这叫关联度。例如,铁路公司的旅客运输与货物运输都是为了改变时空位移,采用了相关的铁路设施设备,所以该公司的产品关联度非常高。

2.产品组合策略

运输企业生产经营的产品往往不止一种,如何根据市场需求和自身情况对运输产品进行组合、调整和优化,对企业营销能否成功起着决定性作用。一般有以下几种产品组合策略可供企业选择。

(1)扩大产品组合策略

扩大产品组合策略包括两个内容:

①拓展产品组合的宽度,即增加产品线数目。当企业预测现有的产品线销量或盈利在未来有可能下降时,就可考虑增加产品线,扩大产品经营范围。

②加强产品组合深度,即在原有的产品线内增加新的产品项目。

扩大产品组合策略具有很多优点:①可以充分利用企业现有资源、提高投资效益;②可以分散经营风险,增强企业竞争能力;③可以满足消费者多样化的需求,提高市场占有率。

(2)延伸产品线策略

延伸产品线策略指部分或全部地改变企业原有产品线的市场地位。例如,某企业原来在市场上的定位是高档产品,如果企业超出其现有产品线范围来增加它的产品线长度,就称为产品线延伸策略。延伸产品线延伸策略可分为向上延伸策略、向下延伸策略和双向延伸策略三种类型。

①向上延伸产品线策略,又称为高档产品策略,指原来定位于低档产品市场的企业,现决定在原有产品线内增加高档产品项目,使企业进入高档产品市场。采用这一策略的主要原因是高档产品市场具有潜在的高速增长率和较丰厚的利润,或者企业已经具备了进入高档产品市场的条件,可以利用这个机会把自己定位成为完整产品线型的生产商。但是,实施

这一策略也有一定的风险。比如,消费者可能不会相信企业生产高档产品的能力而拒绝购买新产品。因此,采用这一策略时一定要十分谨慎。

②向下延伸产品线策略,又称为低档产品策略,指企业将原来定位于高档产品的产品线向下延伸,在高档产品线中增加低档产品项目。采用这一策略是为了利用企业名牌产品的声誉来吸引一般收入水平的消费者。实施向下延伸策略的企业也要承担一定的风险,如策略运用不当,可能会损害原有高档产品的声誉和企业的整体形象,因此要谨慎运用。

③双向延伸策略是指企业原来定位于中档产品市场的产品线向上、下两个方向延伸,既生产高档产品,又生产低档产品。这样,企业可以扩大市场阵地,增加销售和利润。

（3）缩减产品线策略

当产品线中的某些产品获利很少或者没有什么发展前途时,企业可以采用缩减产品线的策略。这样,企业可以集中精力改造保留的产品线,减少资源占用,加速资金周转,提高产品竞争能力。采用这策略时要慎重权衡眼前利益和长远利益,以免给企业造成不应有的损失。

（4）产品线现代化策略

有时,企业的产品线长度已经比较合适,但还需要采用新技术新工艺等来改变产品线面貌,使之现代化。例如,京东亚洲一号仓选用自动化分拣线,自动导向搬运车(AGV)新物流设备等。

（三）开发铁路运输产品

铁路运输企业如果想在激烈的市场竞争中获得成功,就必须不断地开发新产品,以适应不断变化的消费者需求。新产品是整体产品概念,包括新发明产品、改进的产品和新的品牌。新产品除包含因科学技术在某一领域的重大发现外,还包括如下方面:①在生产销售方面,只要产品在功能或形态上发生改变,与原来的产品产生差异,甚至只是产品单纯由原有市场进入新的市场,都可视为新产品;②在客户方面,则指能进入市场给消费者提供新的利益或新的效用而被客户认可的产品。

1. 铁路运输新产品

铁路运输新产品是一个很广泛的概念,铁路运输企业要开发产品,是与老产品相比较而言的。铁路运输新产品是指比过去的或现有的运输产品在特定用途、服务形式、服务手段、市场等方面有所改变的运输产品。

铁路运输新产品包括完全创新产品、进入新市场的产品、产品线拓展的产品、革新产品和形式变化产品。

（1）完全创新产品

完全创新产品是指采用全新的方法来满足消费者的现有需求,给他们更多的选择。运输业在20世纪内出现的完全不同于传统、常规运输的高速运输即属于此类产品,如全集装箱运输航线营运最初投入航运。

（2）进入新市场的产品

进入新市场的产品是指一些已有的运输产品进入新的市场。例如,一些城市公交的运行模式被短途客运业所采用。

（3）产品线拓展的产品

产品线拓展的产品是指增加现有产品线的宽度,从而增加产品线上的产品项目,以便满足同一细分市场上消费者的不同需求。

（4）革新产品

革新产品是指对现有物流产品的某一功能予以改进和提高而形成的产品,如快递当中的当日达、定时达等服务。

（5）形式变化产品

形式变化产品是指通过改善现有形式而形成的新产品,如现在的智能仓库、立体仓库等。

⚯ 行业洞察

广州铁路局集团公司推出 4 款铁路物流金融产品

2024 年 6 月 18 日,广州铁路局集团公司与中国建设银行股份有限公司广东省分行联合举办"铁路运费贷"产品发布会。广州铁路局集团公司 6 月 20 日起推出"铁路运费贷、铁路信用证结算、铁路电子提单融资以及铁路运费代收代付"4 款物流金融产品,急客户之所急,深度缓解客户资金运作压力。广州铁路局集团公司充分利用银行低成本资金,满足客户有关垫资、汇总结算等迫切需求,降低企业融资和物流成本,促进"公转铁"增运上量,助力实体经济高质量发展。

（信息来源:人民铁道网 https://www.peoplerail.com/rail/show-1810-538120-1.html,有改动）

2.开发铁路运输新产品的影响因素

铁路运输企业在选择新产品开发方向时应考虑以下几点。

（1）考虑产品性质和用途

在进行新产品开发前,应充分考察同类产品和相应的替代产品的技术含量和性能用途,确保所开发产品的先进性或独创性。铁路运输企业为提供服务,初期需投入大量资金建设铁路设施与设备,所以尽可能让新产品的市场生命周期较长,不要短期内就被市场淘汰。

（2）考虑价格和销售量

系列化产品成本低,可以降价出售增加销售量,但是系列化产品单调,也可能影响销售量。因此,铁路运输企业可基于现有线路与站段,对系列化、多样化产品以及价格、销售之间的关系,经过调查研究再加以确定。

（3）充分考虑顾客需求变化速度和变化方向

随着人们物质生活水平的提高,顾客的需求呈多样化趋势,并且变化速度很快。而开发一样新产品需要一定的时间,这个时间一定要比消费者需求变动的时间短,新产品才能有市场,才能获得经济效益。

（4）企业技术力量储备和产品开发团队建设

铁路运输企业在资金、设备等方面是否能为产品开发提供源源不断的支持,能否在预期内顺利研发出产品,与开发人员能力、团队契合度有重要关联。

3. 开发新产品的方式

铁路运输企业开发新产品,选择合适的方式很重要。选择得当,适合企业实际,就能少承担风险,易获成功。铁路运输企业开发新产品一般有独创方式、引进方式、结合方式和改进方式四种。

(1)独创方式

从长远考虑,企业开发新产品最根本的途径是自行设计、自行研制,即所谓独创方式。采用这种方式开发新产品,既有利于产品更新换代及形成企业的技术优势,也有利于产品竞争。自行研制、开发产品需要企业建立一支实力雄厚的研发队伍、一个深厚的技术平台和一个科学、高效率的产品开发流程。

(2)引进方式

技术引进是开发新产品的一种常用方式。企业采用这种方式可以很快地掌握新产品制造技术,减少研制经费和投入的力量,从而赢得时间,缩短与其他企业的差距。但引进技术不利于形成企业的技术优势和企业产品的更新换代。

(3)改进方式

改进方式是以企业的现有产品为基础,根据用户的需要,采取新设备、改变性能、变换形式或扩大用途等措施来开发新产品。采用这种方式可以依靠企业现有设备和技术力量开发新产品,开发费用低,成功把握大。但是,长期采用改进方式开发新产品,会影响企业的发展速度。

4. 开发新产品的策略

新产品的开发是企业产品策略的重要组成部分。新产品开发的主要策略有以下几种。

(1)领先策略

领先策略就是在激烈的产品竞争中采用新原理、新技术、新结构优先开发出全新产品,从而先入为主,领略市场上的无限风光。这类产品的开发多从属于发明创造范围,采用这种策略,投资数额大,科学研究工作量大,新产品实验时间长。

(2)超越自我策略

超越自我策略的着眼点不在于眼前利益而在于长远利益。这种暂时放弃一部分眼前利益、最终以更新更优的产品去获取更大利润的经营策略,要求企业有长远的"利润观"理念,注意培育潜在市场,培养超越自我的气魄和勇气,不仅如此,更需要有强大的技术作为后盾。

(3)紧跟策略

采用紧跟策略的企业往往针对市场上已有的产品进行仿造或进行局部的改进和创新,但基本原理和结构是与已有产品相似的。这种企业跟随既定技术的先驱者,以求用较少的投资得到成熟的定型技术,然后利用其特有的市场或价格方面的优势,在竞争中对早期开发者的商业地位进行侵蚀。

(4)补缺策略

每一家企业都不可能完全满足市场的任何需求,所以在市场上总存在着未被满足的需求,这就为企业留下了一定的发展空间。这就要求企业详细地分析市场上现有产品及消费者的需求,从中发现尚未被占领的市场。

5.新产品开发程序

新产品开发是一项极其复杂的工作,从根据客户需求提出设想到正式生产产品投放市场为止,其中经历许多阶段。新产品开发的程序是指从提出产品构思到正式投入生产的整个过程。由于铁路运输企业需要铁路设施与设备支持,选择产品开发方式的不同,新产品开发所经历的阶段和具体内容并不完全一样。现简单分析企业的自行研制产品开发方式,来说明新产品开发需要经历的各个阶段。

(1)调查研究阶段

客户的需求是新产品开发选择决策的主要依据。为此,铁路运输企业必须认真做好调查计划工作。这个阶段主要是调查客户需求,提出新产品构思以及新产品的原理、结构、功能、设施设备和工艺方面的开发设想和总体方案。

(2)构思创意阶段

在这一阶段,铁路运输企业要根据前期调查掌握的市场需求情况以及企业本身条件,充分考虑用户的使用要求和竞争对手的动向,有针对性地提出开发新产品的设想和构思。产品创意对新产品能否开发成功有至关重要的意义和作用。

新产品构思创意包括以下三个方面的内容:

①产品构思。产品构思是在市场调查和技术分析的基础上,提出新产品的构想或有关产品改良的建议。企业新产品开发构思创意主要来自三个方面:

a.来自客户。企业着手开发新产品,首先要通过各种渠道掌握客户的需求,了解客户在使用老产品过程中有哪些改进意见和新的需求,并在此基础上形成新产品开发创意。

b.来自该企业职工。特别是销售人员和技术服务人员,经常接触用户,用户对老产品的改进意见与需求变化他们都比较清楚。

c.来自专业科研人员。专业科研人员具有比较丰富的专业理论和技术知识,要鼓励他们发扬这方面的专长,为企业提供新产品开发的创意。此外,企业还通过情报部门、工商管理部门、外贸等渠道,征集新产品开发创意。

②构思筛选。并非所有的产品构思都能发展成为新产品。有的产品构思可能很好,但与企业的发展目标不符合,也缺乏相应的资源条件;有的产品构思可能本身就不切实际,缺乏开发的可能性。因此,必须对产品构思进行筛选。

③概念形成。经过筛选后的构思仅仅是设计人员或管理者的概念,离产品还有相当的距离,还需要形成能够为消费者接受的、具体的产品概念。产品概念的形成过程实际上就是构思创意与客户需求相结合的过程。

(3)新产品设计阶段

产品设计是指从确定产品设计任务书起到确定产品结构为止的一系列技术工作的准备和管理,是产品开发的重要环节,是产品生产过程的开始,必须严格遵循"三段设计"程序。

①初步设计阶段。这一阶段一般是为下一步技术设计做准备。这一阶段的主要工作就是编制设计任务书,让上级对设计任务书提出体现产品合理设计方案的改进性和推荐性意见,经上级批准后,作为新产品技术设计的依据。初步设计阶段的主要任务在于正确地确定产品最佳总体设计方案、设计依据、产品用途及使用范围、基本参数及主要技术性能指标、产

品工作原理及系统标准化综合要求、关键技术解决办法及关键元器件,特殊材料资源分析、对新产品设计方案进行分析比较,运用价值工程,研究确定产品的合理性能(包括消除剩余功能)及通过不同结构原理和系统的比较分析,从中选出最佳方案,等等。

②技术设计阶段。技术设计阶段是新产品的定型阶段。技术设计阶段具体包括以下内容:在初步设计的基础上完成设计过程中必需的试验研究(新原理结构、材料组件工艺的功能或模具试验),并写出试验研究大纲和研究试验报告;做出产品设计计算书;画出产品总体尺寸图、产品主要零部件图,并校准;运用价值工程,对产品中造价高的、结构复杂的、体积笨重的、数量多的主要零部件的结构、材质精度等选择方案进行成本与功能关系的分析,并编制技术经济分析报告;绘出各种系统原理图;提出特殊组件、外购件、材料清单;对技术任务书的某些内容进行审查和修正;对产品进行可靠性、可维修性分析。

③工作图设计阶段。工作图设计的目的是在技术设计的基础上完成供试制(生产)及随机出厂用的全部工作图样和设计文件。设计者必须严格遵守有关标准规程和指导性文件的规定,设计绘制各项产品工作图。

(4)新产品试制与评价鉴定阶段

新产品试制阶段又分为样品试制和小批试制阶段。

①样品试制阶段。样品试制阶段的目的是考核产品设计质量,考验产品结构、性能及主要工艺,验证和修正设计图纸,使产品设计基本定型,同时要验证产品结构工艺性,审查主要工艺上存在的问题。

②小批试制阶段。小批试制阶段的工作重点在于工艺准备,主要目的是考验产品的工艺,验证它在正常生产条件下(在生产车间条件下)能否保证所规定的技术条件、质量和良好的经济效果。

试制后,必须进行鉴定,对新产品在技术上、经济上作出全面评价。然后才能得出全面定型结论,投入正式生产。

(5)生产技术准备阶段

在这个阶段,应完成全部工作图的设计,确定各种零部件的技术要求。

(6)正式生产和销售阶段

在这个阶段,铁路运输企业不仅需要做好生产计划、劳动组织、物资供应、设备管理等一系列工作,还要考虑如何把新产品引入市场,如研究产品的促销宣传方式、价格策略、销售渠道和提供服务等方面的问题。新产品的市场开发既是新产品开发过程的终点,又是下一代新产品再开发的起点。通过市场开发,可确切地了解开发的产品是否适应需要以及适应的程度;分析与产品开发有关的市场情报,可为开发产品决策、改进下一批(代)产品、提高开发研制水平提供依据,还可取得有关潜在市场大小的数据资料。

二、铁路运输产品品牌与包装

(一)铁路运输产品品牌

随着各种运输方式的迅猛发展,运输市场竞争越来越激烈,提高核心竞争力和扩大市场份额已成为铁路企业当前面临的重大难题。为了让消费者在众多的运输产品中选择自己所提供的产品,铁路运输企业需要推出拥有强势品牌地位并能持久经营的运输产品,通过品牌获得消费者的认同,激发其购买欲望,坚定其购买信心,有效地构筑竞争防线,抵御竞争者的进攻。

1. 定义

铁路运输产品品牌是指铁路运输企业的名称、术语、标记、符号、图案及其组合,包括品牌名称、品牌标志、商标及域名。品牌名称,即品名,是指品牌中可以用语言称呼的部分。例如,高铁、高铁快运、欧亚班列等都是品牌名称。品牌标志是指品牌中可以被认出、易于记忆但不能用言语称谓的部分,包括符号、图案或明显的色彩或字体,又称"品标"。品牌或品牌的一部分在政府有关部门依法注册后,称为"商标"。域名指的是网址,通常是公司的官网或

图 5-3 中铁快运的产品品牌

相应品牌的网站。例如,中铁快运股份有限公司的品牌如图 5-3 所示,"中铁快运"是品名,其他的字母、线条、颜色等统称为品标,"www.95572.com"是其域名。

2. 客运产品品牌

运输市场是多变的,这就要求铁路运输企业研究市场,采取差异性目标市场战略。随着科技及经济的发展,旅客对客运需求的差异性越来越大,为了满足不同旅客的不同层次的需要,铁路运输企业应大力发展名牌客运产品,使其获得应有的市场份额和社会信誉,带动铁路客运系列产品的发展。

名牌是企业美誉度、知名度、高品质、高效益等综合力的象征,真正的名牌才能经得起公众长期的信赖和赞誉,因为旅客的旅行时间大部分是在列车内度过的,所以,铁路运输企业的名牌产品应以列车为中心,围绕以下几种列车形式产生,并形成客运产品品牌的特色服务。例如,"和谐号、复兴号、金轮号、神州号"均是高速列车的品牌名称;"塞上风情、喀什号"均是直达特快列车的品牌名称;"京和号、熊猫专列、额济纳、心连心·京藏号"均是旅游列车的品牌名称。这些品牌名称不仅体现了列车的特性和定位,还融入了地域文化和民族情感,使得列车不仅仅是交通工具,更成为文化符号和地域形象的代表。

案例

坐着火车游新疆

近年来,新疆铁路部门精心打造"坐着火车游新疆"铁路旅游品牌,形成了"旅游景区大联通、游客出行大公交、旅游列车大循环"的"铁路＋旅游"融合联动发展新模式,以"铁路＋旅游"引领新疆旅游产业融合发展,推动新疆旅游向"全局旅游"方向发展。旅游列车实行固定化每日开行,基本实现疆内旅游接续大连通,满足游客畅游新疆的出行需求。

2024 年,新疆已累计开行旅游专列 100 列,其中"新东方快车"旅游专列 31 列、"天山号"旅游专列 12 列、"环塔游"旅游专列 15 列……累计接待游客超 5 万人次。由于出行舒服、可选择性多,旅游专列已成为旅游市场的宠儿。铁路与旅游深度融合的模式,不仅为游客提供了更加便捷的出行方式,更为新疆日益火爆的旅游市场再添一把"火"。

自 2017 年以来,新疆铁路以转变发展方式、拓展旅游发展新空间为主线,主动创造和激发市场需求,相继开行"环游北疆""奇幻火洲""相约敦煌""畅览南疆""走进中亚""天山号""环塔游"以及新东方快车等系列旅游产品,使铁路运输和旅游经济的融合发展成为新疆旅游业多渠道、多层面、大范围发展的重要组成部分。因受到疆内外游客追捧,"坐着火车游新疆"成为时尚。

为了让旅客拥有更加美好的出行体验,新疆铁路旅游专列全部为卧铺车厢,制定专门菜谱,烹饪新疆特色菜肴,并配备经验丰富的乘务人员、导游和随车医疗保障人员。还将新疆独特的自然风光与当地人文相结合,在原先 15 天南北疆大环线的产品基础上,推出"品南疆人文""观北疆山水"的 7 天小环线精品游,进一步满足游客个性化需求。

新疆旅游专列采取"火车+汽车一站式抵达"的出行方式,具有车随人走、人玩车停、车随景移等特点,不仅节省出行时间,而且出行成本也大大降低。

(信息来源:新疆日报《乘着火车畅览天山南北好风光》https://www.ts.cn/xwzx/shxw/202410/t20241025_24587307.shtml,有改动)

品牌命名对于提升列车知名度和竞争力具有重要意义。一个恰当的品牌名称能够直观地传达出列车的核心价值,增强旅客的认同感和信任度。同时,品牌命名也是塑造铁路企业形象和品牌价值的重要手段之一。列车产生品牌效应,还应该注意列车的形象设计,如通过车身的颜色(有可能还可设计车体的形状)、车内的布置、新颖的列车名称、独特的服务方式及合理的票价等形成鲜明的特色,能加强对旅客的吸引力,加深旅客的印象。

3. 货运产品品牌

铁路运输企业可以利用富裕的运输能力,打造名牌产品,树立市场形象。货运的品牌战略可以货物列车为中心,也可以货运站(货场)为中心,有以下几种形式。

(1)以货物列车为品牌

近年来,铁路运输企业推出的集装箱班列、五定班列、行包专列、快递专列、零散货运班列与欧亚班列等品牌,都与普通货物列车有所不同。在开行名牌货运车时,改变列车的外部形象,固定车底使用,给人耳目一新的感受。同时,列车也应采用较新颖的名称,如"临新欧集装箱快速班列",提高广告与宣传效应。

> ### 🔗 行业洞察
>
> #### 兰州铁路局集团公司的货运品牌
>
> 兰州铁路局集团公司积极顺应国家"一带一路"倡议,实施现代物流转品牌建设,推出"零散批量货物快运班列"、"中亚货运班列"(武威南至阿拉木图)、"化工快运班列"、"钢铁快运班列"、"铁水联运集装箱班列"、"铝产品快运班列"等货运品牌列车。
>
> 铁路货运产品品牌的定位与内涵也各有特色。其中,兰州至中亚地区的"国际货运班列"和武威南至阿拉木图的"中亚货运班列"两趟兰州直达中亚地区的国际货运列主

要是借助兰州铁路局集团公司所处的区位优势,通过阿拉山口、霍尔果斯等口岸,助推内陆企业拓展中亚、西亚及欧洲市场;嘉峪关至广州铁路局集团公司的"钢铁快运班列",是为国内知名企业酒钢集团量身定制的货运直达列车,满足其在华东、华南销售市场和期货交割需求;大坝站至上海铁路局集团公司、广州铁路局集团公司的"化工快运班列",是为国内知名企业神华宁夏煤业集团量身定制的货运直达列车,助推其拓展东部沿海地区的煤化工产品市场;青铜峡站至南方各铁路局集团公司的"铝产品快运班列",是为青铜峡铝业公司和伊利乳业量身打造的货运直达列车,以满足广大客户"快捷、准时、安全"的运输需求;兰州东站至嘉峪关站的"零散批量货物快运班列",是为兰州至河西走廊零散货物打造的专属班列,通过与社会物流企业联盟,实现货物运输"门到门";惠农站至北京铁路局集团公司的"铁水联运集装箱班列",是为银北地区400多家出口企业量身定制的铁水联运直达列车,通过天津港贯通银北内陆地区与日韩、东南亚等环太平洋国家间的国际运输物流通道。

（信息来源:中国一带一路网 https://www.yidaiyilu.gov.cn/p/199.html,有改动）

（2）以货场为品牌

货运产品的本质是服务,货运服务都是在货场中完成的。铁路运输企业除了提供运输服务之外,还能提供分拣、包装、仓储等其他物流服务。因此,货场形象与工作的好坏,直接影响着产品的质量,尤其在同枢纽地区有几个可以办理货运业务的车站时,货主可以对货场进行选择。

名牌货场将以物流中心的身份存在,要应用现代化的管理方法和新的技术设备,提高工作质量和服务质量,保证货物安全,做到服务文明化、管理科学化、作业标准化、运输集装化和装卸机械化,使货场保持安全、文明、整洁、畅通。名牌货场也应突出形象设计,如房屋建筑均用统一的颜色,工作人员统一着装、提供优质服务,以引起货主的注意。

🔗 行业洞察

西安新筑铁路综合物流中心

西安新筑铁路综合物流中心（图5-4）是国铁集团与陕西省共建项目,也是国铁集团在全国规划布局的综合物流基地之一。该项目接轨于既有的西安铁路集装箱中心站,占地规模约2500亩,总投资约48亿元,总体规划功能包括成件包装作业区、长大笨作业区、冷链鲜活作业区、国际货物作业区、仓储配送区和综合服务区等六大功能区。

西安新筑铁路综合物流中心将在西安形成以运输物流、贸易服务为主的国家级综合物流枢纽节点,在此实现国内面向"丝绸之路经济带"沿线物资的快速集散中转,将为加快建设西安国际化大都市和"一带一路"发挥重要作用。

图 5-4　西安新筑铁路综合物流中心简图

4. 品牌策略

品牌策略是企业在对产品品牌化经营过程中所需要制定的所有决策。铁路运输企业的品牌策略是一个综合性的体系,涵盖了品牌决策、品牌名称决策、品牌定位决策和品牌延伸决策等多个方面。

(1)品牌决策

品牌决策是铁路运输企业是否决定使用品牌,以及如何使用品牌的初步判断。这通常基于产品特性、市场需求、竞争环境等因素。铁路运输企业需要考虑其产品(如客运、货运服务)是否适合进行品牌化,以及品牌化能为企业带来的潜在价值和竞争优势。

(2)品牌名称决策

品牌名称是铁路运输企业品牌形象的重要组成部分,它不仅代表企业的身份和形象,还承载着企业的文化和价值观。铁路运输企业在决定其产品使用品牌时,就要做品牌名称决策。在选择品牌名称时,铁路运输企业需要遵循以下原则:①独特性,确保品牌名称在市场中独一无二,避免与竞争对手产生混淆。②易记性,品牌名称应简洁明了,便于消费者记忆和识别。③相关性,品牌名称应与企业的产品、服务或行业特点相关联,体现企业的核心价值和理念。例如,熊猫专列是由成都铁路局集团公司运营的高端精品旅游列车,以熊猫为设计主题,车身内外装饰展示地域文化特色。

(3)品牌定位决策

品牌定位是铁路运输企业在市场中塑造独特品牌形象的关键步骤。它涉及对目标市场的了解、对竞争对手的分析以及对企业自身优势的挖掘。品牌定位决策通过明确企业的目标市场,了解目标客户的需求和偏好,分析竞争对手的品牌定位和市场表现,找出差异化的竞争优势,挖掘企业的独特优势,如服务质量、技术创新、运营效率等,并将其融入品牌定位。

"高端奢华·文化体验"旅游列车

"丝路梦享号、熊猫专列·什邡号、伊春号、星光·澜湄号"等旅游列车陆续开行,众多游客乘上列车,穿沙漠、行丝路,驶过"秦月汉关",在中华文明风景线上徜徉。这些旅游列车有着独具特色的车身外观,有的以敦煌壁画元素为纹理,有的以憨态可掬的熊猫为主题;有着舒适的会客厅、超大景观车窗、超静音设计包房、智能家居系统、各地文创美食。旅游列车仿佛铁轨上的"星级酒店",满足游客对高品质旅行的需求,其品牌定位为"高端奢华·文化体验"旅游列车。其中"高端奢华"是指通过舒适的会客厅、超大景观车窗、超静音设计包房、智能家居系统等设施,为游客提供高品质的旅行体验,满足他们对奢华旅行的需求。"文化体验"是指车身外观采用敦煌壁画元素、熊猫主题等文化元素,结合各地文创美食,让游客在旅途中感受到丰富的文化内涵和地域特色,提升旅行的文化价值。通过持续强化这一品牌定位,旅游列车可以在市场中树立独特的品牌形象,吸引更多高端游客,提升市场份额和品牌影响力。

(信息来源:新华鲜报《旅游列车集体亮相!在中华文明风景线上徜徉》,有改动)

(4)品牌延伸决策

品牌延伸决策是铁路运输企业在已有品牌基础上,推出新产品或服务以扩大市场份额和增强品牌影响力的策略。新产品或服务应与原有品牌保持一定的相关性,以维护品牌的一致性和形象。例如,铁路运输企业可以在已有客运品牌的基础上,推出新的货运品牌或旅游品牌,以扩大业务范围和增强品牌影响力。同时,企业还可以通过品牌延伸,将品牌理念和文化融入新产品或服务,提升品牌的整体价值。

(二)铁路运输产品包装

铁路运输产品是无形产品,需要有形展现,可以借助服务设施设备或工作人员去实现有形,即需要适当的包装。包装是产品策略的重要组成部分,它不仅保证了产品的使用价值,还增加了产品的附加值,良好的包装是提高产品市场竞争力的有效手段。

1. 定义

铁路运输产品包装是指铁路运输产品进入消费领域时拥有商业价值的外部形式或系列活动。铁路运输产品包装不是传统意义上的包装,而是通过铁路运输服务人员的服饰设计、铁路场所和铁路设施的美化设计、品牌和标识的美化设计、铁路运输产品项目本身的推广宣传,来达到促销的效果。铁路运输产品包装能吸引客户注意力,说明服务的特色,给客户以信心,形成一个有利的总体印象。一些客户愿意为良好包装带来的外观、形象和声望多付些钱。

产品包装有两层含义:一是指实现或展现铁路运输服务时铁路设施设备或工作人员的美化设计内容;二是指企业设计、服务设施设备或包扎物等的一系列美化活动。铁路运输产品包装在一定层面上就是营造一个促销的服务环境。

2. 包装策略

（1）统一包装策略

铁路运输企业对自己提供铁路运输服务的相关要素（包括仓储等基础设施、运输工具、一线运营人员的着装和名片、信笺、标识、广告词、广告片、软广告等）采用统一的设计，使客户一看就明白是由哪个公司提供的服务。这种策略可以节省设计、包装的费用，扩大服务的声誉，提升铁路物流产品的形象。

（2）分等级包装策略

铁路运输企业对不同服务等级或不同服务质量的服务分别使用不同的包装和宣传。高档服务，包装精致，大力推广和宣传，宣示服务的质量和档次；中低档服务，推广简略些，以减少服务宣传推广成本。

（3）类似包装策略

铁路运输企业对其提供的系列服务采用相同的图案、近似的色彩、相同的造型进行包装，便于消费者识别出本企业的服务，扩大企业的影响。对于忠实于本企业的消费者，类似包装无疑具有促销作用，企业还可因此而节省包装的设计和制作费用。特别是在推出新服务项目时，可以利用企业的声誉，使消费者首先从包装上辨认出服务企业，迅速打开市场。但类似包装策

略只适宜质量相同的服务，对于那些品种差异大、质量水平悬殊的服务则不宜采用。例如，德邦物流公司推出货运服务采用的类似包装策略，以精准为切入点，形象体现各服务的品质，让客户更快速地掌握精准认准企业。

（4）配套包装策略

铁路运输产品的配套包装策略是按目标客户的消费习惯将几种有关联的服务项目组合打包成套供应。这样既便于企业目标客户购买、享受，扩大运输企业产品项目的销售，也有利于企业推销新服务项目。例如，12306官网内，除了向旅客售卖火车票之外，还出售其他产品项目，包括旅游服务、餐饮服务、铁路保险等（图5-5）。

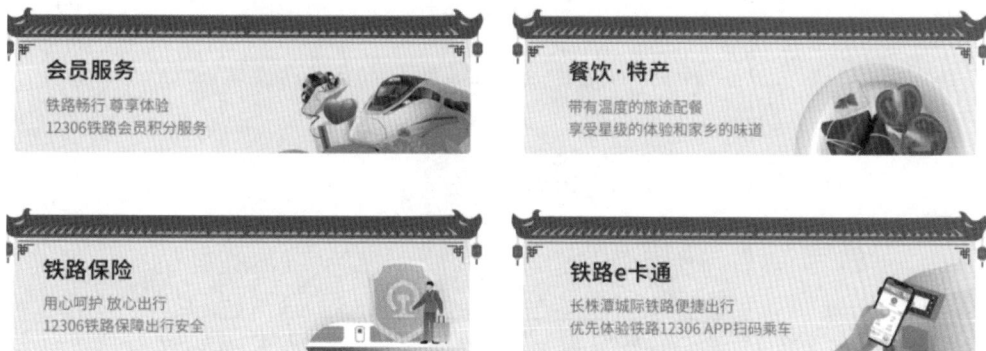

图5-5　铁路运输产品的配套包装实施范例

（5）附赠包装策略

附赠包装策略是指在目标客户购买某项铁路运输项目或某个铁路运输产品组合后，可

以附赠一种服务、赠品(组合),引起消费者的购买兴趣。例如,消费者在"顺丰 E 商圈"购物,使用顺丰速运免费到家。

(6)改变包装策略

当由于某种原因铁路运输企业的服务项目的销量下降、市场声誉跌落时,铁路运输企业可以在改进服务质量的同时改变包装的形式,从而以新的服务形象出现在市场,改变服务在消费者心目中的不良印象。例如,物流企业标识色彩的变化或标识更换,原来配套或附赠的物流服务项目现在独立销售、宣传等。当然,铁路运输企业在改变包装的同时,必须配合做好宣传工作,以避免消费者以为服务质量下降或产生其他的误解。

三、制定铁路运输产品周期的策略

(一)铁路运输产品周期

铁路运输产品周期是指铁路运输产品从投入市场到退出市场所经历的全过程,即在市场流通过程中,客户需求产生与消亡变化,以及影响市场的其他因素所造成的产品由盛转衰。铁路运输产品周期的长短是由客户需求与生产技术的生产周期所决定的。例如,铁路运输产品周期主要是由客户的消费方式、消费水平、消费结构和消费心理的变化所决定的。

铁路运输产品周期一般分为导入期、成长期、成熟期与衰退期四个阶段,如图 5-6 所示。产品生命周期的特点:在产品导入期,公司投钱开始产品市场推广,产品销售额从零开始,成本高于收入,利润为负值。在成长期,公司减少市场推广的费用,随着销售快速增长,利润也显著增加,从负值变成正值。产品的导入期与成长期的分隔线是利润值,当利润值为零时,公司的产品进入成长期。在成熟期,销售额增长缓慢,增长速度远低于成熟期。利润在达到顶点后逐渐走下坡路,但是利润仍然很高。在衰退期,客户对产品需求大大降低,也出现新的替代品或新技术,产品销售量显著衰退,利润也大幅度滑落。

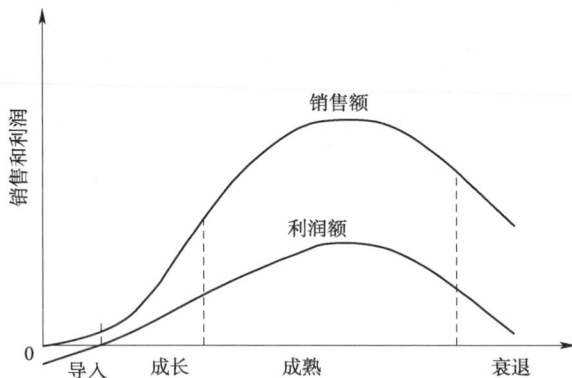

图 5-6 铁路运输产品生命周期图

在理解产品生命周期的含义时,应注意以下几个问题:

(1)产品生命周期是产品在市场上存在的时间,是无形的、抽象的,其长短主要受客户需求与偏好、科技进步等社会因素的影响。

（2）产品生命周期是就整个市场或整个行业而言的,企业的资料不能确切地反映某种产品的市场生命周期。即使是同一行业,产品的生命周期在不同的国家也可能是不同的。

（3）产品生命周期只是一条理论上的曲线。在现实生活中,由于市场营销环境的变化以及企业营销策略的改变,并不是所有的产品生命周期都完全符合这一典型曲线。有的产品可能一上市就进入成长期;有的产品可能没进入成长期就夭折了;还有的产品在经过成熟期后又进入快速增长阶段,呈现再循环曲线。

（4）科技含量越高的产品,其生命周期越短。高科技必然导致产品更新换代得更快,原有产品的生命周期就越短。

（二）产品生命周期营销策略

铁路运输产品因有铁路生产技术进入市场,200多年来,给人们带来极大便利,成为运输的主力之一。不同国家中,铁路运输产品处于不同周期阶段。现将分析铁路运输产品生命周期各阶段的特点及营销策略,不同阶段的价格、成本与销量会有各自不同的特点(图5-7)。这些特点要求企业制定不同的营销策略与之对应,以取得更好的经营效果。因为运输产品有其自身的特点,所以,在将产品生命周期理论运用于运输市场营销时,必须注意下面的要点,才能取得效果。

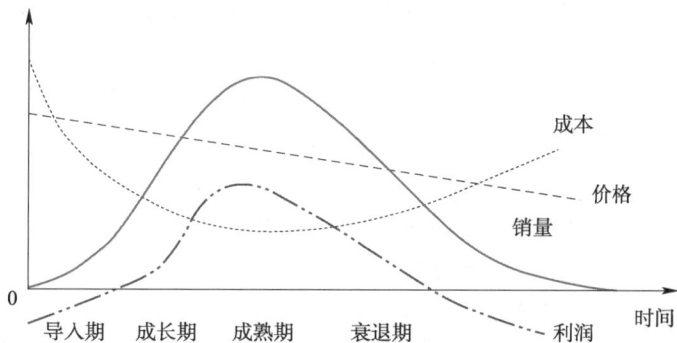

图5-7　产品价格、成本与销量在产品生命周期的变化曲线图

1.导入期

产品投放市场之初,许多人对其不熟悉、不了解,一般不敢贸然购买,只有少数人大胆试购,所以销售量较小,销售额上升缓慢。企业为使消费者了解并接受这一新产品,需要花费大量的广告及促销费用,因此,利润多为负值。

企业所处导入期营销策略是"短",企业尽量缩短产品在导入期的时间,迅速打开市场进入成长期。根据不同的情况,企业可采用以下几种策略:

（1）快速掠取策略是指企业采用高价格、高促销投入的方式推出新产品。高价是为了尽快收回投资。高促销投入是为了扩大产品影响,提高产品的市场占有率。这一策略比较适合潜在市场需求量大、消费者急于购买该新产品且能够接受此价格、企业正面临潜在竞争对手威胁的情况。

（2）缓慢掠取策略是指企业采用高价格、低促销的方式推出新产品。低促销投入可以使企业获得更多的利润。这一策略比较适合市场容量不大、消费者已对新产品有所了解且愿意高价购买、潜在竞争威胁不大的情况。

（3）快速渗透策略是指企业采用低价格、高促销投入的方式推出新产品。实施这一策略是为了迅速占领市场，获得较高的市场占有率。它比较适合市场容量大、潜在消费者对该产品不了解且对价格很敏感、潜在竞争较激烈的情况。

（4）缓慢渗透策略是指企业采取低价格、低促销投入的方式推出新产品，这一策略比较适合市场容量大、消费者对新产品有一定的了解且对价格很敏感、潜在竞争威胁大的情况。

在导入期，即推出新产品的初始阶段，铁路运输企业必须提高服务质量，从一开始便在旅客或货主心目中树立良好的形象。另外，铁路运输企业需要大力加强促销，既做广告，又搞公关，使尽可能多的人了解新产品的特色，在确定价格时，应以价格适中为限，避免价格的过高或过低。例如，在每次调整运行图之前，都应做好宣传工作，尤其先通过广告媒体，将新加开的列车的车次、时间、停车站等情况告诉旅客，使旅客对新产品有所了解。

2. 成长期

企业新产品投入市场后，新的客户纷纷追随，市场需求扩大，销售量迅速上升。另外，产品已基本定型，具备了批量生产的条件，成本和推广费相应降低，企业开始获利并能迅速增加。但是，正因为新产品能够满足一定的市场需求并创造利润，竞争者开始加入这一市场，或模仿，或改进。利润从零变成正值，竞争的出现是产品成长期的显著特点之一。

企业所处成长期营销策略是"好"，企业努力建立品牌偏好，扩大市场占有率，巩固市场地位。针对成长期的这些特点，企业可采取以下策略：

（1）不断提高产品质量，增加产品型号和种类，开发产品新的功能和用途。

（2）改变广告宣传重点。在这一阶段应以树立产品形象、争创名牌产品为重点，在赢得老客户的基础上，进一步吸引和发展新客户。

（3）开拓新的产品细分市场，进一步扩大销售。

（4）适时降价。企业选择适当的机会降低产品价格，以吸引那些对价格敏感的消费者。

在成长期，经过一段时间的生产，运输新产品已被市场所接受，这时，首先应进一步完善产品，保证产品的质量，同时要注意延伸服务项目的增加。这一时期的促销工作应放在这两个方面：从一般介绍转向创造顾客忠诚和品牌声誉；广开销售渠道，方便顾客购买。从定价方面来看，应注意竞争者动向，既不轻易降价，也要具有价格的灵活性。例如，12306 与95306 的建立，完善客运产品，优化服务流程，提高客户服务满意度。

3. 成熟期

产品在市场中无人不知，会减少知名度的宣传，侧重终端促销费用的增加；竞争的加剧既扩大了市场的需求量，也使市场需求量趋向饱和。产品品种不断增多，企业的销售增长率减缓，企业生产能力过剩，市场供过于求，竞争十分激烈，价格战的出现，往往是产品成熟期难以避免的特点，与此同时，为占领市场，促销费用提高，因而利润由缓慢上升逐渐转为缓慢下降。

成熟期营销策略是"长",企业应维持市场占有率并积极扩大产品销量,延长成熟期的时间,争取利润最大化。在这个阶段,企业应采取积极的对策,尽量延长成熟期。

(1)市场改良策略。企业通过开发新产品来寻求新的客户以扩大产品销售。其主要方式有:挖掘产品新用途,开辟新的目标市场;刺激消费者,提高使用频率;为产品重新定位,寻找新的顾客。

(2)产品改良策略。企业通过产品自身的改变来扩大销售,具体包括提高产品质量,增加产品新功能,改变产品的外观、式样,提供新的服务,等等。

(3)市场营销组合改良策略。企业通过营销组合中的一个或几个因素来延长产品的市场成熟阶段。一般采用降价、促销、增加销售网点、提高服务质量等方法刺激消费。

铁路运输企业除了不断地完善产品、增加服务之外,还要寻求新的机会,开发新的市场,并对产品进行重新定位。例如,近几年,我们在春节运输期间开发了进城务工人员客流市场,增设携程等多网络购票渠道,开行农民工专列、旅游专列,成功地吸引了这部分客流。另外,强化促销,适当降价,积分兑换车票也是吸引潜在顾客的方法之一。

4.衰退期

这一阶段,一方面,消费需求在变化,另一方面,企业竞争在加剧,两者所导致的必然结果是:一些竞争者会推出性能或规格品种较以前有所改进或不大相同的新产品,购买者随之转移了市场需求,使原产品的需求量和销售量由缓慢下降到迅速下降,利润不断减少;一些企业停止了该产品的生产,用户越来越少,以致最后该产品被迫退出了市场。

衰退期营销策略是"转",技术变化、客户兴趣减退,企业要么产品转型,要么转变客户。对处在衰退期的产品,企业通常采用以下几种策略:

(1)维持经营策略。企业继续采用以前的营销组合策略,保留原有的细分市场,直到产品从市场上完全退出为止。

(2)集中力量策略。企业将资源集中使用在最有利的细分市场和最畅销的产品上,从而缩短战线,获得最大利益。

(3)榨取利润策略。企业通过减少销售费用,降低促销水平来增加当前利润。这一策略通常作为完全退出市场的过渡措施。

(4)转移经营策略。企业停止现有产品的生产和经营,将资源转向开发新的产品的经营项目。

运输企业应主要考虑产品的转型,这不是指整个产品的转移或转轨,而是指个别不适应市场需求的"超龄"产品。只有弃旧,才能从新,才能开发新产品。例如,随着人民生活水平的提高,铁路客运中的以棚代客车已很少有人问津,包括进城务工人员客流,宁愿选择长途汽车,也不愿乘坐便宜的棚车。因此,以棚代客车这种"产品"已到了退出市场的时候了。同样,旅客慢车、零担货物运输等产品在市场无需求时,都应进入衰退期。

产品生命周期反映了商品生产的客观规律,它为企业制定产品策略及其营销策略提供了重要的依据。企业只有根据产品在市场上销售变化情况,制定相应的市场营销策略,不断地改革老产品,开发新产品,才能牢固地占领市场,赢得客户,创造良好的经济效益。

任务二　制定铁路运输价格

【任务导入案例】

国铁集团宣布自2024年4月1日起下调铁路货运价格,煤炭运费下调20%,部分路段最高下调30%。为全面贯彻落实国家降低全社会物流成本要求,近期,各铁路局集团公司纷纷下调煤炭铁路运费,优惠政策执行时段一般规定:现在开始至6月30日结束,时长一般都是2个多月,赶在进入迎峰度夏高峰期前结束。现以呼和浩特铁路局集团公司的具体优惠政策为例进行介绍。

呼和浩特铁路物流中心唐包线价格优惠政策:

(1)2024年一季度未在呼和浩特铁路物流中心管内各站发运C80大列的客户,月运量完成2列及以下,下浮9%;月运量完成2列以上部分,下浮10%。

(2)2024年一季度在呼和浩特铁路物流中心管内各站发运过C80大列的客户,月均发运不足10列的客户,当月发运C80大列增量2列及以上时,全部下浮10%。

(3)2024年一季度在呼和浩特铁路物流中心管内各站发运C80大列的客户,月均发运10列以上(含10列)的客户,当月发运C80大列增量4列及以上时,全部下浮10%。

(4)2024年呼和浩特铁路物流中心管内所有签订C80大列中长协的客户,按照2024年全年中长协月均协议运量,如当月完成月均协议运量且增量在4列及以上,全部下浮10%。

以上价格政策自合同执行之日起执行,至2024年6月30日停止执行。

呼和浩特铁路局集团公司陶思浩站C80大列到港运费优惠政策:

(1)执行日期:自合同签订之日起执行,至2024年6月30日停止执行。

(2)C80运费优惠到站:曹妃甸西站。

(3)C80运价优惠政策:2024年一季度未在呼和浩特铁路物流中心管内各站发运C80大列的客户:

①月运量完成12列及以下,下浮9%(即155元/吨)。

②月运量完成12列以上部分,下浮10%(即153元/吨)。

新疆到甘肃煤炭铁路运费优惠政策:

(1)月发运量3万吨到5万吨部分优惠10%。

(2)月发运量5万吨到15万吨部分优惠20%。

(3)月发运量超过15万吨部分优惠30%。

(信息来源:中国能用网 https://www.china5e.com/news/news-1169187-0.html,有改动)

引导问题:

1.翻阅资料,查找我国之前如何制定铁路货运的价格。

2.分析案例,呼和浩特铁路物流中心唐包线怎样调整货运价格,提供哪些优惠政策?

铁路运输企业运输旅客或货物的价格,是运输价格重要组成部分,又称铁路运费,包括铁路运输费用、装卸费和附带作业费等。

🔗 行业洞察

铁路运输价格的调整

　　鉴于铁路运输在我国经济社会发展中的重要性，政府相关部门在制定铁路运输价格时总是慎之又慎，既要充分考虑到经济利益主体和铁路系统的长远发展，又要考虑到有可能被影响到的公共利益。2013年3月14日，中国铁路总公司（2019年更名为中国国家铁路集团有限公司，简称国铁集团）成立。2015年1月，国家发展和改革委员会下发了新一轮铁路货运价格改革通知，给予铁路公司"基准价下浮不限、上浮不超过10%"的货物运输价格自主权，初步明确了铁路货物运输价格的市场化方向。这一做法表明国家在成立中国铁路总公司后，能够按照市场规律、考虑市场竞争与市场供求关系，对铁路运输价格作出改变。在此背景下，中国铁路总公司运输局下发了《关于试行整车"一口价新管内"的运输通知》，其实质是在一个铁路局范围内，铁路公司拥有整车货物运输价格自主定价权。相对于原来的铁路运输政府定价方式，这一次改革的力度可谓巨大，铁路公司第一次拥有了铁路货物运输自主定价权。从2016年1月1日起，根据国家发展和改革委员会发布的《关于改革完善高铁动车组旅客票价政策的通知》，放开高铁动车票价，改由中国铁路总公司自行定价，并给予根据市场竞争状况和客流分布等因素实行一定的折扣票价的权力。这意味着市场化转型的铁路企业拿到了"高铁定价权"。

　　中国铁路总公司进行了价格调整，涉及多条高铁线路，价格有升有降，并实施了灵活定价机制。

　　具体来说，自2024年6月15日起，京广高铁武广段、沪昆高铁沪杭段、沪昆高铁杭长段、杭深铁路杭甬段上运行的时速300km及以上动车组列车公布票价进行了优化调整。调整后的部分票价上限比当前票价有所上涨。例如，杭深铁路杭甬段杭州东站到宁波站的二等座公布票价从71元上涨到85元，涨幅约19.72%；沪昆高速铁路杭长段杭州东站到长沙南站的二等座公布票价从405元上涨到485元，涨幅约19.75%。同时，也有部分票价的最低票价降低，如武汉站至广州南站的二等座最低票价为304元，较现票价低约34%。此次价格调整是根据市场状况，区分季节、日期、时段、席别等因素，建立灵活的定价机制，实行有升有降、差异化的折扣浮动策略。这一调整旨在进一步提升高速铁路运营品质，满足旅客不同出行需求。

　　铁路货运方面也持续深化市场化改革，加快铁路现代物流体系建设，并建立了市场反应更加灵敏高效的运价机制。实施市场化浮动价格的运量占国铁总运量的57.8%，这也反映了铁路在价格调整方面的积极探索和实践。

　　（信息来源：人民网 http://jx. people. com. cn/n2/2024/1204/c186330-41063918. html、央广网 https://baijiahao. baidu. com/s？id＝17982051906609600827&wfr＝spider&for＝pc，有改动）

一、认识铁路运输价格

(一)铁路运输价格的定义和特点

中国的铁路运价是国铁集团自行制定运输价格,它的形成以运输价值为基础,在运输成本基础上加利润和税金。铁路运价按运输地区、运送方式、车辆类型、座卧席别、货物种类、运输速度、运输距离、运输条件等不同情况制定并实行差别定价。

1.铁路运输价格的含义

铁路运输价格是铁路运输产品的销售价格,是运输产品价值的货币表现,包括客运运价和货运运价。

2.铁路运输价格的特点

由于运输产品不是有形产品,其生产过程与消费过程是同时发生的,因此运输价格的特点如下。

(1)运价与距离关系密切

运输价格的制定以运输成本为主要依据,运输成本是随着运输距离的延长而增加的,而平均运输成本随着运输距离的变化表现出正相关的特征,因而运价会因运输距离的不同而有差别,如长途和短途,每个里程段的运价各不相同。

(2)运价只有销售价格一种形式

由于运输产品的消费过程与运输产品的生产过程是同步进行的,因此运价只有单一的销售价格形式,不像有形的工农业产品因流通环节不同,形成不同的价格形式,如出厂价、批发价、零售价等。

(3)运价种类繁多

运输对象不同,运输需求不同,需要提供的运输条件和运输产品也不同。不同的运输产品由于是在不同地点、不同线路上使用,其使用价值具有时间、空间上的不可替代性。由于不同旅客或货主对运输产品的服务质量需求不同,产生了多种能够满足市场需求的运输产品,这就决定了必须实行适应各种需要的多种运价。

(二)铁路运输价格种类及结构

1.铁路运输价格的种类

根据不同的划分标准,运价可分为不同种类:

(1)根据运输对象不同,运价可分为客运运价、货运运价、行李包裹运价。

(2)根据运输方式不同,运价可分为铁路运价与多式联运运价。

(3)根据适用的范围不同,运价可分为普通运价、特定运价和优待运价。普通运价是运价的基本形式;特定运价是普通运价的补充形式,适用于一定货物、一定地区、一定线路等;优待运价属于优惠折扣,如旅客运输中的学生票、季节性优惠票,货物运输中某些返空方向的货物和重去空回的容器等。

(4)根据货物的运输种类不同,运价可分为整车货物运价、零担货物运价和集装箱货物运价。

（5）根据运价费率的计算方法不同，运价可分为计时运价、计程运价、包车（包机）运价。

2. 运价结构

运价结构是指运价体系各部分构成及其相互关系，一般有以下几种形式。

（1）根据距离不同的差别运价结构

①里程式运价结构。里程式运价结构是按运输里程而制定的运价结构体系。铁路运输企业一般实行按距离递远递减差别运价结构，主要是基于运输成本随着运输里程变化而变化。按运输作业过程，运输成本包括始发到达、中转和运行三个成本。随着运输距离的增加，运输总成本也在增加。但是随着运输距离成比例增加的只是中转和运行成本，而始发到达成本是不随运输距离的增加发生变化的。因此，运输距离越长，分摊到单位运输里程的始发到达成本就越少，运输成本也就越低。

②区域式运价结构。区域式运价结构，即分区运价结构，是在一定区域范围内，不论运输距离长短，制定相同的运价，收取同样的运费。区域式运价结构是把所有人和所有的地方置于同等基础之上，可以消除对人和地方的差别待遇，运价表可以极度简化，因而大大有利于托运人和运输企业。

③基点式运价结构。基点式运价结构是把某一车站作为基点，运费总额是发送站到基点的运费加上由基点到终点站的运费。许多运价的特点是都有一基点运价，并将它与其他地点的运价建立一定的关系，基点式运价结构是不同运输方式以及不同运输线路之间竞争的结果。基点式运价结构最普遍的办法是，按规定超过或低于基点运价的差数来制定运价，所以基点式运价结构又称为"差数运价系统"。

④成组运价结构。成组运价结构，又称为区域共同运价结构，是将某一区域内发送站或到达站集合成组，在一个组内的所有各站都采用同一运价的结构。通常远组比近组适用较高的运价。

（2）根据运输对象不同的差别运价结构

①按货种类别的差别运价结构。这是指对承运的不同货物制定高低不同的运价。采用这种运价结构，主要是因为不同种类货物本身性质的差异决定了它们运输成本的差异。例如，不同类型的货物在性质体积、比重、包装等方面不同，它们要求使用的车辆、运输服务条件也会不同，因而运输成本存在较大差异。

按货种不同的差别运价是通过货物分类和确定级差来实现的，我国现行运价体制中，铁路采用分号制，公路和水运则采用分级制（它们分别将货物运价划分为若干号或若干等级，每一个运行号、运价等级都规定一个基本运价率，各类货物根据自己对应的运行号或运行等级来确定运价率）。

②按客运类别的差别运价结构。不同运输方式旅客运输在运输设备、旅行速度上差别较大，即使同一种运输方式由于所使用的设备、提供的运输服务不同，旅客所享受的舒适度也大不相同，因此，票价也存在明显差异。比如，铁路旅客运输中普通旅客列车车票、普通动车组车票、高速动车组车票价格不同；水运的客船分一至五等舱，票价不等；航空运输飞机分头等舱与经济舱，票价也不同。

二、铁路运输的定价

目前,铁路运输价格的制定主要依据《铁路货物运价规则》《铁路客运运价规则》,铁路运输价格的制定既要遵循市场规律又要考虑宏观政策。

(一)影响定价的因素

影响铁路运输定价的因素很多,既有企业内部因素,也有企业外部因素;既有主观的因素,也有客观的因素。影响铁路运输定价的因素主要有铁路运输成本、运输市场需求、运输价格政策、竞争因素四个方面。

1. 铁路运输成本

铁路运输成本是铁路运输企业在生产经营过程中发生的各种耗费,是铁路运营生产过程中活劳动和物化劳动耗费的货币表现。铁路运输企业为了维持运营以及扩大再生产,必须通过制定合理的运输价格带来一定的利润,因此运输成本是铁路运输企业制定价格时的最低界限。

铁路运输成本包括运营成本、管理费用、财务费用。运营成本是运输成本的主要部分,包括与正常运营相关的运输工具折旧费、燃料费、修理费等各项费用;管理费用是指铁路运输企业为管理和组织运营生产活动的各项费用,包括企业各项经费、劳动保险费等;财务费用是指铁路运输企业为筹集资金而发生的费用,包括企业运营期间的利息支出、汇兑净损失等财务费用。

目前,铁路运价基本是参考政策指导价格,在价格基本固定的情况下,控制成本或降低生产成本和流通费用是铁路运输企业主要的获利途径,也是铁路运输企业参与运输市场竞争的关键因素。

2. 运输市场需求

产品价格除受成本影响外,还受市场需求的影响,即受商品供给与需求的相互关系的影响。当商品的市场需求大于市场供给时,价格应高一些;当商品的市场需求小于市场供给时,价格应低一些。反过来,价格变动影响市场需求总量,从而影响销售量,进而影响企业目标的实现。因此,企业制定价格就必须了解价格变动对市场需求的影响程度。铁路运输企业制定价格可以考虑运输价格需求弹性指数。

知识拓展

运输价格需求弹性系数

反映运输市场的这种影响程度的一个指标就是运输价格需求弹性系数。运输需求价格弹性系数是指运输需求量变化的百分率与运价变化的百分率的比值。由于运价与运输需求按反方向变动,运输价格需求弹性系数就是运输需求的增加百分比与运输价格下降百分比之比,或运输需求减小百分比与运价上升百分比之比值。

影响运输价格需求弹性系数的因素非常多,具体主要包括:①运输需求替代性强弱。运输需求替代性越强,则其弹性系数越大;替代性越弱,则其弹性系数越小。②货物种类。高价值货物,其运输需求价格弹性相对较小,而低价值货物运输需求弹性相对较大。③旅客种类。一般而言,生活性旅客的客运需求弹性系数比较大,而工作性旅客的客运需求弹性系数比较小。④运输需求的时效性。运输需求的时效性可以理解为运输需求在时间上的紧迫程度。时效性越强,其运输需求价格弹性系数越小;时效性越弱,其运输需求价格弹性系数越大。⑤货物运输需求的季节性以及市场状况等。当某种货物急于上市销售或不易久存时,其运价弹性小。⑥运输需求与资源分布及工业布局关系极大,它们决定了相当部分的货运量,这些运量一经形成,其运价弹性就比较小。

市场需求是影响铁路大宗货物运输价格的另一重要因素。当铁路运输能力无法满足市场需求时,应通过提高铁路运输价格来调节市场需求;相反,当铁路运输能力远远超过市场需求时,应通过降低铁路运输价格来刺激市场需求,以避免铁路运力浪费。一般而言,铁路大宗货物市场需求会随着经济发展变化而变化。当经济快速发展时,原材料运输、能源运输会显著增加,同时产成品的运输量也会显著增加。当经济发展滞后时,原材料、能源运输会显著减少,包括产成品的运输量也会显著减少。必须适时掌握市场需求变化,及时调整铁路运价,确保铁路运力得到充分运用。

旅客运输需求中生产性旅行(如商务、公务、探亲等)需求的价格弹性较小,消费性旅行(如旅游、打工等)需求的价格弹性较大,消费性旅行需求受收入水平高低的影响,人均收入高的地区由于运输费用占收入的比例小,价格弹性小一些,而低收入的地区,运价的变动对旅行者的影响要大些,故价格弹性大。

3.运输价格政策

运输价格政策是指政府对运输业价格制定的引导、限制和规范等方面的政策。运输业在国民经济中具有特殊地位,对国民经济其他部门,尤其是贸易和工业、农业产生重要影响,政府和广大的运输服务的消费者都迫切需要长期稳定的和优质的运输服务。运输价格是构成工农业产品价格的重要因素,国家为了调整产业结构和产品结构,鼓励或限制某种商品的生产或消费,合理利用资源和均衡配置生产力,通过宏观调控的手段对企业的价格行为进行干预,使运输价格与运输价值发生一定程度的背离。因而企业定价必须遵从国家价格政策的取向。

价格形成机制即价格的管理体系,也称价格模式。我国铁路货物运价政策主要依据《中华人民共和国铁路法》、《中华人民共和国价格法》、中央和地方《定价目录》以及国家有关部门文件规定。从总体来讲,国家对铁路货物运价的规制是逐步放松的,铁路货物运价形成机制经历了由政府定价向政府指导价和市场调节价过渡的演变过程,铁路货物运价市场化定价范围逐渐扩大。

知识拓展

政府对运输价格控制的主要方法

在市场经济较为发达的国家,政府一般不采用直接的方法来控制运输价格,而是通过

《中华人民共和国反不正当竞争法》《中华人民共和国反垄断法》等一系列的法规对运输价格进行规范和调节。

1. 价格上限的确定

对可能形成的垄断或者缺少竞争的运输服务,为了防止垄断,政府一般都采取制定价格上限的方法。这种方法旨在防止过高的垄断利润出现。一般的价格上限是由政府通过对该行业进行测算,确定了企业平均生产成本和边际生产成本后再来决定。理论上讲,政府制定的价格上限应该处于由垄断定价和平均成本定价所得出的两种价格之间。这样做一方面限制了运输企业产生过高的垄断利润;另一方面由于高于平均成本而不会造成运输企业亏损。

2. 价格的审批和报备制度

价格审批是指运输企业制定运输价格在其实施之前须经政府主管部门审批。这样做是为了防止运输业垄断利润的产生。政府在审批过程中必须为每一种运输服务先找到一个价格上限。只有这样才能起到价格审批的作用。否则没有根据地批准或驳回企业价格计划具有很大的盲目性,会对运输市场产生冲击,根本无法从宏观上管理好运输价格。

价格的报备制度是一些国家(如美国、中国等)为了稳定某些运输市场(如班轮市场)而采取的一种办法。运输企业必须将其要实施的价格报其主管部门(如美国的联邦海事委员会、中国的交通运输部)备案,并规定在一定时间里不得变更其价格,实行对运输价格的限制。

3. 制定计划运输价格

制定计划运输价格是指政府代替企业来确定价格细目,并由政府公布执行。这种方法在计划经济体制下曾经广泛采用。现行的铁路运输运价也仍然是采取政府定价的方式。

4. 竞争因素

企业竞争是市场经济的基本特征,价格竞争是市场竞争的最基本的方法。处在竞争市场中的铁路运输企业在确定运输价格时,应根据企业所处的地位和所拥有的条件,采取合适的价格策略,保证企业的生存和发展。铁路运输价格的制定既要考虑运输方式又要考虑铁路运输公司之间的竞争。

为了充分利用各种运输方式,各种运输工具之间应有合理的分工。在制定运价时,必须保证铁路、水路与公路之间,干线运价与区间运价之间保持合理的比价关系。铁路运输并非在所有大宗货物运输中都具有突出优势。例如,在中短途煤炭运输中,铁路运输在运输时间、运输便利程度方面均处于劣势。因此,制定铁路大宗货物运输价格必须充分考虑可替代运输方式价格水平。以中短途煤炭运输为例,如果公路运输价格较低,而铁路运输价格仍然一如既往,铁路运输就有可能竞争失利。因此,铁路大宗货物运输价格必须与可替代运输方式运输价格衔接,确保更多大宗货物客户坚定不移地长期选择铁路运输方式,充分发挥铁路运输运力大、价格便宜的优势。

(二)定价的流程

铁路运输服务价格的制定需要综合考虑以上方面,其中铁路旅客运价的制定比较简单,而铁路货物运价因货物类型与运输条件不同更复杂。下面简单介绍定价流程,这在以后专门课程中将会深入学习。

小问题

运费是 2 倍吗？

如果在同一始发站运同样的物品，一批运 100km，另一批运 200km，第二批是第一批运费的 2 倍吗？

请同学们解决该背景问题并说明理由。

1. 铁路货运定价的流程

铁路运输的货物既有复杂的阔大笨重货物等，也有轻巧灵便的生鲜果蔬日用品等。铁路货运价格是铁路运输企业提供服务的价值体现，具体包括铁路所提供的各项生产服务消耗的补偿，包括车站费用、运行费用、服务费用和额外占用铁路设备的费用等。

知识拓展

《中华人民共和国铁道部铁路货物运价规则》（铁运〔2005〕46 号）（节选）

第一章　总则

第 1 条　根据《中华人民共和国铁路法》第二十五条之规定，为正确体现国家的运价政策，确定国家铁路（简称国铁，以下同）货物运输费用计算方法，特制定本规则。

第 2 条　《铁路货物运价规则》是计算国铁货物运输费用的依据，承运人和托运人、收货人必须遵守本规则的规定。

第 3 条　铁路货物运输费用是对铁路运输企业所提供的各项生产服务消耗的补偿，包括车站费用、运行费用、服务费用和额外占用铁路设备的费用等。

铁路货物运输费用由铁路运输企业使用货票和运费杂费收据核收。

第 4 条　国铁营业线的货物运输，除军事运输（后付）、水陆联运、国际铁路联运过境运输及其他铁道部另有规定的货物运输费用外，均按本规则计算货物运输费用。

第 5 条　铁路货物运输费用的收费项目及收费标准，应在车站营业场所公告。未经公告，不得实行。

基于定价影响因素与企业定价目标，铁路货运定价一般需要经过以下步骤。

（1）确定运价里程

运价里程是指货物从出发地到目的地的运输里程。它是计算运费的一个关键因素。对于铁路货运而言，运价里程的确定主要依据《货物运价里程表》。

一般情况下，货物从发站到到站的运价里程按最短径路计算。也就是说，《货物运价里程表》中发站到到站之间的距离是按国铁集团正式营业线最短径路（与国家铁路办理直通的合资、地方铁路和铁路局集团公司临管线到发的货物也按发、到站间最短径路）的原则编制的。这样做对货物发送单位来说运费花费小，对铁路本身来说也有利于促进合理运输，减少劳动消耗。如果《货物运价里程表》内规定有计费径路,那么应按规定的计费径路计算运价里程。

铁路运输企业的运价里程的计算方法:首先需要从《货物运价里程表》中查出发站至到站的运价里程。这通常涉及在表中查找发站和到站的站名,并确定它们之间的最短径路或规定的计费路径。如果运输过程中存在特殊情况需要绕路运输,那么应在货物运单内注明,并按照绕路径计算运价里程。在通过轮渡或进行水陆联运时,还需要将规定的轮渡里程或换装站至码头线的里程加入运价里程内计算。

(2)选择运价号

不同类型的货物对运输车型、运输条件与运输时效等要求不同,所产生的运输费用也不同。运价号是根据货物的性质和运送规定,划分的不同运费计算等级。在铁路货运中,运价号的确定主要依据货物运单上填写的货物名称,并参考《铁路货物运输品名分类与代码表》和《铁路货物运输品名检查表》。

当货物名称属于分类表中规定的详细名称时,直接适用该详细名称的类项和运价号。当分类表中未列有该货物的详细名称时,根据《铁路货物运输品名检查表》查出其属于的名称范围,然后适用该名称类项和运价号。

当一种货物有两种用途,可以适用两种名称的运价号时,应根据托运人在货物运单上记明的名称的运价号计费。当《铁路货物运输品名分类与代码表》后有附注时,还应同时适用于有关附注的规定。

整车、零担货物按货物适用的运价号,集装箱货物根据箱型、冷藏车货物根据车种分别在"铁路货物运价率表"中查出适用的运价率。整车货物运价为 7 个号(1~7 号);冷藏车货物运价加冰保车和机保车两类来确定,相当于 2 个运价号;零担货物运价分为 2 个号(21 号、22 号);集装箱货物按箱型不同进行确定,有 4 个运价号,分别为 1t 箱、10t 箱、20 英尺箱、40 英尺箱。

(3)确定计费重量

根据铁路货主的运输需求,确定运输方式分别是整车、零担与集装箱等。运输方式选定后,可以确定计费重量。其中,计费重量:整车货物以吨为单位,吨以下四舍五入;(1.2t = 1t、1.7t = 2t);零担货物以 10kg 为单位,不足 10kg 的按 10kg 计算(比如 18kg = 20kg、11kg = 20kg);集装箱货物以箱为单位,计费重量为箱数。

此时,整车运输的计费重量为吨数(四舍五入取整),零担运输的计费重量为实际重量/10(向上取整),集装箱运输的计费重量为箱数。

(4)查找运价率

运价率,作为单位运输产品的价格,是制定不同货种、不同运输距离运价率的基础。运价率主要由两部分构成:发到基价和运行基价。发到基价(基价 1)是货物在起始站和到达站所产生的固定费用,而运行基价(基价 2)则是货物在运输过程中按每吨公里(或轴公里)计算的变动费用。其公式为

$$运价率 = 发到基价 + 运行基价 \times 运价里程$$

根据确定的运价号,在铁路运价率表中查找对应的发到基价(基价 1)和运行基价(基价 2)。运价率表通常会列出不同运价号对应的基价,以及适用的运输方式和条件。使用运价

率计算公式,将查到的发到基价和运行基价代入公式,并乘以运价里程,即可得到运价率。

运价率并不是一成不变的,而是会根据市场情况、运输成本等因素进行调整。调整运价率时,需要充分考虑货物特性、运输距离、运输方式、市场需求和政策因素等多方面的因素。同时,运价率的调整也需要遵循一定的程序和规定,以确保调整的合理性和公正性。

（5）计算运价

铁路货运定价的方法只介绍货物运输费用的计算方法。遵循国家的运价政策,铁路货物运价等于发到运价与运行运价之和,其中发到运价等于发到基价与计费重量的乘积,运行运价是运行基价、运行里程与计费重量的乘积。货物运价计算方法如下:

$$运价 = （发到基价 + 运行基价 \times 运价里程）\times 计费重量$$

此外,运输方式主要是整车、零担与集装箱,零担货物运价无论计算出的运费是多少,每批货物最低运费为 2 元。

除了上述的基本运价外,铁路货运还可能涉及一些其他费用,如电气化附加费、铁路建设基金、取送车费、表格费、印花税、装卸费等。这些费用都有专门的计费标准,需要根据实际情况进行计算。

2. 铁路客运定价的流程

铁路客运价格,即铁路旅客票价,按旅客乘坐的列车等级和车辆类型分类,分为普通票价、加快票价、卧铺票价和市郊票价。具体铁路客运价格以国务院铁路主管部门公布的票价表为准,在此只简单介绍铁路客运的定价流程。

定价流程是以每人千米的票价为基础,按照规定的旅客票价里程区段,采用递远递减的办法确定,具体如下。

（1）确定运价里程

旅客从出发地到目的地是运输里程,即运价计算里程。运输里程被分为不同的运输里程区段,所有运输里程区段之和就是运价里程。运输里程区段的划分:①确定划分多少个区段;②确定每个区段包括里程的长短。一般的原则是既要简化运价制度,适当延长里程区段,又要保证各里程区段运价的合理性。

计算铁路旅客运输的价格时,并不是完全按运输里程计算的,而是考虑旅客较合理地支付票价,将运输里程分为若干区段,对同一里程区段,核收同一票价。旅客票价要按里程区段划分,各区段的票价按区段的中间里程计算。

（2）选择票价率

票价率包括基础票价率与各种区段票价率。旅客票价以硬座客票票价率为基础,其他各种票价率均以它为基准制定。当硬座客票基础票价率确定后,其他各种票价率就按其加成或减成比例计算。

（3）采用递远递减计费方式

现行铁路旅客票价递远递减办法:对市郊票价以外的各种票价,制定统一的递远递减率。市郊旅客的乘车里程不超过 100km,故票价不实行递减。

（4）计算客运运价

明确票价里程区段、选择基本票价率、选择递远递减率以后,即可计算旅客票价。铁路

旅客运价等于各里程区段的票价率与票价里程乘积的总和,即

运价 = 票价率$_1$ × 运输里程$_1$ + 票价率$_2$ × 运输里程$_2$ + ⋯ + 票价率$_n$ × 运输里程$_n$

铁路运输企业将初步制定的票价方案进行公示,以便社会各界了解并提出意见和建议。铁路运输企业可通过召开听证会,听取旅客、专家和其他利益相关者的意见,对票价方案进行进一步的调整和优化。将经过批准的票价方案进行公布,并正式实施。对票价执行效果进行监测,及时收集旅客反馈和市场变化信息。根据监测结果,对票价方案进行必要的调整和优化,以确保其适应市场变化并满足旅客需求。

(三)定价的方法

中央政府办的铁路客货运价由铁道部门提出,经物价部门审核后报国务院核定,集中管理。全国运价基本一致,其中临时营业铁路和未与铁路网接通的营业铁路货物运价另行规定。装卸费按各铁路局集团公司和各省、自治区、直辖市物价局制定的费率执行。地方铁路运价由各省、自治区、直辖市政府主管部门自行规定,报省级政府批准。兼营公共旅客、货物运输的专用铁路和铁路专用线的收费项目和标准,由省、自治区、直辖市物价主管部门规定。对军事运输、水陆联运、国际铁路联运过境运输的铁路运价,另有规定。铁路货物运输中,特殊货物运价、其他费用在此不计算。

1. 铁路货运定价方法

(1)按整车运输方式计费

铁路整车运输是指一批货物的重量、体积、形状或性质需要一辆标记载重量及其以上货车运输的货物运输。铁路货物使用整车运输,其计费重量要按照车辆的标记载重计费,在不超过车辆标记载重的情况下,不论装多少,价格都一样,类似于公路运输的整车运输,或者说是包车运输。整车货物每吨运价 = 整车货物每车运价 = 每吨运价 × 计费重量,主要用这种方式计费的货物有煤炭、油品、铁矿石、粮食、化肥等。具体计算公式如下:

整车运输运价 = (发到基价 + 运行基价 × 运价里程) × 计费重量

一般按货车标记的重量作为计费重量,货物重量超过标重时,按货物重量计费。例如,标重为50t的车装40t的货物计费重量为50t;标重为50t的车装51t的货物计费重量为51t。

课堂范例

整车运输运价计算的范例

例1:上海东站发衡阳站焦炭一车重42t,用50t货车一辆装运,计算其运费。

解题思路:焦炭为煤炭,使用整车运输,查《货物运价里程表》上海东站—衡阳站运价里程为1267km,查《铁路货物运输品名检查表》知焦炭的运价号为5号,再查运价率表,运价为5号,发到基价为10.20元/t,运行基价为0.0491元/(t·km)。使用公式计算运费。

解:

根据题意知:本次运输的运价为5号,计费重量为50t。

按照运价公式:运费 = (10.20 + 0.0491 × 1267) × 50 = 3620.49(元)。

故：运费为 3620.5 元。

例 2：从郑州北站发广州东站块煤一车，重 52.6t，用一辆 50t 的车装运，计算其运费。

解题思路：焦炭为煤炭，使用整车运输，查货物检查表，块煤运价号为 4，再查运价率表，运价号为 4 号的发到基价为 9.3 元/t，运行基价为 0.0434 元/t，从郑州北站到广州东站的运费里程为 1638km，使用公式计算运费。

解：

根据题意知：本次运输的运价为 4 号，计费重量为 53t。

按照运价公式：运费 = (9.3 + 0.0434 × 1638) × 53 = 4260.6276(元)。

故：该批货物的运费为 4260.6 元。

（2）按零担运输方式计费

铁路零担运输是常见主要铁路运输方式之一。不够整车运输条件的，按零担托运。货主需要运送的货不足一车，则作为零星货物交运，承运部门将不同货主的货物按同一到站凑整一车后再发运。一批托运的货物，其重量或体积不需单独一辆货车装载运输。世界各国对零担货物的起码重量、体积、件数等都有限制性的规定。

零担货物每批的起码运费为 2.00 元，发到运费为 1.60 元，运行费为 0.40 元。我国铁路规定：按零担托运的货物，一件的体积不得小于 0.02m³（一件重量在 10kg 以上的除外），每批不得超过 300 件。铁路合作组织在《国际铁路货物联运协定》中规定一批货物重量小于 5000kg，按其体积又不需要单独一辆货车运送的货物，即零担货物。零担货物运费计算公式如下：

零担运输运价 = (发到基价 + 运行基价 × 运价里程) × 计费重量

= 发到基价 × 实际重量/10 + 运行基价 × 运价里程 × 实际重量/10

零担货物的计费重量以 10kg 为单位，不足 10kg 进为 10kg。针对轻泡货物，比较其货物实际重量与体积重量，取大值作为计费重量。体积重量 = 300 × 货物体积，单位为千克。货物体积是由货物的长宽高相乘，它的计算单位为米，小数点后取两位小数（以下四舍五入），体积计算单位为立方米，保留两位小数，第三位四舍五入。

课堂范例

零担运输运价计算的范例 1

例 1：某站发送一批零担货物，重 225kg，体积为 0.82m³，确定计费重量。

解题思路：零担货物的实际重量为 225kg，体积重量：0.82 × 300 = 246(kg)

因 225kg < 246kg，即实际重量小于体积重量，取体积重量 246kg，又因计费重量以 10kg 为单位，不足 10kg 进为 10kg，故计费重量为 250kg。

例 2：广安门发包头车站灯管 4 件，重 46kg，货物每件长 1m，宽 0.35m，高 0.16m，经查得：广安门至包头运价里程为 798km，灯管货号为 22 号，试计算运费。

解题思路：查运价率表，运价号为 22 号的发到基价为 0.165 元/10kg，运行基价为 0.0007 元/10kg。货物总体积：4 × 1 × 0.35 × 0.16 = 0.22(m³)，折合重量为：300 × 0.22 = 66(kg)，又

因实际重量是46(kg),所以计费重量为70(kg)。

发到运费 = 发到基价 × 计费重量 = 0.165 × 70/10 = 1.155(元)。

低于起码运费:因此发到运费为1.6元。

运行运费 = 运行基价 × 运行里程 × 计费重量 = 0.0007 × 798 × 70/10 = 3.91 = 3.9(元)。

所以运费为:1.6 + 3.9 = 5.5(元)。

零担货物运输中,若一个运单内有两种或多种不同的零担货物,应该先分析货物类别,确定运输里程,选择运价号与运价率。货物运价率相同的合并计算,运价率不同的应分项计算。

①当不同货物的运价率相同时,重量应合并计算。

例如,双轮摩托车和三轮摩托车各两辆,按一批托运,该批货物中两种货物的运价率相同,应先合并重量,合并填写与计算。

②当不同货物的运价率不同时,应分项填写重量,择高合并计算。

运价率不同的零担货物在一包装内按一批货物托运时,按该批货物中运价率高的计费。

课堂范例

零担运输运价计算的范例2

例:某托运人从西安发到锦州站暖水瓶5件,搪瓷杯10件,共重364kg,总体积1.2m³,经查,运价里程为1698km,计算运费。

解题思路:暖水瓶运价号为22,搪瓷杯为21,因此选择运价号为22的货物。查运价率表,运价号为22号的发到基价为0.165元/10kg,运行基价为0.0007元/10kg。

体积:1.20m³,体积重量:300 × 1.20 = 360(kg),实际重量为364kg,实际重量 > 体积重量,以10kg为单位,计费重量:370kg。

故:运费 = (0.165 + 0.0007 × 1698) × 370/10 = 50.08 = 50.1(元)。

(3)按集装运输方式计费

铁路集装箱形式进行的货物运输是铁路货物运输的种类之一,列车为集装箱列车。只要是能装入集装箱的,不论什么品类,只与距离、箱型有关。40英尺、20英尺箱子的价格不一样。当然,根据市场,可以对集装箱运价进行议价。在集装运输中,货物运价的计费重量变成箱数,货物每箱运价等于运行基价与运价里程乘积,再加上发到基价。集装运输运价等于所有箱数运价之和。具体公式如下:

集装运输运价 = (发到基价 + 运行基价 × 运价里程) × 箱数

课堂范例

集装运输运价计算的范例

例:攀枝花到重庆北站运送铁矿石,总重76t,总体积110m³,可采用10t箱集装箱和20

英尺箱装运。已知:20英尺箱体积约为28m³。问:采用哪种集装箱运送合适?

解题思路:查运价里程表,攀枝花到重庆北站运价里程为1064km。

1. 选择10t集装箱型时

箱数为$76/10 = 7.6 \approx 8$(个)。

集装运输运价$= (118.5 + 0.4234 \times 1064) \times 8 = 4551.98$(元)。

2. 选择20英尺集装箱型时

箱数为$110/28 = 3.9 \approx 4$(个)。

集装运输运价$= (215 + 0.9274 \times 1064) \times 4 = 4807.0144$(元)。

选择价低的箱型,采用10t箱集装箱运送合适。

2. 铁路客运定价方法

铁路客运价格由基本运价和保险费两部分组成(加快票和卧铺票不计保险费)。基本运价(票价)的计算,除初始区段不足起码里程按起码里程和最后一个区段按中间里程计算外,其余各区段均分别按其区段里程计算,根据各区段的递减票价率求出各该区段的全程票价和最后一个区段按中间里程求出的票价加总,即基本票价。

基本票价 = 票价率$_1$×运输里程$_1$+票价率$_2$×运输里程$_2$+…+票价率$_n$×运输里程$_n$

保险费按硬座客票基本票价的2%计算(不论软、硬座客票),并以角为单位(角以后的小数进整到角)。

$$保险费 = 基本票价 \times 2\%$$

将基本票价与保险费相加即旅客硬座票价,尾数元以下按四舍五入处理。但半价票价、市郊单程票价及折扣票价以角为单位,不足1角的尾数,按四舍五入处理。

票价的计算公式如下:

$$票价 = 基本票价 + 保险费$$

普通硬座票价是旅客票价的基础,其他各种票价均以此为基础加成或减成计算。具备旅客票价构成的三要素——基本票价率与票价比例关系、票价里程区段、递远递减率以后,即可计算旅客票价。

课堂范例

铁路客运运价计算的范例

例:A城市—B城市客运运价里程为1112km,按运价里程区段划分属1101～1150km区段,该区段间距为50km,计算运价。

解题思路:A城市—B城市的票价里程为1101～1150km的中间里程,即1125km。

$F = 0.05861 \times 200 + 0.05275 \times 300 + 0.04689 \times 500 + 0.04103 \times 125 = 56.12075$(元)。

$B = 56.12075 \times 2\% = 1.122415 \approx 1.20$(元)。

$YZ = 56.12075 + 1.2 = 57.32075 \approx 57.00$(元)。

三、铁路运输价格策略

定价策略是企业开展营销活动时使用营销组合中一个十分关键的组成部分。铁路运输价格通常是影响交易成败的重要因素,也是铁路运输市场营销组合中最难以确定的因素。铁路运输企业定价的目标是促进销售,获取利润。这要求铁路运输企业既要考虑成本的补偿,又要考虑铁路运输客户对价格的接受能力,从而使定价策略具有买卖双方双向决策的特征。

(一)新产品定价策略

铁路运输服务的定价策略一般要随产品生命周期的变化而相应改变。在产品生命周期的各个阶段中,处于投入期的新产品的定价策略,是一个十分重要的问题。在激烈的运输市场竞争中,铁路运输企业为增强自身的竞争优势,提高竞争能力,在不断改善原有运输产品的基础上,还必须根据运输市场的需要,研究、开发一些铁路运输新产品。例如,根据"一带一路"运输市场需要,铁路运输企业不断推出中老铁路线路等各种班列。常见新产品定价策略如下。

1. 撇脂定价策略

撇脂定价策略是一种高价策略,即在新的运输方式或项目开拓时期,运价定得很高,以便在较短的时间就获得最大利润,尽快回收资本。采用此策略的条件是产品创新性较强,质量过硬,竞争对手少。随着铁路运能的增长,铁路有能力开发更快更好的货运产品,这类新产品更能满足货主的需求,此时,可适当地采用撇脂定价策略。对某些时效性要求特别高的产品,或在季节性运能紧张时,在不同路段、不同区域可适当地采用撇脂定价策略。

2. 渗透定价策略

渗透定价策略是一种低价策略,即在新产品投入阶段以低价投放市场,便于迅速扩大销量、提高市场份额。此策略的优点在于低价微利,以阻止竞争者的参与。低价容易占领市场,较快建立品牌知名度。此策略的缺点是价低利薄,投资收回期长。采用此策略的条件是产品需求弹性大、市场已被他人领先,或是企业为了排斥竞争和开辟新市场。面对铁路在运输市场占有率日趋下降的形势,对铁路货运新产品采用渗透定价策略尤为重要。例如,采用降低货运杂费,以及充分利用空车回送、顺路装车的优惠价格吸引货主的办法,积极为货主提供最佳运输方案,降低货主的运输成本。

3. 满意定价

许多企业对新产品既不定高价,也不定低价,而确定在一个中价。中价即"满意价格"。高价和低价各有利弊,各有一定的风险,中价介于两种价格水平之间,取两者之利,弃两者之弊,应该说是一种较为公平、正常的价格。在大多数情况下,企业往往会选择一种对消费者、生产者和中间商都相对有利的满意价格,不太高,也不十分低。在铁路货运新产品刚推出的投入期,其价格不宜定得过高。铁路运输企业应把货运新产品的运价控制在一个合适的水平,充分发挥铁路运输价格的优势,扩大其市场占有率,在激烈的竞争中取胜。

(二)产品组合定价策略

产品组合定价策略,是指当某种产品只是产品组合中的一部分时,企业需要制定一系列的价格,从而使整个产品组合取得整体的最大利润。产品组合定价策略一般有产品线定价和单一价格定价。对于铁路运输,一般采用产品线定价。产品线定价是指当企业生产的系列产品在需求和成本存在内在关联时,要依据产品在产品线中的不同地位而制定不同的价格。例如,铁路集装箱各箱型运输价格的制定需考虑货主需求结构、各箱型的供应数量与发展方向、运输成本等综合确定,以便使企业整体收益最大。

课堂知识

铁路货运产品组合定价范例

铁路运输企业的货运服务的关联程度非常高,适合组合定价。国外企业价格策略具体方式主要有以下几种:

(1)激励运价。单车按载重分段计价,低吨位、高价位,高吨位、低价位,旨在鼓励多装多运,但规定了最小装载重量。

(2)整车运价。低于非整车运输运价,但规定了整车运输的最小装载重量。

(3)多车运价。多车运价适用于5车以上、25车以下的运量。多车运价的依据是多车运输的改编成本低,这种运价同样规定了每辆车的最小装载重量,可用于大宗稳定客户,如矿产品、煤炭客户等。

(4)混装运价。不同类别的货物混装比单独装载某类货物的运价低,专门与卡车运价竞争。这种运价只按质量计费,而不考虑货物类别,特别适用于零售连锁业、货运代理商、货主同盟,以及小包裹或邮件服务商。

(5)整列运价。铁路为货主提供优惠运价,但货主必须保证一定的运量,并且一旦开出,即按整列计算,而不考虑编组情况。在合同运价中,如果货主同意减免铁路的运输责任,如降低对货损的赔偿要求,则可以得到更多的运价优惠。

(三)心理定价策略

心理定价策略是运用心理学原理,根据不同类型的用户在购置运输效劳时的不同消费心理来制定价格以诱导用户增加购置的定价策略。其主要策略有以下两种:

(1)分级定价策略:在定价时把同种运输分为几个等级,不同等级采用不同的运输价格。例如,高铁动车票分为商务票、一等票与二等票。

(2)声誉定价策略:根据用户对某些运输企业的信任心理而使用的价格策略。

(四)折扣定价策略

折扣定价策略是指企业为了鼓励顾客大量购置、淡季购置、及早付清货款等,可酌情降低其根本价格的定价策略。这种调价称为价格折扣,主要有以下几种。

1. 现金折扣

现金折扣是企业对以现金付款或提前付款的用户给予一定比例的价格折扣优待。现金折扣是对在规定的时间内提前付款或用现金付款者所给予的一种价格折扣,其目的是鼓励客户尽早付款,加速资金周转,降低销售费用,减小财务风险。例如,在铁路运输交易中的交易结算,货款的回收周期有时会很长,为了尽快收回费用,可以给予一定折扣。

2. 数量折扣

数量折扣是因用户托运货物数量大所给予的折扣优惠。对煤炭、石油、粮食、棉花等与经济发展和人民生活水平关系密切,或铁路与其他运输方式相比优势明显的大宗货物运输,实行政府指导价,即对经营性大宗货物(如煤、矿石、建材等)实行基准价,允许在基准价基础上有一定的上下浮动范围。以实际运输成本为依据,合理制定基准价和浮动幅度。基准价主要根据运输成本、利润和税金来确定,上下浮动幅度则主要参考当前的供求状况、运输替代品价格等因素,以此控制价格水平变动对社会经济生活的影响。而其他大宗货物(如钢材、木材等)可给予相应的价格折扣,以鼓励货主与铁路企业建立长期稳定的合作关系,减小企业的经营风险。

3. 季节折扣

季节折扣是运输企业刺激客户因季节变少的运输需求而给予一定折扣。运输生产的季节性很强,在运输淡季时给予一定的价格折扣,有利于刺激消费者均衡需求,便于企业均衡组织运输作业。运输生产的季节性很强,尤其是农副产品、鲜果蔬菜、日常用品(如空调、电风扇等),在运输淡季时给予一定的价格折扣,有利于刺激货主均衡需求,便于运输企业的均衡运输组织工作。实行季节调价运价不同季节的货源有不同的特点。

4. 代理折扣

代理折扣是运输企业给运输中间商(如代理商)的价格折扣。铁路运输企业通过运输代理将众多的货主和铁路联系起来,组织大量稳定的货源,把小批量的货物集中为成组货物。例如,运输代理集中办理复杂的运输手续,为货主提供"门到门"的优质服务等,通过运输代理对货主实行全程一口价策略,从而给货运代理商一定的价格折扣。

5. 回程和方向折扣

在回程或运力供给富裕的运输线路与方向给予价格折扣,以减少运能浪费。对空车方向顺路装车、大批量运输,与其他运输方式进行竞争,以及其他特殊情况的货源,可给予价格折扣。

6. 复合折扣

在竞争加剧环境下,同时采用多种折扣组合,争取顾客购置,如给予货主或旅客在本企业办的饭店、旅馆中住宿的优待等。

(五)分时定价策略

分时定价策略是指根据不同时段、不同运输需求来制定不同的运价。在铁路运输中,分时定价策略适用于客运和货运领域。

1.客运分时定价

铁路客运针对节假日、周末、工作日等不同时段，根据旅客出发时刻的规律，合理地安排列车开行方案，并制定科学的时段票价。例如，在节假日和旅游旺季，可以适当提高运价以反映运输市场的供求关系。

2.货运分时定价

铁路货运也可以根据不同时段、不同运输需求来制定运价。在运输需求高峰期，可以适当提高运价以平衡运输供给；在运输需求低谷期，则可以降低运价以吸引更多的货源。

（六）动态定价策略

动态定价策略是指根据市场变化、客户类型、运输距离和货物类型等多种因素，灵活调整运价以适应市场需求。动态定价策略，即调价策略，就是铁路运输企业在不断变化的市场竞争环境中，采取调价方式（降价或提价、下浮或上浮），适应运输市场的一种价格策略。

铁路运价稳定，有利于国民经济的发展和社会的稳定，但铁路运价不可能是一成不变的，运输市场是动态的，铁路运价也应随着市场的变化而及时调整。这是价值规律在铁路运输生产经营活动中的具体表达，也是最根本的运输市场运动规律。因此，调价策略是铁路运输企业适应市场竞争的一种重要的价格策略。调价的形式一般包括以下几种。

1.调低价格策略

调低价格的原因主要有三点：

（1）产品供过于求，造成大量积压，占用大量流动资金，企业为了摆脱困境，保持生产正常运行，应采取降价策略。

（2）在激烈的市场竞争中，企业的市场占有率逐渐降低，为了夺回失去的市场和占有更大的市场，也可采用降价策略。

（3）产品成本降低，继续按原价出售，虽然可以得到超额利润，但市场占有率不高，总利润额不能得到较快增长，为了扩大市场占有率，也可采取调低价格策略。

2.调高价格策略

调高价格的原因主要有以下两点：

（1）产品供不应求，企业的生产不能满足市场需求，采用调高价格策略，能促进生产开展，限制消费，从而实现供求平衡。

（2）由于使用原材料价格上涨等原因造成产品成本提高的情况下，企业应考虑提高价格。

■ 知识拓展

铁路货运的调价策略

铁路货物运价的加成率与减成率是运价调整的重要手段，它们分别基于不同的运输条件和需求来确定。

1.加成率

加成率通常适用于特殊条件或特定货物的运输。在铁路货运中，加成率可能因以下原因而应用。

(1) 货物特性

①快运货物:由于需要更快的运输速度和更高的服务标准,运费通常会加收一定比例。

②超限货物:由于尺寸或重量超出标准,运输难度增加,因此需要加收运费。

③使用特种货车:如冷藏车、机械冷藏车等,需要额外的设备费用和维护成本,因此运费会相应增加。

(2) 运输条件

根据相关政策,军运货物可能享有优惠运价,但也可能因特殊需求而加收运费。例如,限速运输、使用特殊运输方式等其他特殊条件,都可能导致运费加收。

2. 减成率

减成率则通常用于鼓励托运人采取更经济、高效的运输方式,或为了吸引更多的运输业务。以下情况可能适用减成率。

(1) 运输距离

随着运输距离的增加,每吨千米的运输成本逐渐降低,因此铁路货运通常实行递远递减运价。这意味着长距离运输的货物可能享有更低的运价。

(2) 货物增量

为了鼓励托运人增加运输量,铁路部门可能对新增的运输量给予运价优惠。例如,对管内货运增量用户、公转铁运输用户等给予运价下浮优惠。

(3) 特定政策

根据国家政策或铁路部门的特定政策,可以对某些货物或运输方式给予运价优惠。例如,为了促进煤炭等大宗货物的铁路运输,铁路部门可能下调煤炭运费。

(4) 运输组织优化

为了提高运输效率,铁路部门可能鼓励托运人采取更优化的运输组织方式。例如,对同一发货人组织装车发往同一到站不同收货人或同一国境站换装出口的整装零担货物,给予运价优待。

铁路货物运价的加成率与减成率是运价调整的重要手段,它们的应用有助于实现运价的灵活性和合理性,促进铁路运输的发展。在实际操作中,应根据具体货物的特性和运输条件,合理选择加成率或减成率,并确保运价调整的公平性和透明度。

3. 产品生命周期各阶段的调价策略

采用这种策略时,在投入期采用与新产品定价策略相同的策略。在成长期,产品价格一般保持平稳,但在市场竞争激烈,或经济形势不佳时,适当降低产品价格。在成熟期,产品竞争最激烈,企业在较低成本的基础上,适当调低价格,可增强产品竞争能力,扩大市场占有率。在衰退期,可采取大幅降价措施,迅速将产品销售出去。

4. 市场导向调价策略

根据市场需求和客户群体特点,采取差异化定价策略。针对不同类型客户,如长期合作伙伴和大客户,提供优惠运价和定制化服务;对于零散客户和小客户,则采取相对较高的运价以保证盈利空间。

5. 区域差异化调价策略

根据不同区域市场的供求关系和经济环境,采取区域差异化的定价策略。在运输需求大、市场竞争激烈的区域,适当降低运价以吸引货源;在运输需求较小、市场较为封闭的区域,则适当提高运价以保证盈利水平。

例如,一些地方铁路(包括合资铁路)具有灵活的运价政策,可以根据货物品类、地区差异、行业运输环境、季节特点、车种别等不同条件,制定相应的运价政策。

铁路运价改革在运价形成机制和运价管理权限方面,进行了有益的探索和尝试,初步形成在统一运价的基础上,新路新价、优质优价、浮动运价、区域运价以及专项本钱补偿运价等多种运价形式并存的局面。因此,铁路运输企业开展市场营销时,根据市场经济和铁路运输的规律,采取适当的变价策略,充分发挥价格优势,增强市场竞争力。

课堂知识

铁路货运产品调价策略

铁路货运产品调价策略主要包括:

(1)对空车方向顺路装车、大批量运输,或在某些线路区段与其他运输方式进行竞争时,可实行运价下浮。

(2)为促进集装箱运输开展,提高铁路与公路,水运的竞争能力,对集装箱回空装运大宗货物实行优惠运价。

(3)对不同季节、不同时间的运输产品,可实行不同运价或收费标准。例如,在运输旺季实行运费上浮,在运输淡季实行运费下浮,运用价格杠杆调节运量变化。

但是应注意,铁路货运价格的调整需与整个社会化大生产和国民经济相适应,并考虑到货主、企业的生产经营状况和对货运产品的需求情况,不能盲目调价。

各铁路局集团公司分局由于所处地理位置不同,经济发展水平不同,客户需求不同,对运价的承受能力不同,因此在运价浮动的权限内,根据各自情况实行不同的运价调价策略。

任务三　设计铁路运输渠道

【任务导入案例】

为方便客户,客户可选择多种方式联系发货:①拨打各铁路货运站受理服务电话;②拨打中国铁路客户服务中心12306客服电话;③在中国铁路客户服务中心网站(http://www.12306.cn)点击"我要发货";④到铁路货运营业场所直接办理发货;⑤由铁路营销人员直接上门服务,帮助客户办理发货。

(信息来源:https://www.12306.cn/mormhweb/hyfw/hyquestion/201306/t20130607_2079.html,有改动)

引导问题:

1. 翻阅资料,铁路旅客在哪些地方可以买到火车票?
2. 分析案例,请回答,货主可以通过哪几种方式联系上铁路运输企业?

一、认识铁路运输渠道

(一)铁路运输渠道的定义和特点

铁路运输渠道,即运输产品分销渠道,是将运输服务从铁路运输企业转向铁路运输客户所经过的由企业和个人连接形成的通道。铁路运输渠道只取决于运输企业的运力和销售活动,不存在所有权的转移。所谓没有所有权的转移,是指铁路客户只消费铁路运输服务,并不能占有铁路货运站场、运输设备等。

铁路运输渠道一般是指分销渠道,起点是铁路运输企业,即提供铁路运输服务的卖方;终点是铁路运输客户,即铁路运输服务的需求企业或个人;从起点到终点可能需要一些中间环节,即帮助铁路运输产品顺畅转移的中间企业或个人,也称为中间商。铁路运输渠道模式图如图5-8所示。

铁路运输企业		铁路运输客户
铁路运输企业	中间商	铁路运输客户

图5-8　铁路运输渠道模式图

课堂知识

中　间　商

中间商是指在生产者与消费者之间参与商品交易业务,促使买卖行为发生和实现的、具有法人资格的经济组织或个人。它是连接生产者与消费者的中介环节。

中间商从不同的角度可以分为许多类型:按是否拥有商品所有权,可分为经销商和代理商,其中经销商是在商品买卖过程中拥有商品所有权的中间商;按其在流通过程中所起的不同作用,又可分为批发商和零售商,批发商是不直接服务于消费者的中间商。

此外,广义的中间商还包括银行、保险公司、运输公司、仓储公司、进出口商人、一切经纪人等。但是,从分销渠道的中间商类型来看,只有代理商、批发商和零售商。

(二)铁路运输渠道的中间环节

铁路运输企业渠道的中间环节是指连接运输企业与终端客户之间的各类组织或个人,通常称为中间商,其核心作用为整合资源、优化流程并提升运输效率。这些中间环节的存在使得铁路运输企业能够更广泛地覆盖市场,提高运输服务的效率和扩大覆盖面。然而,这些中间环节也存在一些缺点,如中间环节多可能导致货流速度减慢、运价加成多、信息沟通不畅等问题。

中间商的广泛分布能使铁路运输企业的产品销售覆盖面更广;中间商的介入能帮助铁路运输企业及时回收资金,缩短资金周转周期;中间商能帮助铁路运输产品更好地匹配与满足铁路运输客户的需求。

在实际的分销活动中,铁路运输企业的中间商一般有代理商与经销商。

1. 代理商

代理商是指被铁路运输企业委托代理销售业务的企业或个人,如货运代理、客运代理、售票点、揽货点与代办处等。铁路运输企业的代理商是指在买卖之间起媒介作用,从中赚取佣金的企业或个人。它对铁路运输产品不拥有所有权,即不会先付钱购买产品,利用时空差异再转卖出去。铁路运输企业的产品生产离不开庞大的铁路路网、铁路机车与铁路站场,而生产与消费同时发生,因此铁路运输企业的代理商的数量明显少于其他物流企业。

课堂知识

代理商的类型

代理商按照不同的方法有不同的分类(表5-1)。根据委托人给予代理人的权限,代理商可以分为独家代理、一般代理和总代理等;根据代理的业务内容,代理商可以分为商品代理、保险代理、证券代理、旅行代理、广告代理、投标代理等。下面就将各种主要类型的代理做一些简要说明。

主要类型的代理　　　　　　　　　　　　　　　　　　　　　　　　　　　表 5-1

序号	类型	特点
1	独家代理	委托人只给予一家代理商在一定地区和一定期限内的代理权
2	一般代理	委托人在某一地区和一定时期内委托几家代理商代理其经营业务,也可在代理区域内直接招揽顾客
3	总代理	在指定的地区和一定期限内除了享有独家代理的权利外,还代委托人进行全面的业务活动
4	销售代理	代理商品的销售业务

续上表

序号	类型	特点
5	保险代理	受保险人的委托,以保险方名义代为订立或媒介订立保险合同的代理业务
6	证券代理	接受证券发行公司的委托,代替该发行公司办理一切证券发行业务
7	旅行代理	以旅客的名义,为旅客办理一切旅行手续的代理业务
8	投标代理	以厂商的名义,代理厂商参与国内外招标活动的商务代理行为
9	广告代理	以顾客的名义,为顾客计划、制造、制作以及安排广告的商务代理活动
10	运输代理	以运输公司名义,代理运输公司招揽货物和旅客以供运输公司运送

2. 经销商

经销商是指将产品买进来再卖出去的企业或个人。经销商有两种形式,即批发商与零售商。批发商是指从生产企业购进产品,然后转售给零售商、产业用户或各种非营利组织。批发商不直接服务于个人消费者和商业机构。零售商是指将商品直接销售给最终消费者的中间商。

铁路运输企业的运输活动的开展离不开仓储、配送与装卸等物流企业,也离不开公路运输、水路运输或航空运输的支持,铁路运输企业的产品成为物流产品中的一部分。例如,多式联运的企业通过整体低价购买铁路运输产品后整合成新物流服务,高价销售给货主。又如,旅行社通过团购低价购买客运车票,整合形成旅行服务,旅行社也可被称为经销商。

课堂知识

批发商与零售商的区别

批发商是以转卖者和生产者为服务对象,不直接服务于个人消费者的商业机构;零售商是以终端消费者(个人或集体)为服务对象,直接服务终端消费者的商业机构。两者区别如下:

1. 交易数量和频率不同

批发商提供转卖和加工生产的买卖活动,所以批发商具有拥有大量的货物、交易量大、交易频率低等特点,属资金密集型行业;而零售商则一般是零星交易,频率很高。

2. 在流通过程中所处的位置不同

批发商处于流通过程的起点和中间环节,当批发交易结束时,商品流通并未结束;零售商处于流通过程的终点,商品售出后就离开流通领域,进入消费领域。

批发是指将商品或服务售于那些为了将商品再出售或为企业使用而购买的顾客时所发生的一切活动;而零售是指商品经营者或生产者把商品卖给个人消费者或社会团体消费者的交易活动。

(三)铁路运输渠道的类型

渠道通常由制造商、代理商、批发商、零售商及其他辅助机构组成。他们为使产品到达企业用户和最终消费者而发挥各自职能,通力合作,有效地满足市场需求。良好的营销渠道不仅要通过在合适的地点以合适的质量、数量和价格供应产品或服务来满足需求,而且要通过渠道成员的各种营销努力来刺激需求。铁路运输渠道的类型如下。

1. 按照有无中间环节分类

铁路运输渠道按照有无中间环节可分为直接分销渠道与间接分销渠道两种。

直接分销渠道是指生产者将产品直接供应给消费者或用户,没有中间商介入。它又称为直销,大部分铁路运输企业选择直销。间接分销渠道是指生产者利用中间商将商品供应给消费者或用户,中间商介入交换活动。日用品生产者通常会建立间接分销渠道,让产品快速进入市场。

2. 按照中间环节的个数分类

按照中间环节的个数铁路运输渠道可分为长渠道和短渠道两种。

长渠道是指产品经过两个及以上中间环节后到达消费者手中的渠道。短渠道是指产品直接到达消费者或只经过一道中间环节的渠道。渠道长度取决于商品在整个流通过程中经过的流通环节或中间层次的多少,经过的流通环节或中间层次越多分销渠道就越长,反之分销渠道就比较短。

3. 按照同环节中同类型中间商的个数分类

按照同环节中同类型中间商的个数铁路运输渠道可分为宽渠道与窄渠道两种。

渠道宽窄取决于渠道的每个环节中使用同类型中间商数目的多少。宽渠道是企业在同一环节中使用的多个同类中间商分销产品。它一般适用日用品,多家分销将产品再铺入市场。窄渠道是企业在同一环节中使用的少数同类中间商分销产品。它一般适用于专业性强的产品,或贵重耐用的消费品,由一家中间商统包,几家经销。它使生产企业容易控制分销,但市场分销面受到限制。

4. 按照所选渠道结构不同分类

按照所选渠道结构不同铁路运输渠道分为单渠道和多渠道两种。

单渠道是指企业只选择一种渠道结构来分销产品。企业全部产品都由自己直接所设的门店来销售,或全部交给批发商经销。多渠道是指企业选择多种渠道结构来分销产品。企业可能是在本地区采用直接渠道,在外地则采用间接渠道。企业可能同时选择线上与线下渠道成员开展销售。

二、铁路运输渠道的设计

(一)影响渠道结构的因素

1. 市场因素

在设计渠道的过程中,市场因素应该是影响渠道结构的关键因素。所有的现代渠道管理都建立在市场营销概念基础上,而这一概念强调以市场为主导。市场因素中对渠道结构有重要影响的主要有市场区域、市场规模和市场密度三个。铁路货运市场分布较集中,客户数量较少,密度较低,可以选择短而窄的渠道结构。

2. 产品因素

产品因素是在考虑各类渠道结构的过程中，必须重视的另一类重要的因素，包括体积与重量、腐蚀性、标准化程度、技术性和非技术性以及崭新度。高技术性的产品、服务通常采用较短的渠道结构方式。

3. 企业因素

影响渠道设计的企业因素主要包括企业规模、经济实力和管理才能。铁路运输企业一般规模较大，固定资产多，具有较好的市场运作能力与资本。

4. 中间商因素

与渠道结构相关的中间商因素有中间商的实力、使用中间商的成本、中间商所提供的服务。其中，中间商的实力是企业在设计营销渠道时所要考虑的重点，每一家企业都希望有实力的中间商能够加盟自己的营销渠道。如果选择的中间商实力较强，那么企业在进行市场开发时就可以把许多事情交给中间商来完成，从而省去不少精力和成本。这样企业就可以采取较短的渠道模式，尽可能较少地使用中间商。渠道管理者如果认为，为提供一定的服务而使用中间商的成本过高，在渠道结构中就会减少使用中间商。中间商提供的服务，往往与选择过程紧密相关。需要中间商提供的服务越多，对中间商的要求也就越高，在设计营销渠道时就越可能采取较短的渠道结构。

（二）渠道结构设计的流程

1. 确定渠道模式

渠道模式的选择其实是渠道长度的选择。企业分销渠道设计首先要决定采取什么类型的分销渠道，即先考虑要不要中间环节来展开销售。企业考虑的是自己组建销售队伍或以其他方式自销，还是通过中间商分销。如果决定中间商分销，即接着考虑要找几种类型的中间环节（中间商）来分销。

2. 确定中间商的数目

企业考虑同一环节选择几个同类型中间商，即决定渠道的宽度。这主要取决于产品本身的特点、市场容量的大小和需求面的宽窄。通常有以下几种可供选择的形式：

（1）密集性分销。运用尽可能多的中间商分销，使渠道尽可能加宽。例如，快递的销售终端一般适用于采取这种分销形式，以提供购买上的最大便利。当然，企业有足够的实力，可以自建渠道服务于分布广泛的众多客户。

（2）独家分销。在一定地区内只选定一家中间商经销或代理，实行独家经营。独家分销是最极端的形式，是最窄的分销渠道，通常只对某些技术性强的特殊货物的物流服务适用。

独家分销对生产者的好处是，既有利于控制中间商，提高他们的经营水平，也有利于加强产品形象，增加利润。但这种形式有一定风险，如果这家中间商经营不善或发生意外情况，生产者就要蒙受损失。

（3）选择性分销。这是介乎上述两种形式之间的分销形式，即有条件地精选几家中间商进行经营。这种形式对所有各类产品都适用，它比独家分销面宽，有利于扩大销路，开拓市场，展开竞争；比密集性分销节省费用，较易于控制，不必分散太多的精力。有条件地选择中间商。还有助于加强彼此之间的了解和联系,使被选中的中间商愿意努力提高推销水平。因此,这种分销形式效果较好。

(4)复合式分销。生产者通过多条渠道将相同的产品销售给不同的市场和相同的市场。这种分销策略有利于调动各方的积极性。

3.规定渠道成员的权利和责任

在确定了渠道的长度和宽度之后,企业还要规定出与中间商彼此之间的权利和责任,包括:对不同地区、不同类型的中间商和不同的购买量给予不同的价格折扣,提供质量保证和跌价保证,以促使中间商积极进货;还要规定交货和结算条件,以及彼此为对方提供哪些服务,如产方提供零配件,代培技术人员,协助促销;销方提供市场信息和各种业务统计资料。企业同中间商签订的合同应包括以上内容。

三、铁路运输渠道的策略

(一)铁路客运的渠道策略

铁路客运企业主要以直销渠道为主,辅以少量代理环节,具体如下。

1.直销渠道

铁路运输企业可以通过自己的官方网站或线下售票站点直接向客户销售车票,这种方式可以有效地控制销售流程和销售环节,也有助于提高客户对品牌的认知度。

(1)网上购票。现如今,越来越多的人选择使用网上购票服务。通过铁路12306等应用网站与App程序,直接在线购买票变得非常简便和快捷。

(2)车站人工窗口购票。如果不熟悉网上购票流程,你仍然可以前往车站的人工售票窗口购买高铁票。只需携带身份证,在售票窗口耐心等待,工作人员会帮助你购买所需车票。

(3)自助售票机购票。现在几乎每个高速铁路车站都设有自助售票机。你可以携带身份证前往自助售票机购买高铁票。

2.代理商模式

(1)铁路运输企业可以通过与旅游代理商、机场代理商、电商代理商等建立合作关系,让代理商为其销售车票。代理商可以通过自身的渠道和客户资源,帮助企业拓展销售市场。

(2)随着电商的快速发展,铁路运输企业也可以通过与电商平台合作,将车票销售放在电商平台上进行,这种方式可以有效地利用电商平台强大的营销和推广能力,帮助企业快速拓展销售市场。通过微信、支付宝、携程、飞猪、智行等应用程序,直接在线购买高铁票变得非常简便和快捷。

(3)铁路运输企业可以通过与其他相关企业合作,如与酒店、旅游景点等合作,推出套餐或优惠活动,提高客户的购买意愿和消费体验。

需要注意的是,不同的分销渠道具有不同的特点和适用范围,企业应根据自身的特点和需求,选择最适合的分销渠道,并加强渠道管理和营销策略,提高销售效果和客户满意度。

12306 网站试行在线选铺服务

作为中国铁路发展的重要一环,旅客运输一直是中国铁路十分重视的领域之一。为了提高旅客购票体验以及提升客运服务品质,国铁集团于 2023 年 6 月 10 日,在 12306 网站(含手机客户端)试行在线选铺服务,选择通达全国各区域的 230 趟高铁、普速旅客列车作为试点,对普速列车软卧、硬卧和动车组软卧、一等卧、二等卧等铺别提供在线自主选铺服务。同时,原有的优先分配下铺的服务也将继续实行,60 岁以上老人等重点旅客可以继续优先选择下铺。

在线选铺服务的推出,体现了中国铁路逐步实现"以人民为中心"的发展思想,提升服务品质的决心和努力,也是推行便民利民政策的重要举措。这项服务的推出,可以让旅客更好地享受到铁路客运服务,为旅客出行提供便利和更加舒适的环境。

(信息来源:https://www.gov.cn/yaowen/liebiao/202306/content_6885732.htm,有改动)

(二)铁路货运的渠道策略

将货物从铁路办理站运至收货人的路径即铁路货运销售渠道。铁路货运产品的销售以承运为标志。铁路货运分销渠道是指铁路在什么样的网络中以怎样的方式办理承运货物。

为用户提供合理、快捷的货运产品销售站点和方法是引入销售渠道的目标。铁路货运渠道是主要以直销为主的多渠道模式。

1. 直销渠道策略

铁路货主可以通过铁路货运办事大厅、网站、App 与电话、货运营销员上门销售等多种方式,直接选择货运服务。

通过增设货运办理站点的设置要考虑为货主提供便利,既能办理托运,又便于其进行车、货信息查找,业务了解等。采用通信、感测、网络、控制等先进技术,对铁路仓储、运输、取送等全程物流信息进行采集和管理,进而从全局的角度优化配置资源,实现物流与信息流的统一。同时,在铁路未开通的区域、大型商品集散区域以及重点能源、生产企业附近设置货运集散站,为客户提供便利的货运渠道。

铁路运输企业还可以选择一对一的定制化模式。企业实施大客户战略,针对目标客户,通过铁路货运营销员上门服务组织各铁路局集团公司对主要货运企业进行调查摸底,建立大客户信息资源库,以加强客户服务管理和为发展新客户奠定基础。

铁路货主如何办理发货?

(1)登录铁路货运 95306,在线自助提报运输需求

登录铁路货运 95306(https://ec.95306.cn),进入"发送业务"—"阶段运输需求"—

"阶段需求提报"页面,选择"装车日期确定"或"装车日期未定",再根据具体发运需求选择整车/集装箱/零散快运,提报相应需求。

如果您在提报阶段需求时选择了"装车日期未定",您需要在确定装车日期之后,进入"发送业务"—"日运输需求"—"日需求提报"页面,根据已经提报的阶段需求提出日需求。

（2）拨打电话提报运输需求

您可以直接拨打95306电话,根据语音提示,选择"2货运服务",再选择"1我要发货",直接向铁路客服人员提出发货需求。

（3）到货运站现场提报运输需求

直接到货源附近的货运站,向现场的铁路货运工作人员提出发货需求。

（信息来源:中国铁路95306官网,有改动）

2. 货运代理分销策略

铁路货运渠道增加货运代理商,既能提高渠道辐射面,又能提升渠道服务水平。货运代理商由于揽货渠道多样,货源充足,具有物流方面专业知识,与各相关货主企业有着密切的联系等优势,有助于发展铁路货运业务,提升业务水平。发挥铁路货运的长处,在自主营销的基础上,联合其他运输方式进行货代业务,以此为依托,发展新客户。铁路货代应从铁路全程物流代理向国内乃至国际多式联运领域延伸。

四、铁路运输分销渠道的管理

（一）激励铁路运输代理商

1. 利用有效手段激励代理商

激励代理商的基本点是了解代理商的需求和愿望,并据此采取有效的激励手段。激励手段一般可采用奖励、负激励、分享管理权等方式。

（1）奖励

对于工作成绩突出的代理商,铁路运输企业可以采用提高其佣金、享受更多的运价回扣等方式,激励他们再接再厉,努力工作。

（2）负激励

对工作不负责任或业绩不佳的代理商,铁路运输企业可以通过警告、惩罚甚至取消合作关系等负激励方式,使他或其他代理商努力工作。

（3）分享管理权

铁路运输企业与代理商通过合同、契约等形式联合起来,建立密切的协作关系,并由铁路运输企业牵头,会同各代理商协商经营管理等问题,努力减小双方冲突的可能性。

应该注意的是,铁路运输企业激励代理商要适度,应以能增加渠道利润为原则。如果给予代理商过多的优惠条件,尽管能刺激代理商的销售积极性,但并不一定获得更高的利润,甚至造成利润下降,这样就失去了激励的意义。

2. 加强与代理商的合作

(1)与代理商建立长期合作关系

由于代理商在客源和货源组织方面有较大优势,铁路运输企业应与部分大型代理商结成长期合作的关系。铁路运输企业要认真研究销售区域、市场开发、行业规范、服务水平、市场信息等方面与代理商之间的相互要求,然后根据实际情况,与代理商共同制定有关政策,并按照代理商执行这些政策的程度确定"职能奖酬方案",适当给予代理商奖励。

(2)提供适销对路的产品

运输代理商在选择运输方式之前,要综合考虑铁路运输企业的服务水平能否满足需求。例如,在时间上能否满足客户需求,价格是否合理,等等。因此,铁路运输企业要根据运输市场的需求,提供适销对路的产品来满足客户的需求。

(3)加强促销活动

铁路运输企业应加强促销活动,利用各种广告媒体来推销自己的产品,这样会使代理商的代理量增加,获得更多的代理报酬,从而增进双方的密切合作。

(4)合理分配利润

铁路运输企业要充分利用定价策略,根据代理商的客源和货源组织情况、任务完成情况等方面对其进行综合评价,以此作为双方利润分配的标准。

(5)付款优惠

对于信誉较好、完成任务量大的代理商,铁路运输企业可以考虑在付款期限、付款方式等方面给予一定的优惠,以维持双方良好的合作关系。

(二)调整铁路运输分销渠道

1. 增减某一分销渠道成员

在增减某一分销渠道成员时,铁路运输企业需要进行经济增量分析,即分析增加或减少某个代理商将会对企业利润带来何种影响及影响程度如何。铁路运输企业如果决定增加运输代理商,则不仅要考虑这样做将带来多大的直接利益(运量的增加额),而且要考虑对其他代理商的需求、成本和情绪会产生什么影响等问题。

2. 增减某一分销渠道层级

当同一渠道增减个别代理商不能解决问题时,铁路运输企业就应考虑采取增减某一条分销渠道。例如,当铁路春运时,在大中专院校集中的城市,学生票的发售量很大,为了方便学生购票并能充分利用开行的临客能力,铁路运输企业可以考虑在学校附近设立学生票代理商,这就需要临时增加一条分销渠道。铁路运输企业做出这样的决定,也需要广泛地对可能带来的直接或间接影响及效益做系统分析。

3. 改进分销渠道方案

改进分销渠道方案是对铁路运输企业现有的分销渠道方案进行通盘调整。这类调整难度最大,因为它不是对原有分销渠道进行修修补补,而是要全面调整企业的分销渠道决策。例如,铁路运输企业从直销方式调整为实行运输代理。调整整个分销渠道,会对企业整体市场营销组合策略产生深远影响,所以应该慎重决策。

在上述调整方法中,第一种属于结构性调整,立足于增加或减少原有分销渠道的某些成员;后两种属于功能性调整,立足于将一条或多条分销渠道的工作在渠道成员中重新分配。企业现有的分销渠道是否需要调整及调整到什么程度,取决于分销渠道是否处于平衡状态。如果矛盾突出,通过调整能解决一定的矛盾并增加获利机会,就应当果断进行调整。

(三)分销渠道之间的冲突、竞争与合作

1. 分销渠道的冲突

铁路运输企业分销渠道是一个复杂的营销系统,这一系统中的各运输商、代理商等成员在运输生产过程中所处的地位不同,其目标和任务往往存在各种各样的矛盾。例如,铁路运输企业可能会通过各种优惠条件追求稳定的货源,而中间商往往会通过高价来追求更高的利润。因此,当渠道成员对交易条件等问题意见不一致时,必然会产生冲突。渠道成员追求的是尽可能多的经济利益并希望减少任务风险,这种利益分配关系产生的冲突范围和表现方式有所不同。

(1)分销渠道冲突的类型

一般地,渠道冲突主要有两种类型,即垂直渠道冲突和水平渠道冲突。

①垂直渠道冲突是指同一营销系统内不同渠道层次的各企业间的利益冲突。

一种营销策略方面的变化,如降低运价水平,会和其他运输方式发生冲突;制造商与运输公司之间因价格、服务等而发生冲突。渠道管理者对于垂直渠道冲突应该加以引导,使各方都能受益。具体方法包括:强化系统内的管理职能,增加渠道成员之间的信任感,理顺成员之间的信息传递和反馈渠道,消除成员之间可能存在的冲突。

②水平渠道冲突是指同一营销系统内同一层次的各企业之间的冲突。

例如,某运输企业会抱怨另一运输企业随意降低运价,增加或减少服务项目,扰乱运输市场和秩序;或者运输企业服务不佳,损害了在客户中的形象,招致代理商的不满而引起冲突。渠道管理者对这种冲突应该采取强有力的措施,通过各种政策、条令等来消除这些冲突,以免影响和损害运输分销渠道的形象。

(2)解决分销渠道冲突的方法

铁路运输分销渠道的冲突有些是结构性的,需要通过调整分销渠道的方法来解决;有些是功能性的,可以通过管理手段来加以控制。管理控制的主要方法有以下几种:

①确立和强化共同目标。不管职能有何差异,分销渠道成员有其共同目标,如生存目标、市场份额、产品的质量、消费者的满意程度等。特别是在受到外部竞争威胁时,分销渠道成员会更深刻地体会到实现这些共同目标的重要性。运输生产企业要有意识地激发中间商的共同目标意识,引导他们密切合作,战胜威胁,追求共同的最终目标价值。

②在两个或两个以上分销渠道成员之间交换人员。其办法是互相派员到对方相关部门工作一段时间,以促进彼此之间的了解,更好地从对方角度出发。

③合作。合作是指一个组织为赢得另一个组织的领导者支持所做的努力,包括邀请对方参加咨询会议、内部决策会等,使他们感到其建议受到重视;表示合作诚意及根据对方意

见合理修订本方政策,有效减少冲突。

④发挥行业组织的作用,加强营销渠道成员之间的业务沟通。例如,可以定期组织运输代理商的业务培训、专题研讨会,针对运输代理工作中的一些难以解决的问题广泛交换意见,促进各方做好工作。

当冲突经常发生或冲突激烈时,有关各方可以采用谈判、调解和仲裁的方法,按照法律程序解决冲突,以保证继续合作,避免冲突升级。

2. 分销渠道的竞争

分销渠道的竞争是指不同系统之间或同一系统内不同运输企业之间为了同一目标市场而展开的竞争。一般来说,如果某种运输方式或运输企业在同一地区内享有很高的服务信誉,能够控制市场需求信息,那么在竞争中就能处于有利地位。渠道之间的竞争对于消费者和用户来说十分有利。因为他们可以在对运输价格、运输时间、服务水平等因素做多方比较后,再选择采用什么样的运输方式或选择哪一家运输企业。

3. 分销渠道的合作

分销渠道的合作是指同一分销渠道中不同运输企业之间的相互结合与依赖,是渠道成员之间的通常行为。合作的目的是谋取各方共同利益,各种运输、代理商之间互通信息,相互间各有需求,使各方实现各自目标。合作意味着各方相辅相成地去获取比单独经营更高的经济效益,避免各自的损失。合作是各方结合在一起的基础,也是解决各种冲突的最基本的方法。

任务四 策划铁路运输促销

【任务导入案例】

高铁列车上的"端午节"，让旅途更温馨

2023年6月19日，端午节来临之际，在银川开往西安北的D3511次列车上，红彩绳、香包、卡通挂件等各种端午元素将车厢装扮一新，兰州铁路局集团公司银川客运段精心打造的"粽情端午 弘扬传统文化"主题活动（图5-9）正在开展。

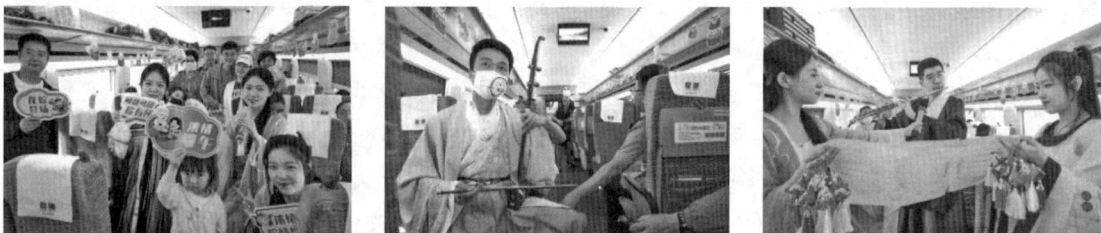

图5-9 "粽情端午 弘扬传统文化"主题活动

活动伊始，主持人首先向乘车旅客介绍端午节的由来，列车工作人员精心准备了笛子、长笛、二胡等乐器表演，二胡串烧《青花瓷》《摇篮曲》将车厢内气氛推向高潮，长笛独奏《渔舟唱晚》让旅客连声叫好。

互动游戏"传递粽情""有奖竞猜"让乘车旅客也参与到活动中，带有"浓情端午 粽情粽意"字样的手举牌，在旅客手中传递，停在谁手中，旅客就要为大家分享家乡的端午习俗并表演节目。

车厢另一边，乘务员奚永剑在为旅客用泥塑捏香包、龙舟等小礼品（图5-10），一个个寓意吉祥、满载祝福的泥塑作品引起车厢旅客的好奇心。

图5-10 香包、龙舟等小礼品

"有奖竞猜送香包""送手泥塑挂件"活动拉开帷幕，在主持人邀请下，旅客纷纷参加活动，竞猜声此起彼伏，车厢里处处洋溢着喜悦。

"乘务员多才多艺，与旅客互动，让人觉得这一段旅程不再枯燥无味，有了家的感觉，很温馨。端午知识小问答这个环节非常好，不仅舒缓了旅客的疲劳，还可以一起互动，让人非常舒心愉快。"旅客白先生说。

银川客运段各次列车上,根据线路特点搭建"咨询热线",及时向旅客提供咨询服务;餐车也增加了节日期间的饭菜花色品种,满足不同旅客饮食需求。

(信息来源:https://m.thepaper.cn/baijiahao_23574750,有改动)

引导问题:

1.讨论一下,兰州铁路局集团公司在什么时间、什么地点开展促销活动,它以端午节为契机,活动目的与对象分别是什么?

2.分析案例回答,兰州铁路局集团公司策划了哪些活动来达到其目的?

促销是营销者向消费者传递有关本企业及产品的各种信息,说服或吸引消费者购买其产品,以达到扩大销量的一种活动。

铁路运输促销是指运用各种促销手段和方法,向目标顾客提供有关运输服务的价格、质量、运送速度等信息,帮助顾客认识运输服务所能带来的利益,从而引起顾客对运输服务的注意和兴趣,促进购买,以达到吸引客户、增加运输产量等目的的企业经营活动。简而言之,它是铁路运输企业通过各种营销手段和方式来拉动服务销售的活动。

促销实质上是一种沟通活动,即营销者(信息提供者或发送者)发出作为刺激消费的各种信息,把信息传递到一个或更多的目标对象(信息接收者,如受众、消费者或用户等),以影响其态度和行为。具体来说,一方面,企业向市场及消费者传递有关企业生产、产品或劳务的性能、特性、价格等信息,使消费者充分了解、判断和选择;另一方面,消费者的需要、爱好、市场的实际情况又反馈给企业,促使企业根据市场需求调整生产。因此,促销活动的任务、手段、方法都反映了信息传递这一客观事实,信息传递是促销活动的基础。图5-11为沟通的过程。

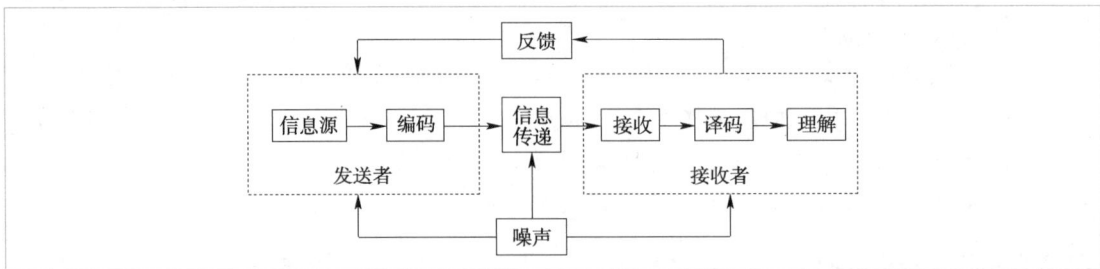

图5-11 沟通的过程

企业将合适的产品,在适当地点、以适当的价格出售的信息传递到目标市场,一般是通过两种类型、四种方式:①人员推销,即推销员和顾客面对面地进行推销;②非人员推销,即通过大众传播媒介在同一时间向大量消费者传递信息,主要包括广告、公共关系和营业推广等方式。这两类推销方式各有利弊,起着相互补充的作用。好的促销,往往能起到多方面作用,如提供信息情况,及时引导采购;激发购买欲望,扩大产品需求;突出产品特点,建立产品形象;维持市场份额,巩固市场地位;等等。

一、人员促销

人员促销是指企业派出营销人员直接与客户接触、洽谈,宣传商品,以达到促进销售目的的活动过程。它既是一种渠道方式,也是一种促销方式。在铁路运输市场中,营销人员能与目标客户直接接触,传递信息,刺激客户购买欲望,进而拉动销量。一般推销的产品是一些推销性能复杂或大宗产品或高价位的产品。

(一)人员促销的特点

人员促销是营销人员运用一定的销售技术与手段,与一个或一个以上可能成为购买者的人交谈,做口头陈述,以推销商品,促进和扩大销售。和其他促销方式相比,人员促销具有以下特点:

(1)双向信息沟通使信息传递容易被接收。营销人员在访问推销的过程中,要与消费者直接面对面地进行洽谈,因此,消费者并不是被动地接收企业的促销信息,他们也通过某种方式主动发出信息。这就使得营销人员可以根据消费者的即时反映调整推销对策,施展劝说才能,达到销售目的。

(2)人际关系强,容易建立较稳定的购销关系。营销人员在销售过程中要经过较多次的反复劝说,与消费者接触机会多,容易相互了解。一旦交易达成,双方的目标都得以实现,稳固的购销关系也就随之建立起来。

(3)灵活性强,具有能动性和选择性。营销人员可以在不同的时间,根据不同消费者的不同需求,采用不同的推销方式;还可以根据自己对消费者购买意向的判断,随时中断或继续推销活动。

(4)针对性强。一般来说,营销人员在开展推销活动之前,都估计和分析过可能的消费者是什么人,对他们的需要和欲望以及其他一些特性已有大致的了解。另外,在推销过程中,营销人员还可以及时地回答或解释消费者提出的问题。

(5)信息收集反馈能力强,便于公司决策。营销人员在与消费者的磋商中,能从他们的态度、要求中收集到有关竞争情况和消费者具体需求的信息,以及对本企业产品及其他活动的意见,这无疑有助于降低企业营销决策的风险。

(二)人员促销的类型

人员促销,根据推销活动发生地不同,主要分为上门推销、柜台推销、会议推销、电话推销与网络推销等形式。

(1)上门推销是指营销人员携带运输产品的有关资料、货物运单和货票等单据走访客户,推销产品。

(2)柜台推销是指车站的货运员、售票员、客运员等直接与旅客和货主接触,接待旅客或货主,并向其介绍、推荐产品。

(3)会议推销是指企业利用各种形式的会议利用营销人员对客户进行推销,介绍和宣传产品,如推销会、订货会等。例如,铁路运输企业每年派专人参加全国煤炭行业的订货会议,对达成销售合同的煤炭企业,及时根据其运量安排运输计划。

(4)电话推销是企业营销人员打电话给客户进行主动销售的模式。它是以电话为主要沟通手段,借助网络、传真、短信、邮寄递送等辅助方式,通过专用电话营销号码,以公司名义与客户直接联系,并运用公司自动化信息管理技术和专业化运行平台,完成公司产品的推介、咨询、报价,以及产品成交条件确认等主要营销过程的业务。

(5)网络推销。网络推销是企业营销人员通过网络平台与客户直接联系,完成产品推介、洽谈与成交等环节。它以网络为主要沟通手段,其中,自媒体推销是网络推销的重要方式之一。自从移动互联网到来,越来越多个体或企业通过微信公众号、微博、头条号、抖音、百家号等平台,主播(推销人员)进行推广自己的品牌、公司及产品,从而拉动销售的营销活动。

■ 行业模范

莫利:铁路物流前线的营销战士

莫利,中国共产党党员,齐齐哈尔铁路物流中心货装值班员(营销员),曾获集团公司技术能手荣誉称号。

1. 牵线搭桥,当好"联络员"

夕阳西斜,晚霞红妆,在益海嘉里(富裕)生物科技有限公司的堆存场地,莫利一边走,一边在他的"秘笈"上面不停地写写画画,合上本,他的脸上露出了幸福的微笑。2024 年 9 月,他已经 3 次走访益海嘉里(富裕)生物科技有限公司,在该公司成功促成了一项铁路运输合作项目。2024 年以来,莫利已经成功促成了 13 个公转铁及货运项目,完成发货 36.5 万吨,创效金额达到 1147 万元。下午 4 点,莫利走访完企业,在回程路上,虽然感到身体有些疲乏,但路过益海嘉里公司时,还是决定再去拜访一下,看看还能不能为企业再找点儿"商机"。从走访中得知,该企业近期有一批 2 万吨的玉米入场需求。

得到这一信息后,莫利第一时间回忆起前期走访的龙江县江源油脂有限责任公司有玉米销售意向,立即联系企业负责人。"经理,我找到了销售渠道,还负责运输,考虑一下吧!"企业经理听后有些犹豫:"我这 300 多吨,量也不大,走铁路的话这成本是不是会大些啊。"这时,莫利扎实的货物运价测算功底派上了用场,在了解运输需求及费用预算后,当即报出的公铁运输价差,把运输成本的经济账算得明明白白,成功吸引了客户,主动请求现场洽谈。经过他"牵线搭桥",两家企业成功签订购销合同,并决定使用铁路运输。合同履行后,企业经理感慨道:"铁路物流服务好效率高,再发货还会首选铁路。"

2. 真情付出,打好"服务牌"

对于如何提升铁路物流的市场竞争力,在全社会达成共识,莫利有着自己的理解和认知。那就是以客户为中心,增强铁路物流服务市场竞争力和品牌影响力,打好"服务牌",通过职业素养和优质的服务不断打动客户,把"可铁未铁"的货源争揽到铁路运输。"10 万吨,这不是个小数目,一定把这个项目争下来。"莫利暗下决心。他积极向客户宣传铁路大运量、高稳定性运输优势,站在货主的角度帮他算经济账,介绍运价优势,用诚意打动了货主。货主对莫利说:"如果 3 天内能把车请来,我就用铁路运。""放心,3 天足够。"随后,莫利马上与下游客户联系,了解到终端用料地点,连夜赶制运输方案,仅用 2 天就完成项目申请、批复手续。精诚所至,金石为开。当货主得到可以请车消息后感到非常高兴:"用铁路发货,降低了成本,这买卖划算!"

3. 市场调研,用好"工作法"

退伍从未褪色,入路23载,莫利一直秉承严谨细致、高效执行的作风,展现着一名中国共产党党员的风采。为了确保铁路运费测算更精准合理,项目成功率更高,他回想起过去在部队时的经验,研究了一套独特的"作战书",哪天去企业走访掌握企业需求、哪天去公路大货车司机聚集点询问货源信息,办法颇多。

7月的某一天,这是莫利找货车司机了解"行情"的日子。闹铃的声音把他叫醒,也惊动了妻子。莫利对妻子说:"昨天去物流公司'潜伏',结果被认出来了,动态的货源和运费信息没打听出来,今天必须去找货车司机,不能打没把握的仗。"

在莫利的营销道路上,从来都不是一帆风顺的。每次遇到困难,他总是迎难而上,不退缩、不放弃,以顽强的毅力攻克一个又一个"堡垒"。他常说:"客户关心的是成本,是效益,我们要在政策允许的情况下,为其排忧解难,实现合作共赢。"

"多维收集信息＋精准运价测算＋热情周到服务＋一企一策方案＝项目成功",这是莫利通过积累经验总结出的货运营销"3＋N工作法"。带着这个工作法,莫利积极投入到现代化物流体系建设中,挥洒汗水、步履坚定。

(信息来源:哈铁家园《新时代·哈铁榜样　莫利:铁路物流前线的营销战士》,有改动)

(三)人员促销的过程

推销活动一般可以分为四个过程,即推销准备、访问客户、处理异议和建议成交。

1. 推销准备

推销准备阶段是推销活动的基础,包含以下三个方面的内容。

(1)自我准备

营销人员自我准备主要是树立自信心,确立推销的目标和把握推销的原则。自信心是成功的必要条件,确立适当的推销目标可以提高推销的效率。运输企业营销人员在推销中还需要把握既满足顾客需要、照顾顾客利益,又能为企业盈利的原则。

(2)把握客户

在访问客户之前,营销人员需要尽可能详细地了解客户相关的现状和历史,如生产产品的销售去向、选用的运输方式、运量大小、运输要求、满意程度、存在的问题、过去的合作伙伴等,做到心中有数。

(3)了解产品

针对即将访问的目标客户的特点,营销人员掌握本企业可为其提供的相关产品的所有信息,包括到发时间、运输期限、运输条件、办理手续、运输价格等目标客户关心的信息,以及竞争产品的相关信息。知己知彼是推销准备阶段要达成的总体目标。

2. 访问客户

访问客户包括拟订访问计划,约见客户,倾听客户意见。为了顺利达到访问的目的,营销人员需要制订周密的访问计划,访问计划中应确定访问时间和地点、访问中的一些行动提要,以及准备好的资料。营销人员在约见客户时要争取获得与客户面谈的机会,可事先通过电话、信函等与客户取得联系;要注意倾听客户的意见,明确客户对运输过程最看重的是什么,是速度、价格、安全还是其他,从而使说服工作具有针对性。

3. 处理异议

铁路运输企业的营销人员在上门与客户联系时可能会碰到两种截然不同的态度:一种是客户非常欢迎,推销工作进展顺利;另一种是客户曾在本企业有过不愉快的经历或对本企业抱有成见,态度很不友善。面对客户的敌对态度,营销人员要耐心地找出症结所在,针对客户的问题,切实提出解决的方案,以诚心打动顾客。

4. 建议成交

建议成交是整个推销过程的关键时刻,营销人员要善于捕捉客户发出的成交信号,利用建议成交的一些技巧,把握成交的机会和分寸,达到签订运输合同的目的。

行业洞察

优质服务"货丰收"

福州铁路物流中心将市场营销作为拓展业务的重要手段,组建营销部和营业部两级营销队伍,通过多种方式激励全体营销人员,实现上下联动、全员营销,由"坐商"向"行商"转变。2024年以来,福州铁路物流中心营销人员累计上门走访新老客户680家。

福州铁路物流中心发挥全员营销优势,派营销小组多次上门走访福建中景石化有限公司(简称中景石化),宣传货运政策,并联系当地政府部门帮忙牵线搭桥,欲为其提供聚丙烯铁路运输服务。

针对企业关注的产品运输时效及质量等问题,福州铁路物流中心发挥铁路集装箱优势,承运托运两手抓,精心制定物流总包服务方案。

在项目推进过程中,中景石化又提出新要求:实行新的量价方案、改变结算条件。福州铁路物流中心坚持"服务是最好的营销",结合市场实际和企业需求,细化集装箱挑选、全程货物理赔等环节,将运费现结更改为运费月结,把"头回客"变成"回头客"。

随后,他们定期调查回访,把准企业"脉动",适时推出阶梯价格政策,持续扩大聚丙烯铁路运输去向,营销额增长10倍,预计全年运量达5万吨。

(信息来源:人民铁道网 https://www.peoplerail.com/rail/show-1849-541018-1.html,有改动)

(四)人员促销的队伍建设

1. 按地区组织营销人员

按地区组织营销人员是一种最简单的推销组织形式,这种做法是由被分派的一名或一组营销人员独立负责一个地区的全部推销工作。这种方法责任明确,有利于鼓励营销人员努力工作,加强与当地消费者和有关单位的联系,提高工作效率,并能节省往返旅途费用开支。铁路运输企业可在沿线重要城镇或货源、客流集中地区(甚至不在铁路沿线),以这种方法组织推销力量。

2.按产品组织营销人员

按产品组织营销人员的做法是实行产品专业化,由一名或一组营销人员专门负责某种产品的推销工作,推销范围不受地区的限制。这种方法比较适宜于产品技术性强、生产工艺复杂、产品种类繁多的企业。铁路运输企业在推销某些新产品时宜采用这种方法。

3.按客户组织营销人员

按客户组织营销人员的做法是根据行业、业务的类型、分销途径、重要程度等不同的标准,派营销人员专门向某类客户推销。这种方法的最大好处是营销人员易于深入了解特定客户的需求,有利于在工作中有的放矢,提高工作效率。它的缺陷是客户比较分散,会相应增加旅行费用和工作量。

4.综合组织法

综合组织法通常是上述三种促销方式的混合运用。这种方法可以按照区域—产品、区域—客户、产品—客户、区域—产品—客户来分派营销人员。在这种情况下,一个营销员往往要同时负责数个产品经营或几个部门。这种方法上下级责任关系复杂,职责交叉,会增加管理和推销工作的难度。

▇ 课堂知识

营销人员职业素养

一名合格的铁路运输企业营销人员至少应具备以下职业素养。

1.熟悉产品情况

营销人员应对自己所推销的产品十分熟悉,能详细地对客户进行介绍,并且应了解市场上同类产品的基本情况,能正确地进行比较和鉴别。

2.熟悉企业情况

营销人员应充分了解自己企业的基本情况,对企业的经济实力、技术设备、生产能力、经营方式、销售条件等都应当相当清楚,能随时回答客户的咨询。

3.熟悉市场营销

营销人员应掌握市场营销的基本知识和技能,能在市场上灵活地开展推销活动。

4.熟悉同推销活动有关的政策法规

营销人员应认真学习并能够掌握各种政策法规,以便使自己的推销行为能时刻符合政策法规的要求,不至于出现违法违纪的现象。

铁路职工还应树立全员推销的思想,推销工作的主体应放在基层站段的日常工作中。这就要求铁路售票员提供优质的售票服务,货运员提供优质的承运服务,列车员提供优质的旅行服务,急旅客、货主之所急,想旅客、货主之所想,不仅通过优质服务来吸引旅客、货主,还应积极主动地向旅客、货主征求意见,介绍铁路的优势,进一步提高服务质量,时刻不忘优质服务的宗旨。

二、广告促销

广告促销是一种非人员促销的方式,是利用信息展示的方式让客户了解产品从而促进购买的一种行为。具体来说,它是铁路运输企业按照一定的预算方式,支付费用占用不同的媒体对产品进行广泛宣传,促进产品销售的传播活动。

知识拓展

广告知识拓展

广告,顾名思义,就是广而告之,向社会广大公众告知某件事物。广告是为了某种特定的需要,通过一定形式的媒体,公开而广泛地向公众传递信息的宣传手段。

广告的分类可以根据不同的标准进行划分,以下是一些常见的分类方式:

(1)根据传播范围不同,广告可分为国际性广告、全国性广告、区域性广告和地区性广告等。

(2)根据目的不同,广告可分为营利性广告和非营利性广告。

(3)根据对象的不同,广告可分为消费者广告、工业用户广告、商业批发广告和媒介性广告。

(4)根据诉求方式的不同,广告可分为理性诉求广告和感性诉求广告。

(5)根据产生效益的快慢,广告可分为速效性广告和迟效性广告。

(6)根据商品生命周期阶段的不同,广告可分为开拓期广告、竞争期广告和维持期广告。

(7)根据表现艺术形式的不同,广告可分为图片广告、文字广告、表演性广告、演说广告和情景广告等。

(一)广告促销的主体

广告主、广告经营者和广告发布者是广告活动的三大主体。他们各自承担着不同的职责和任务,共同推动着广告活动的顺利进行。广告主是广告需求的产生者和付费者,旨在通过广告来推广产品或服务。广告经营者是指受委托提供广告设计、制作、代理服务的法人、其他经济组织或者个人。他们负责根据广告主的需求,制定并执行广告策略,以及负责广告的具体制作。广告发布者,即广告媒体,是指为广告主或者广告主委托的广告经营者发布广告的法人或者其他经济组织。他们负责广告的传播,通过其平台将广告主的广告信息传递给目标受众。

(二)广告促销的特点

广告促销是一种有效的市场推广手段,具有传播面广、信息传递准确、创意丰富等特点,但需要不断投入和与其他营销手段配合才能达到更好的效果。

1. 说服性沟通

广告促销是一种说服性的沟通活动,旨在通过传递信息来影响消费者的购买决策。这种沟通活动通常具有明确的目标,即促使消费者采取某种行动,如购买产品、了解品牌或参与活动等。

2. 有形展示与信息传递

由于广告促销的产品或服务往往是无形的,所以需要通过一定的有形展示来传递信息。例如,在铁路货物运输广告中,可以通过展示运输工具、建筑或货物等实体元素,来让消费者更直观地了解运输服务的特点和优势。同时,广告还需要清晰地传递产品或服务的核心信息(如功能、价格、优惠等),以吸引消费者的注意。

3. 互动性与参与性

现代广告促销越来越注重互动性和参与性。通过视频号等社交媒体平台发布的广告,消费者可以对广告进行点赞、评论、分享等操作,与广告进行互动。这种互动性不仅增强了广告的趣味性和吸引力,还使得广告的传播效果更加明显。同时,广告也可以通过设计各种互动环节(如抽奖、问答等)来激发消费者的参与热情,提高广告的曝光率和影响力。

4. 精准性与个性化

随着大数据和人工智能技术的发展,广告促销的精准性和个性化程度越来越高。广告主可以根据消费者的年龄、性别、地域、兴趣等信息,精准地推送广告,确保广告内容能够触达目标受众。这种精准性和个性化的广告推送不仅提高了广告的投放效率,还使得广告的效果更加明显。

5. 多样性与创新性

广告促销的形式和内容具有多样性和创新性。广告主可以根据产品或服务的特点和目标受众的喜好,选择不同的广告形式和创意来传递信息。例如,短视频、直播、图文等多种形式都可以被用于广告促销中。同时,广告主可以通过不断创新广告内容和形式来吸引消费者的注意力,提高广告的传播效果。

这些特点使得广告促销成为一种高效、灵活且富有创意的营销手段。广告促销的特点使得广告促销需要与其他营销手段如公关、促销活动等配合,才能达到更好的效果。

(三)广告促销的方式

随着科技的发展和消费者需求的变化,广告促销的形式和内容也在不断变化。未来,广告促销将更加注重个性化、互动性和社交性,更加注重与消费者建立情感联系和信任感。同时,随着数字化和互联网的普及,网络广告和社交媒体将成为重要的广告渠道,为广告主提供更多的营销机会和挑战。

1. 按照广告内容不同分类

按照广告内容不同,广告促销的方式可分为以下几种。

(1)服务广告

服务广告主要突出服务的特征和优势,旨在吸引潜在客户并促进服务销售。例如,快递服务广告可能会强调快速、可靠、安全等特点。服务广告又包括传统型广告与创新型广告。

其中,传统型广告主要是占用常态化媒介与信息传播技术来传递信息拉动销售。而创新型广告是利用新技术或创意方式来展示铁路运输服务的特点或优势,如利用 AR 或 VR 技术让客户在线体验仓库设施或物流流程。

（2）企业广告

企业广告的主要目的是树立铁路运输企业的形象和信誉,向潜在客户展示企业的实力和优势。企业广告可能包括对企业历史、规模、设施、团队等的介绍。

（3）观念性广告

观念性广告可能会强调企业的社会责任、环保承诺或创新精神等。这种广告主要是为了建立客户对铁路运输企业或服务的认识、印象或信念,以确保企业的长远利益。

2. 按照广告使用媒体不同分类

按照广告使用媒体不同,广告促销方式可分为以下几种。

（1）平面广告

平面广告是一种传统的广告形式,主要通过纸张、海报、宣传册等平面媒体进行传播。平面广告包括印刷广告和非印刷广告。其中,印刷广告是指在纸张、杂志、报纸等印刷媒体上制作的广告,非印刷广告是指如户外广告牌、地铁广告、展示牌等非印刷媒体上制作的广告。

平面广告设计的主要目的是传达信息,吸引目标受众的注意力,并促进销售或宣传。设计平面广告时,需要考虑到目标受众的特点、品牌形象、产品特点等因素,通过文字、图形、色彩等元素的创意组合,以简洁明了的方式呈现信息。优秀的平面广告设计不仅能够吸引人们的眼球,还能够给人留下深刻的印象,从而达到宣传和推广的效果。

（2）电视广告

电视广告主要在电视媒体上进行播放,通过视频和音频来传递信息。电视广告是一种经由电视传播的广告形式,它将视觉形象和听觉综合在一起,充分运用各种艺术手法,能最直观最形象地传递产品信息。电视广告具有丰富的表现力和感染力。电视广告的优点包括播放及时、覆盖面广、选择性强、收视率高,而且能反复播出以加深收视者印象。但也有一些缺点,比如成本较高、展露瞬间即逝、无法保留等。

（3）网络广告

网络广告,又称在线广告或互联网广告,是利用互联网平台向互联网用户传递广告信息的一种高科技广告运作方式。网络广告具有得天独厚的优势,是实施现代营销媒体战略的重要部分。

网络广告可以通过各种形式进行展示,如弹窗广告、视频广告、社交媒体广告、横幅广告、文本链接、电子邮件广告、搜索引擎关键词广告等。与传统的四大传播媒体(报纸、杂志、电视、广播)广告相比,网络广告具有传播范围广、交互性强、针对性强、受众数量可准确统计、形式多样等优点。

对于企业来说,通过网络广告可以更有效地向目标受众传递信息,提高品牌知名度和销售额。而对于消费者来说,网络广告也是一种获取产品信息和优惠活动的重要途径。

随着互联网的不断发展,网络广告的形式和内容也在不断变化和更新。因此,企业在进行网络广告投放时,需要充分考虑目标受众的特点和需求,以及广告平台的可靠性和合法性等因素,以获得最佳的宣传效果。

(4)户外广告

户外广告是指在户外公共场所设立的霓虹灯、广告牌、海报等形式的广告,主要面向大众传播,是环境媒体的一种。户外广告的形式和内容多种多样,如高炮广告、路牌广告、铁路车身广告、地铁站点广告、铁路货运站场广告等。这些广告可以根据不同的受众群体和传播目标进行定制,从而更好地满足企业的宣传需求。

户外广告的特点:可以在固定的地点长时间展示企业的形象及品牌,从而提高企业和品牌的知名度;也可以通过创意和设计来吸引人们的注意力,从而达到宣传和推广的效果。

户外广告的投放需要充分考虑广告位置的选择和设计的美观性,以及广告内容的合法性和可靠性等因素。同时,随着城市管理的不断加强,户外广告的投放需要遵守相关的法律法规和规定。

(5)广播广告

广播广告是一种通过无线电波或金属导线,用电波向大众传播信息、提供服务和娱乐的广告形式。与电视广告相比,广播广告的制作成本较低,传播速度快,覆盖面广,而且可以在各种场合进行播放,具有很大的灵活性。

广播广告可以通过声音来传递信息,因此在广告创意上需要充分发挥声音的魅力,利用不同的声音和节奏来吸引听众的注意力。同时,广播广告要语言简练明了,信息表达准确无误,以免听众产生误解或失去兴趣。

在投放广播广告时,不仅需要考虑目标受众的特点和需求,选择合适的广播媒体和时段,以及确定广告的播放频率和时长等因素;还需要注意广告内容的真实性和合法性,避免虚假宣传和违反法律法规等问题。

总之,广播广告作为一种重要的广告形式,在宣传和推广方面仍然具有一定的价值和作用。但随着新媒体的不断涌现和受众需求的多样化,广播广告也需要不断创新和适应时代的变化。

(6)杂志广告

杂志广告是一种利用杂志作为媒介的广告形式。杂志广告具有针对性强、印刷精美、保存期长的特点,而且受众群体相对比较稳定,因此具有一定的市场竞争力。

杂志广告可以选择特定的受众群体进行投放,如根据杂志的内容和定位,选择相应的读者群体。同时,杂志广告的印刷质量和设计风格也可以得到较好的保证,以吸引读者的注意力。

但是,随着互联网和新媒体的不断发展,杂志广告的市场份额逐渐被其他媒体所挤压。而且,由于杂志的发行周期较长,杂志广告的传播速度和覆盖面也受到一定的影响。因此,在投放杂志广告时,需要充分考虑杂志的特点和市场定位,以及广告预算和投放时间等因素,以实现最佳的宣传效果。

(7)邮寄广告

邮寄广告是一种通过邮寄方式传递广告信息的广告形式。邮寄广告具有针对性强、个性化程度高、覆盖面广等特点,可以根据不同的受众群体和传播目标进行定制,以达到最佳的宣传效果。

邮寄广告的传播方式有信函、明信片、宣传册等多种形式,可以针对不同的受众群体进行定制。例如,对于消费者可以邮寄家居广告信函,对于企业客户可以邮寄企业宣传册等。

邮寄广告的优点在于,可以根据受众群体的特点进行精准投放,广告信息传递准确无误,而且广告覆盖面广,可以在不同的地域范围内进行宣传。但是,邮寄广告也存在一些缺点,如成本较高、传播速度较慢、受众群体不够广泛等。

(8)移动媒体广告

移动媒体广告是一种通过移动设备传播的广告形式,主要包括手机广告、平板电脑广告等。移动媒体广告的传播方式有短信、彩信、手机 App、平板 App 等多种形式。移动媒体广告可以通过各种交互方式吸引用户的注意力,如通过 App 推送广告、手机短信验证广告等。

移动媒体广告的优点在于,覆盖面广,可以覆盖大量用户;精准度高,可以通过用户行为和偏好进行精准投放;互动性强,用户可以随时进行互动和反馈,提高广告的传播效果。但是,移动媒体广告也存在一些缺点,如用户隐私保护问题、广告干扰度高等。在投放移动媒体广告时,还需要充分考虑受众群体的特点和需求,以及广告预算和投放时间等因素,以获得最佳的宣传效果。

(9)VR 广告

VR 广告是一种新兴的广告形式,通过 VR 技术为用户提供沉浸式的广告体验。VR 广告可以让用户仿佛身临其境地体验产品或服务,从而更加深入地了解广告内容,提高用户的参与度和记忆度。

VR 广告的优点在于,用户可以更加深入地了解产品或服务的特点和优势,而且广告的创意和表现形式也更加丰富多样。同时,VR 广告还可以通过数据分析来评估广告效果,为后续的广告投放提供数据支持。但是,VR 广告也存在一些挑战和难点,如技术门槛高、制作成本高、用户体验要求高等。同时,VR 广告也需要遵守相关的法律法规和规定,避免虚假宣传和侵犯用户隐私等问题。

总之,VR 广告作为一种新兴的广告形式,具有很大的潜力和市场前景。但是,企业在进行 VR 广告投放时,需要充分考虑技术、成本、用户体验和法律法规等因素,以实现最佳的宣传效果。

(10)其他类型广告

此外,还有几种常用的广告方式,有 POP 广告、交通广告、直邮广告等。企业可根据自身的需要,结合宣传品牌特点来制定宣传策略,具体广告投放效果需要经过市场考验来评估。

①POP 广告:指商店里的海报、标语等宣传品,主要用于提醒消费者注意商品并引起其购买兴趣。

②交通广告:包括公交车广告、出租车广告等,主要在交通工具上展示广告信息。

③直邮广告:通过邮寄方式将广告直接发送给目标受众,如宣传册、产品目录等。

④包装广告:指商品的包装或标签上的广告信息,包括商品名称、品牌标志等。

⑤展示广告:在商场、展览馆等地方设置展示牌、展示架等,用于展示商品或宣传活动。

⑥电影贴片广告:在电影放映前播放的广告,通常是电影的预告片或品牌广告。

⑦地铁广告:在地铁车站、车厢内部或外部等地方设置的广告。

⑧飞行广告:指在空中利用气球、飞艇等飞行器展示的广告。

⑨霓虹灯广告:使用霓虹灯制作的各种类型的招牌或标识,具有独特的美观性。

以上是广告促销的一些常见方式,企业在选择时需要根据企业的目标、市场定位和预算等因素进行综合考虑。同时,还需要考虑广告的诉求内容、目的和受众等因素,以制定有针对性的广告策略。广告需要遵守相关的法律法规和规定,确保用户隐私和合法权益得到保障。

(四)广告促销决策

广告促销决策是一个复杂的过程,需要全面考虑各种因素,以下是一些关键步骤,涵盖了从目标确定到调整优化的全过程。

1.确定广告目标

铁路运输广告的最终目标是提高铁路运输产品或铁路运输企业的知名度,影响消费者的购买行为,从而使企业赚得更多利润。但在不同时期,广告目标各不相同,一般可归纳为以下四类。

(1)创牌目标

在新的铁路运输线路、班次或产品刚投入市场或将要投入市场之时,铁路运输企业要向社会介绍新产品,开拓新市场。铁路运输企业通过对运输产品到发时间、车型、价位及其他服务项目的宣传介绍,提高新产品的知名度及消费者对新产品的理解度和记忆度。

(2)保牌目标

在运输产品已投放市场一段时间后,铁路运输企业为巩固已有的市场,并在此基础上深入开发潜在市场和刺激购买需求,对运行良好的运输产品主要通过连续广告的形式来加深消费者对已有运输产品的认识,保持消费者对该产品的好感、偏好、信心。对运行中反应不良的运输产品,要在改进产品质量的基础上,通过广告来消除消费者对产品的偏见,改善消费者对产品的评价,确立好感。

(3)竞争目标

为了提高产品的市场竞争能力,铁路运输企业通过重点宣传本产品与其他可替代运输产品的优异之处,使消费者认识到本产品的好处,增强偏爱度。

(4)公共宣传目标

广告与公共宣传作为两种大众传播方式,虽然有各自不同的内涵,但两者又有联系。公共宣传目标是指企业以广告的形式向社会发布信息,树立运输企业的良好形象。公共宣传可以利用广告扩大影响,增强说服力,及时强化宣传效果;广告也可以按照一定的宣传意图来选择、编排和发布。

2.确定广告预算

在确定广告目标后,需要制定相应的预算。预算应该根据企业的整体财务状况、广告目标和市场竞争情况等因素进行制定。预算的制定有助于合理分配资源,确保广告活动的顺利进行。

3.选择广告媒体

广告媒体是广告信息和广告创意的物化形象的载体。广告媒体的选择直接关系到信息传播的影响范围和准确程度,也影响策划创意的广告形象的渲染力、影响力。巧妙地运用媒体,周密地策划媒体策略,是广告整体运作的一个重要组成部分。在制定广告策略时,选择合适的媒体非常重要。不同的媒体有不同的受众群体和传播效果,因此需要根据广告目标和预算等因素选择最合适的媒体组合。例如,电视媒体适合覆盖广泛的大众群体,而社交媒体则更适合针对特定人群进行精准营销。铁路运输企业在选择媒体时主要应考虑以下几个因素。

(1)广告涉及的范围、播出的时效

铁路运输企业在选择媒体时要充分结合自身的特点。由于运输产品有较强的地域性,因此,对于有特定的始发到达地点及运输方向的航空、铁路运输产品,可选择在运输产品沿线、停靠站点的大众传播媒体或其他媒体上发布广告,不宜选择覆盖面过广的媒体。为运输产品所做的广告主要传播有关运输产品时间、价格、去向等方面的信息,具有较强的时效性,因此易选择时效性强的媒体,如报纸、广播、电视等。

(2)媒体的种类

广告媒体可以分为大众传播媒体和其他媒体。大众传播媒体分为报纸、广播、电视、杂志、网络,其他媒体如户外广告等。各种媒体均有自己的传播优势和缺陷。

(3)产品特性

铁路运输企业提供的产品形式多样,针对不同的产品应选择不同的媒体以达到最佳的传播效果。对于普通的客运产品,应选择大众传媒;对于针对某一特定目标市场开行的运输产品,如春运期间的民工专列、学生专列,就要采取目标顾客经常可接触到的传播媒体。对于零担、行包等普通货运产品,应选择大众传媒;而对于特定货运产品,则不需要过大的影响面。

(4)广告费用

各种媒体的收费标准不同,铁路运输企业应根据自身的财力合理选择广告媒体。

(5)播出时间

广告商还必须决定如何在节目中安排广告播出。例如,在铁路运输产品销售的淡季和旺季,公司可以根据季节的变化制定播出安排。许多公司做一部分季节广告,有些公司只根据季节做广告。此外还需选择广告形式,持续播出是指在一定的时期内安排广告均衡地播出;脉冲式播出是指在特定阶段内轻重不同地安排广告,采用这种播出方式是为了在短时间内重点播放,并且花费较少。

4.广告评估

广告评估是对广告播出后的交流效果和销售效果进行评估。衡量广告的交流效果即广告是否传播得好,可采用问卷调查的形式。问卷调查可以在广告前、后进行。在广告推出前,广告商通过调查问卷,询问消费者的态度。在广告播出后,广告商可以衡量广告影响,即消费者的反响和对产品的知晓与偏好。销售效果比交流效果更难衡量。衡量广告销售效果的方法有两种:一是将过去的销售量与过去的广告开支进行对比,二是通过实验来衡量。

综上所述,营销者在做广告促销决策时,更多地关注广告是否实现目标,成本与效果的评估等。广告评估是一个系统的过程,需要综合考虑目标受众、预算、创意设计、媒体选择、投放时间和效果评估等多个方面。通过科学合理的决策和执行,可以提升广告促销活动的有效性和回报率,从而实现企业的营销目标。

三、公关促销

公关促销是企业通过运用公共关系手段,提高品牌形象,加强与公众之间的联系,提升销售的一种促销方式。它以建立企业与客户之间的长期信任和良好关系为目标,通过各种公关活动和传播手段,增强公众对企业的认知、理解和信任,从而促进销售增长。

案例

坐高铁迎"双节"

"我和我的祖国,一刻也不能分割;无论我走到哪里,都留下一首赞歌……"2023年9月26日,中秋、国庆节来临之际,在银川开往杭州西的G3189次列车上,由兰州铁路局集团公司银川客运段为乘车旅客精心打造的"浓情中秋、喜迎国庆"主题活动正进行得如火如荼,旅客们挥舞着鲜红的五星红旗,用优美的歌声表达对祖国的热爱和祝福。旅途中,列车还会向旅客介绍沿途城市的风土人情、地方风貌和旅游资源,及时地向有需求的旅客提供旅游线路规划、乘车信息咨询等服务,让民众出行体验更美好。通过一系列活动,提高旅客的出行体验,塑造铁路可亲可信的美好印象!

(信息来源:https://m.thepaper.cn/baijiahao_24786437,有改动)

(一)公关促销的特点

公关促销是一种长期、间接、广泛和主动的促销方式,它通过公共关系的手段来提高品牌形象,从而促进产品销售。其具有以下特点。

1. 间接性

公关促销并不是直接推销某个具体的产品,而是通过公共关系的维护和宣传,展示品牌形象,提高公众对企业的认知度和信任度,从而间接地促进产品销售。

2. 长期性

公关促销的效果通常需要较长时间才能显现,因为它需要建立与公众之间的长期信任和良好关系。

3. 广泛性

公关促销的对象非常广泛,包括客户、员工、投资者、合作伙伴以及政府部门等。

4. 主动性

公关促销需要企业主动与公众进行沟通和交流,建立和维护与公众之间的关系,从而影响产品销售。

（二）公关促销的对象

公关促销的对象主要包括目标客户、潜在客户、员工、投资者、合作伙伴、新闻媒体及政府部门等。这些对象对企业的形象和声誉有着重要的影响，具体有以下几类。

1. 社会公众

社会公众包括一般消费者公众（目标客户、潜在客户）、市民行动公众（各种保护消费者权益组织、环境保护组织等）、企业内部公众（员工）等。

2. 金融公众

金融公众即影响企业取得资金和财力支持的银行、投资公司等。

3. 政府公众

政府公众即负责管理企业经营活动的有关政府机构。

4. 媒介公众

媒介公众即具有广泛影响的电视、广播、报纸、杂志等大众传播媒介。

这些对象对于企业的形象和声誉有着重要的影响，因此公关促销的主要任务是加强与这些对象的沟通，提高企业的知名度和美誉度。

（三）公关促销的功能

公关促销是企业的一种促销方式，主要利用公共关系的维护和宣传，展示品牌形象。公关促销功能主要包括以下几点。

1. 传递企业信息

公关促销通过各种渠道（如内部刊物、新闻发布、记者招待会等）向社会公众传递企业的经营目标、经营理念、政策措施等信息，使公众对企业有更充分的了解。

2. 协调内部关系

公关促销的对象也包括企业内部公众，公关活动能够协调企业内部各部门之间的关系，提高企业内部的工作效率。

3. 建立企业形象

通过多种方式的公关促销活动，企业可以展示自己的品牌形象，提高企业在目标市场的知名度、信誉度和美誉度。

4 促进产品销售

公关促销能够为企业营造一个和谐、亲善、友好的营销环境，改善目标受众与企业的关系，从而间接地促进产品销售。

（四）公关促销的工具

公关促销活动是企业提高品牌知名度、加强与利益相关者沟通和互动的重要手段。通过选择合适的公关促销活动方式和策略，企业可以实现与公众的良好互动和品牌形象的提升。以下是一些常见的公关促销活动及其方式。

1.宣传性活动方式

（1）新闻宣传：发现或创造对企业或产品有利的新闻，并通过与新闻媒体建立良好的关系，将新闻及时传播出去，以树立企业形象、扩大产品销路。

（2）新闻发布会：组织新闻发布会，向媒体和公众发布企业的重要信息或新产品，吸引公众关注并塑造企业形象。

（3）演讲：通过各种演讲活动，如产品订货会、学术研讨会等，对企业或产品进行直接宣传，促进产品销售。

（4）印制宣传资料：制作并分发宣传册、海报等宣传资料，以介绍企业、宣传产品和树立企业形象。

（5）社交媒体推广：企业或组织在社交媒体平台上发布内容、维护形象、加强与公众的互动而采取的措施。例如，企业可以在微博、微信、抖音等平台上发布有趣、有料的内容，吸引公众的关注和参与，进而提升品牌知名度和美誉度。

2.交际性活动方式

（1）联谊会、招待会：举办各类联谊会和招待会，邀请客户、合作伙伴及媒体参加，增进彼此的了解和合作。

（2）专题活动：围绕特定主题或节日举办专题活动，如产品推介会、庆典活动等，吸引公众关注并提升品牌知名度。

3.服务性活动方式

（1）服务问卷调查：开展服务问卷调查，了解公众对企业产品或服务的满意度及需求，以便改进和提升服务质量。

（2）便民项目：设立服务热线、咨询投诉电话、意见箱等，为公众提供便捷的服务渠道，增强企业的服务形象。

4.公益性活动方式

（1）赞助活动：赞助社会福利、慈善事业等，展现企业的社会责任感，提升企业的社会形象。

（2）环保活动：参与或组织环保活动，倡导绿色消费和可持续发展，增强企业的环保形象。

5.征询性活动方式

（1）座谈会、研讨会：邀请专家、学者、客户等参加座谈会或研讨会，就企业关心的问题进行深入探讨和交流，以获取有价值的意见和建议。

（2）市场调查：开展市场调查，了解市场动态和消费者需求，为企业制定营销策略提供依据。

综上所述，公关促销的方式多种多样，企业可以根据自身情况和目标受众的特点选择合适的公关促销方式，以达到最佳的促销效果。

（五）公关促销的实施

公关促销活动是企业或组织为了维护自身形象、提高品牌知名度、加强与公众的沟通和互动而开展的一系列活动。公关促销实施的主要步骤如下。

1.确定目标受众

在实施公共关系活动之前，首先需要确定目标受众。目标受众是指企业或组织希望通过公共关系活动影响的人群,如潜在客户、现有客户、媒体、政府机构等。了解目标受众的需求和兴趣,有助于制定更有效的传播策略。

2.制定公关策略

公关策略是指企业或组织在公共关系活动中所采取的传播方式和手段。传播策略应该根据目标受众的特点和需求来确定,包括公关方式、传播渠道、传播内容、传播频率等。制定传播策略需要考虑多种因素,如预算、目标受众的偏好、竞争对手的策略等。

3.设计传播内容

传播内容是公共关系活动中重要的部分之一。设计传播内容需要考虑目标受众的兴趣和需求,以及企业的价值观和文化。传播内容包括新闻稿、社交媒体帖子、广告、宣传册等。设计传播内容需要注重内容的吸引力和可信度,以及与企业的形象和品牌相符合。

4.选择传播渠道

传播渠道是指企业或组织将传播内容传递给目标受众的途径。选择传播渠道需要考虑目标受众的特点和需求,以及企业的预算和资源。常见的传播渠道包括社交媒体、新闻媒体、广告媒体、线下活动等。选择合适的传播渠道可以提高传播的效果和效率。

5.实施传播活动

实施传播活动是将传播策略和传播内容付诸实践的过程。在实施传播活动之前,需要对传播活动进行充分的规划和准备,包括确定活动的时间、地点、参与人员等。实施传播活动时,需要注重传播活动的质量和效果,及时收集反馈信息,以便调整传播策略和传播内容。

6.收集反馈信息

收集反馈信息是公共关系活动中非常重要的一步。收集反馈信息,可以帮助企业或组织了解目标受众对公共关系活动的反应和态度,从而调整传播策略和传播内容;可以通过多种方式进行,如在线调查、社交媒体互动、电话访谈等。对于收集到的反馈信息需要进行分析和整理,以便更好地了解目标受众的需求和兴趣。

7.调整传播策略

根据收集到的反馈信息,企业或组织需要对传播策略进行调整和优化。调整传播策略需要考虑多种因素,如目标受众的需求变化、竞争对手的策略调整等。调整后的传播策略需要再次进行规划和准备,并付诸实践。在实施新的传播策略时,需要注重活动的质量和效果,并及时收集新的反馈信息,以便不断提升公共关系活动的效果。

总之,公关促销的实施需要经过多个步骤和环节,包括确定目标受众、制定传播策略、设计传播内容、选择传播渠道、实施传播活动、收集反馈信息以及调整传播策略等。这些步骤和环节相互关联、相互影响,需要企业或组织进行全面的规划和准备,以确保公共关系促销活动的成功实施。

四、营业推广

营业推广,又称销售促进,是指企业运用各种短期诱因鼓励消费者和中间商购买、经销或代理企业产品或服务的促销活动。营业推广是与人员推销、广告推销、公关促销相并列的四种促销方式之一,是构成促销组合的一个重要方面。下面将介绍全面的营业推广知识,铁路运输企业因其产品与消费特点,可有选择地策划合适的营业推广活动。

行业洞察

兑换车票,免费出行

随着铁路客运的不断发展,越来越多的人选择乘坐火车出行。为了提升旅客的出行体验,12306平台推出了会员积分制度,让旅客在购买车票的同时积累积分,进而兑换免费车票。

会员账户积分首次累积达到10000分时,即具备兑换资格。进行积分兑换时,按照"先进入积分先消费"的原则消耗积分。会员可通过12306网站、"铁路12306"手机App、车站会员服务窗口为本人或指定的受让人兑换车票。乘车积分 = 票面价格×5,积分以"分"为单位,按四舍五入取整计算,1积分 = 1分钱,100积分相当于1元人民币。例如:动车组二等座票价100元,乘车积分按票面价格×5计算,可以获得500分。反之,用积分兑换车票时,100积分相当于1元人民币,要兑换100元的火车票,则需要10000分。

（信息来源:https://cx.12306.cn/tlcx/jfExchange.html,有改动）

(一)营业推广的特点

营业推广是一种短期内刺激消费者需求的策略,具有强烈的目标性。营业推广的特点如下。

1. 针对性强

营业推广主要针对特定的客户群体或市场需求,通过提供具有吸引力的促销手段来提高客户购买意愿。

2. 效果直接

营业推广直接作用于客户,通过直接增加优惠或提供额外的服务来提高客户的购买量和服务体验,因此效果较为直接和明显。

3. 灵活多样

营业推广的方式多种多样,可以根据不同的市场情况和客户需求制定不同的推广策略,如折扣促销、赠品活动、搭配销售等。

4. 短期效应

营业推广通常在短期内产生明显的效果,但对于长期的品牌建设和客户忠诚度提升还需要其他营销策略的配合。

(二)营业推广的作用与不足

1. 营业推广的作用

营业推广作为促销的一种重要手段,具有多方面的作用,主要体现在以下几个方面:

（1）吸引消费者购买。这是营业推广的首要目的,尤其是在推出新产品或吸引新顾客方面,由于营业推广的刺激比较强,较易吸引顾客的注意力,使顾客在了解产品的基础上采取购买行为,也可能使顾客追求某些方面的优惠而使用产品。

（2）奖励品牌忠实者。营业推广的很多手段,如销售奖励、赠券等通常都附带价格上的让步,其直接受惠者大多是经常使用本品牌产品的顾客,从而使他们更乐于购买和使用本企业产品,以巩固企业的市场占有率。

（3）实现企业销售目标。销售目标是企业的最终目的。营业推广实际上是企业让利于消费者,它可以使广告宣传的效果得到有力的增强,破坏消费者对其他企业产品的品牌忠实度,从而达到本企业产品销售的目的。

2. 营业推广的不足

尽管营业推广在营销中发挥着重要作用,但也存在一些不足之处。

（1）影响面较小。营业推广需要配合其他促销手段一起使用,它所辐射的市场相对较少,是广告和人员促销的一种辅助的促销方式。

（2）刺激强烈,时效较短。它是企业为创造声势获取快速反应的一种短暂促销方式。

（3）顾客容易产生疑虑。营业推广过分渲染或长期频繁使用,容易使顾客对卖者产生疑虑,反而对产品或价格的真实性产生怀疑。

（三）营业推广的方式

营业推广方式是指通过在特定目标市场中采取一系列具有短期诱导性的促销手段,以促进销售和提升市场份额。所有的营业推广方式大致可以分为三类:针对消费者的、针对中间商的与针对企业推销人员的。铁路运输企业可以根据促销对象与竞争环境等不同选择合适的推广方式。

1. 针对消费者的营业推广方式

（1）赠送样品

赠送样品是企业新产品打入市场时常用的方法,尤其适用于小商品,如糖果、饮料等。样品可挨户赠送,或在商店中附送,或在街头散发,或低价出售试用样品,如"买一送一"等方式。

（2）减价

减价是以减价来吸引顾客,扩大销量。减价的名目繁多,但都必须说明企业并非出于质量问题才减价的。折扣也是一种减价的方式,其最简单的办法是在价目旁标明折扣。其他方式还有代金券或折扣券等。

（3）廉价包装

有些产品使用豪华包装,成本很高,导致价格居高不下。廉价包装则是在商品包装上注明该产品比通常的包装减价若干。

（4）有奖销售

消费者购买一定数量的产品后,可以获得抽奖机会,赢得奖品或奖金。抽奖活动可以有多种形式:在销售商品时附送奖券,小额的立即兑奖,大额的集中摇号抽奖。虽然真正幸运的人很少,但侥幸中奖的心理使许多人禁不住要购买。或举办互动活动,如游戏、问答等,吸引消费者参与并奖励他们。

（5）现场演示

现场演示是一种在现场向观众呈现演示内容的表现形式。企业派出促销员在销售现场演示产品，介绍产品的特点、用途和使用方法等。现场演示相对直观、真实、生动，能让观众直接感受到演示内容的实际效果。现场演示适用于不同主题的活动和场合，如新产品发布、交流会、招商会、展会等。通过现场演示，可以吸引更多的观众，增强演示效果和影响力。

（6）联合促销

联合促销是指两个或两个以上的企业或品牌合作开展促销活动。其主要目的是共享市场和客户群体，降低营销成本，提高销售效果。通过联合促销，企业能够共同承担营销费用，降低各自的营销成本。同时，由于参与者各自的品牌影响力和客户群体的不同，联合促销还可以扩大市场覆盖面，提高销售量。此外，联合促销增强品牌间的协同作用，提高品牌影响力和忠诚度。联合促销是近几年来发展起来的新的促销方式，可以让联合促销的双方都能最大限度地暴露在目标消费者的眼前，最大限度地发挥促销的功能，最终收到理想的效果。

（7）参与促销

参与促销旨在通过吸引消费者参与各种促销活动，促进产品销售。消费者参与各种促销活动，如技能竞赛、知识比赛等，获取企业的奖励。参与促销更强调"以消费者为中心"的理念，善于将用户当作营销项目的协助者，更关注情感体验，从而加强与品牌的密切联系和特定人群的影响力。

（8）会议促销

会议促销是企业通过组织各类会议、活动等形式来吸引目标客户，推广产品或服务，提高品牌知名度的一种促销方式。会议促销的形式多样，如研讨会、论坛、峰会、展览会等。通过会议促销，企业可以与客户进行面对面的交流，展示自己的产品和服务优势，同时能建立与客户的信任和合作关系。

会议促销的目的是提高销售量或增加知名度，因此，企业在策划会议促销时，需要明确目标客户群体、选择合适的会议形式、制定详细的策划方案和执行计划，以确保促销活动的成功。

（9）活动促销

活动促销是通过组织各类活动或节日庆典等形式来吸引消费者，促进产品销售。常见的活动促销包括店庆、新品发布会等。活动促销的目的是提高品牌知名度、增加销售额、加强与消费者的互动和沟通等。通过活动促销，企业可以在短时间内吸引大量消费者，提高销售额和知名度；也可以通过活动促销来展示自己的品牌形象和价值观，加强与消费者的互动和沟通，提高品牌忠诚度。

在策划活动促销时，企业需要考虑目标客户群体、促销形式、活动内容、时间和地点等因素，以确保活动的成功。

（10）会员制推广

会员制推广是一种有效的营业推广手段，其核心是通过建立会员制度，吸引和保留客户，并增加他们的消费频次和金额。这种策略通过提供独特的权益和优惠，增加客户黏性，

提高品牌忠诚度,进而提升企业的市场份额和盈利能力。实施会员制推广通常包括以下关键环节:

①会员招募:这是会员制推广的第一步,关键在于利用各种渠道宣传会员制度的优势,吸引新的客户成为会员。

②会员维护:在会员加入后,需要通过提供优质的服务和产品,以及定期的沟通,来维护与会员的关系,解决他们的问题,提高会员的满意度和忠诚度。

③会员升级:通过设置会员等级制度,激励会员提高消费频次或金额,以提升等级,享受更多特权和优惠。

④会员特权:为不同等级的会员提供相应的特权服务或福利,如专享折扣、优先购买权、免费参加活动等,以提高他们的满意度和忠诚度。

⑤会员互动:组织各类互动活动,增强会员的归属感和参与感,如会员聚会、线上话题讨论等。

实施会员制推广时,企业需要制订详细的计划,并定期评估和调整方案效果。评估的指标包括会员数量、会员活跃度、会员推荐率和会员满意度等。通过这些数据,可以判断方案的有效性,并进行总结和改进。

2. 针对中间商的营业推广方式

(1)批发折扣

企业为争取批发商或零售商多购进自己的产品,在某一时期内给经销本企业产品的批发商或零售商加大折扣比例。

(2)推广津贴

企业为促使中间商购进企业产品并帮助企业推销产品,可以支付给中间商一定的推广津贴。

(3)销售竞赛

根据各个中间商销售本企业产品的实绩,分别给予优胜者不同的奖励,如现金奖、实物奖、免费旅游、度假奖等,以起到激励的作用。

(4)扶持零售商

生产商对零售商专柜的装潢予以资助,提供 POP 广告,以强化零售网络,促使销售额增加;可派遣厂方信息员或代培销售人员。生产商这样做的目的是提高中间商推销本企业产品的积极性和能力。

(5)培训和教育

提供销售技巧、产品知识等方面的培训和教育,帮助中间商更好地销售产品。

(6)提供市场分析和预测

提供市场趋势和竞争对手分析,帮助中间商制定更有效的销售策略。

(7)与中间商建立长期合作关系

通过签署合作协议、设立奖励机制等方式,与中间商建立长期稳定的合作关系。

(8)组织促销活动

组织促销活动,如折扣、赠品等,吸引消费者购买,促进中间商的销售。

3.针对推销人员的营业推广方式

（1）推销奖金

推销奖金是最常见的营业推广方式,通过为营销人员提供额外的奖金或佣金,激励他们增加销售额。这种方式的优点是简单易行,激励效果明显。

（2）推销竞赛

通过组织推销竞赛,激发营销人员的工作热情,提高销售业绩。这种方式的优点是能够快速提高销售量,但需要确保竞赛规则公平公正。

（3）培训和发展

为营销人员提供专业培训和发展机会,提高他们的销售技巧,丰富他们的产品知识,增强他们的销售能力。这种方式的优点是长远有效,能够持续提高销售业绩。

（4）配销渠道奖励

通过与配销渠道合作,为营销人员提供额外的配销渠道奖励,增加销售机会。这种方式的优点是能够扩大销售渠道,提高市场覆盖率。

（5）客户开发奖励

为营销人员提供额外的奖励,以鼓励他们开发新客户或增加现有客户的购买量。这种方式的优点是能够快速增加新客户和扩大市场份额。

综上所述,这些营业推广方式并不是互相独立的,铁路运输企业可以根据实际情况选择一种或多种方式进行组合,以达到更好的推广效果。同时,铁路运输企业也需要注意合理使用营业推广方式,避免过度依赖或滥用,导致负面影响。

（四）营业推广的步骤

营业推广策略是企业为了促进销售、提升品牌知名度或增加消费者参与度而制定的一系列有计划、有组织的营销活动方案。以下是对营业推广步骤的详细阐述。

1.明确促销目标

企业首先需要清晰界定促销活动的目标,如提升销售额、增加市场份额、提高品牌知名度、增强消费者忠诚度、促进新产品推广或清理库存等。明确促销目标有助于企业制定更具针对性的促销方案,并衡量活动的效果。

2.选择合适的促销方式

根据目标受众的喜好、产品特性以及市场环境,企业需要选择合适的促销方式。常见的促销方式包括赠品、折扣、免费服务、优惠券、满减、限时抢购等。不同的促销方式适用于不同的场景和目标,企业应灵活运用。

3.制定合理的促销期限和条件

促销期限应足够长,以吸引消费者注意并促使其采取行动,但也要避免促销期限过长导致消费者产生等待心理。促销条件应明确、合理,既要有足够的吸引力,又要确保企业能够承受。合理的期限和条件有助于保持促销活动的有效性和可控性。

4.强化促销信息传播

企业需要利用多种渠道广泛传播促销信息,包括广告、社交媒体、电子邮件、短信、线下活动等。通过多渠道传播,可以增加消费者的接触点,提高信息的覆盖率和传播效果。

同时,企业还应注重信息的创意和吸引力,以吸引消费者的注意并激发其参与热情。

5.优化促销组合

企业应将不同的促销方式进行组合,以形成协同效应,提高整体促销效果。组合促销可以包括多种方式的搭配使用,如折扣加赠品、满减加优惠券等。通过优化促销组合,企业可以更有效地利用资源,提高营销价值。同时,企业还需要合理分配预算,避免过度依赖单一的促销方式,确保整体营销活动的均衡和可持续性。

营业推广策略是企业营销活动的重要组成部分。通过明确促销目标、选择合适的促销方式、制定合理的促销期限和条件、强化促销信息传播以及优化促销组合,企业可以有效地促进销售、提升品牌知名度和增加消费者参与度,从而实现营销目标。

(五)影响营业推广方式的因素

营业推广方式的选择受到多种因素的影响,包括但不限于以下几个方面。

1.产品特点

不同类型的产品可能适合不同的营业推广方式。例如,对于高铁快递、客运业务,可能更适合采用折扣券、积分兑换等促销方式;而对于运输、仓储等物流服务,可能更适合采用提供试用或分期付款等推广方式。

2.目标受众

不同的目标受众对营业推广方式的接受程度和偏好也不同。例如,个人货主可能更喜欢社交媒体上的折扣券,而企业货主可能更喜欢传统的分期付款、累计折扣。

3.竞争环境

企业所处的竞争环境会影响营业推广方式的选择。例如,快递企业面临激烈的竞争,可能需要采取更加激进的推广方式来吸引消费者的注意。

4.品牌形象

企业的品牌形象会影响营业推广方式的选择。如果企业的品牌形象比较高端,可能更适合采用一些高品质的推广方式,如高端赠品或专属活动等。

5.预算限制

企业的预算限制是选择营业推广方式的重要因素之一。在预算有限的情况下,企业可能需要选择一些成本较低的推广方式,如打折、赠品等。

总的来说,企业选择营业推广方式需要综合考虑产品特点、目标受众、竞争环境、品牌形象、预算限制等多个因素,并进行针对性的市场调研和营销策略分析,制定个性化的推广方案。

五、促销策略与组合

(一)促销策略

促销策略是一种促进产品销售的谋略和方法。它是指企业人员搭配使用人员推销、广告、公共关系和营业推广等各种促销手段,向消费者传递产品信息,引起消费者的注意和兴趣,激发消费者的购买欲望和购买行为,以扩大销售的活动策略。

1. 类型

促销策略有各种不同形式,有推式促销策略与拉式促销策略,有人员促销策略与非人员促销策略,有刺激式促销策略、启发式促销策略等。例如,按照顾客在购买活动中心理状态的变化,适时展示商品以刺激消费者的购买欲望,或启迪诱导以激发消费者的购买兴趣,或强化商品的综合印象以促进顾客的购买行为。以下将重点介绍推式与拉式促销策略。

根据促销手段的出发点与作用的不同,促销策略可分为推式促销策略和拉式促销策略两种。

(1)推式促销策略

推式促销策略是以直接方式,运用人员推销手段,把产品推向销售渠道的一种促销策略。其作用过程:铁路运输企业的营销人员把产品或劳务推荐给中间商(货代公司等),再由中间商推荐给终端用户(货主或旅客)。当然,铁路运输企业也可以直接使用人员推销方式与客户建立联系,开展促销活动。图 5-12 为推式促销策略示意图。

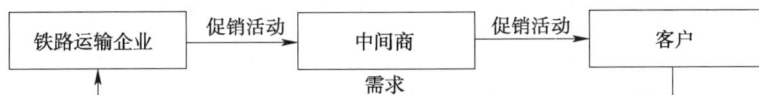

图 5-12　推式促销策略示意图

该策略适用情况:单位价值较高、性能复杂、需要做示范的产品,根据用户需求设计的产品,流通环节较少、流通渠道较短的产品,市场比较集中的产品,等等。推式促销策略的优点是风险小、推销周期短、资金回收快。它是最直接最有针对性的推销方式,满足了企业从生产到发货的一条龙服务,同时使厂家、物流商、客户建立了良好长久的合作关系。

企业采用推式促销策略,常用的方法主要有人员推销、营业推广等。例如,中铁快运公司主要使用人员推销的方式,上门拜访货主,开发市场、促成交易。

(2)拉式促销策略

拉式促销策略是采取间接方式,通过广告和公共宣传等措施吸引最终旅客或货主,使其对企业的产品或劳务产生兴趣,从而引起需求,主动去购买商品的一种促销策略。其作用路线:企业将旅客或货主引向中间商(如货代公司),将中间商引向铁路运输企业。对单位价值较低的快递服务,刚上市的新产品或服务,市场范围较广、市场需求较大的产品,通常采用拉式促销策略。图 5-13 为拉式促销策略示意图。

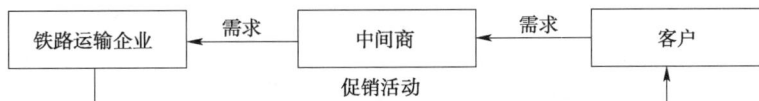

图 5-13　拉式促销策略示意图

企业采用拉式促销策略,常用的方式主要有价格促销、广告等。这种方式需要大量的广告铺开形式,而且客户比较零散,基本上是小客户类型为主。

推式促销策略和拉式促销策略在企业的营销中具有重要地位。企业需要根据市场环境和目标客户群体的特点,灵活运用推式和拉式策略,以最大限度地提升销售业绩和市场占有率。

2. 注意要点

在实施这些策略时,企业需要注意以下几点:

(1)制定有针对性的促销策略。根据不同的客户群体和市场环境,制定有针对性的推式促销策略和拉式促销策略,以提高营销效果。

(2)保持策略一致性。在实施促销策略时保持一致性,避免出现自相矛盾的情况,以提升客户的信任感和忠诚度。

(3)持续改进和创新。不断改进和创新促销策略,以适应市场变化和客户需求的变化,保持竞争优势。

(二)促销组合

促销组合是指企业根据促销的需要,将不同的促销手段进行有机组合,以实现销售目标的一系列营销活动。具体来讲,促销组合是企业在市场营销活动中有计划、有目的地把人员促销和非人员促销两大类(人员推销、广告、营业推广和公共关系)具体促销方式结合起来,综合运用,形成一个完整的最佳促销策略。促销组合是一个有机的整体,是各种促销方式的正确选择、组合和运用。这些手段相互补充,形成一个有机的整体,确保企业在市场竞争中取得优势。

1. 设计促销组合的过程

(1)确定促销目标

在开始设计促销组合之前,首先需要确立促销目标。促销目标可以根据不同的市场营销目标来确定,如增加品牌知名度、提升销售额、扩大市场份额等。明确的促销目标有助于后续策略的制定和实施。

在不同时期和不同的市场环境下,企业开展的促销活动都有着特定的促销目标。短期促销目标,宜采用广告促销和营业推广相结合的方式。对长期促销目标,公关促销具有决定性意义。需要注意的是,企业促销目标的选择必须服从企业营销的总体目标。

(2)分析顾客需求和行为

通过企业目标市场的研究与市场调研,界定其产品的促销对象是现实购买者还是潜在购买者,是消费者还是中间商等。明确了产品的销售对象,也就确定了促销的目标对象;在设计促销组合的过程中,深入了解和分析消费者需求和行为至关重要。通过市场调研、用户画像等方法对目标受众的购买习惯、需求、喜好和媒体习惯进行研究,有助于制定更有针对性的促销策略。

(3)选择合适的促销工具

在了解了消费者需求和行为之后,企业需要选择合适的促销工具来实现促销目标。常见的促销工具包括广告、营业推广、公共关系和人员推销等。每种工具都有其特点和适用场景,企业需要根据实际情况进行选择和搭配。

在选择促销工具时,企业需要考虑目标受众的特点、市场竞争状况以及企业自身资源等因素。例如,针对年轻消费者的市场可以采用时尚潮流的促销手段,而针对高端市场的消费者则可以采取强调品质和服务的策略。同时,企业还需要考虑促销预算的限制,合理分配各种促销手段的预算。

（4）制订具体的促销方案

在确定了促销工具之后，企业需要制订具体的促销方案。这包括促销活动的主题、时间、地点、方式、预算等细节。促销方案的制定需要充分考虑目标受众的特点、市场竞争状况以及企业自身资源等因素。

在制定具体的促销方案时，企业需要注重创意和差异化。独特的创意可以吸引更多消费者的关注，而差异化的策略则可以使企业在市场竞争中脱颖而出。同时，企业还需要注重方案的可行性和可操作性，确保方案能够顺利实施并取得良好的效果。

（5）实施与控制促销活动

实施阶段是促销组合策略的关键环节。在这一阶段，企业需要确保所有相关部门都清楚了解并执行促销方案。同时，企业需要对活动进行监控，确保其按照预期进行，并及时处理可能出现的问题。

为了确保促销活动的顺利实施，企业需要建立有效的沟通机制和协作流程。各部门之间需要密切配合，确保资源的合理配置和活动的顺利进行。同时，企业需要建立一套有效的监控机制，及时发现并解决可能出现的问题。

（6）评估促销效果

促销活动结束后，企业需要对效果进行评估。评估指标可以包括销售额的提升、品牌知名度的提高、客户忠诚度的增强等。通过评估，企业可以了解促销策略的实施效果，并为后续的调整和优化提供依据。

为了客观地评估促销效果，企业可以采用定性评估和定量评估相结合的方法。定量评估可以通过销售额、市场份额等数据来衡量活动的实际效果；定性评估则可以通过消费者反馈、专家评价等方式来了解活动的优势和不足之处。通过对评估结果的深入分析，企业可以总结经验教训并调整优化后续的促销策略。

2.影响促销组合的因素

（1）促销目标

铁路运输企业促销的总目标包括增加运量和提高市场占有率两方面。铁路运输企业促销的具体目标根据总目标来确定，通常具有以下三种类型：

①以介绍为目标。通过信息传递，消费者对本企业的产品有所了解，加深对本企业的认识和印象。这种销售目标一般应以广告为主。

②以揭示和说服为目标。促销的目的是使消费者对本企业的运输服务形成特殊偏好，在选择承运人时优先考虑本企业。因此，促销组合应以人员推销为主，同时配合使用广告等其他促销方式。例如，定期向客户提供运线资料、最新运价，经常拜访客户，等等。

③以树立企业形象为目标。促销的目的是使消费者对企业提供的运输服务形成一种良好的印象，树立企业的形象。因此，这类促销组合应以公共关系和良好的消费者服务为重点，并配合使用人员推销的促销方式。

（2）产品

产品的性质和特点影响促销组合决策，如果运输产品比较复杂，则较多采用人员推销的方式;如果运输产品比较简单,则多采用广告的营销方式。

(3)市场

针对不同的消费者类型和市场特点,促销组合策略是不同的。对于相对固定而且拥有较大运量的客户,在制定促销组合策略时应优先考虑人员推销和营业推广促销方式,并辅以必要的运输广告;对于零散的客户,尤其是零散的新客户,应注重树立良好的企业形象和运输信息的宣传,加强广告和公共关系促销,并辅以人员推销,以吸引更多的顾客。

对于线路腹地较小、客户较集中的地区,应以人员推销方式为主并配合使用其他促销方式;对于线路腹地较大、客户较分散的地区,应以广告宣传为主,加强人员推销活动,并辅以其他促销方式。对于不同性质的运输市场,促销组合策略也有所不同。对于货运市场,应以人员推销方式为主,并配合使用其他促销方式;对于客运市场,则应以公共关系和广告宣传为主,并辅以其他促销方式。

(4)促销策略

根据铁路运输行业的特点,无论是采用推式促销策略还是采用拉式促销策略,都应坚持以人员推销为主的促销组合。尤其是在运输市场竞争日趋白热化的今天,人员推销促销方式往往是决定企业市场营销成败的关键所在,推销人员素质越高,与顾客的联系越密切,掌握的客、货源越多。

当然,除人员推销以外,铁路运输企业还应适当辅以广告、营业推广和公共关系等促销方式。

(5)渠道结构

如果铁路运输企业主要通过代理商来推广产品,则多采用公共关系和广告宣传的方式;如果铁路运输企业主要以直销的方式来推广产品,则较多采用公共关系、人员推销和营业推广的方式。

(6)价格

无论是工业品、消费品还是劳务,其价格不同也决定了促销方式的不同。一般来说,促销方式以广告推销和人员推销为主,两者因价格不同而有所区别。

(7)产品生命周期

产品生命周期是影响促销组合的重要因素之一。企业产品在生命周期的不同阶段,其促销方式是不同的,促销效果也相差很大。一般来说,铁路运输企业产品在进入市场生命周期的导入阶段,其促销的目的是使消费者和潜在顾客尽快熟悉本企业及其服务范围、服务内容。

因此,这一阶段应以广告推销和人员推销为主要促销方式;当产品已进入当地的运输市场,其生命周期处于成长期阶段时,企业的目标是如何吸引顾客和潜在的客货源,力求与消费者建立稳定关系,因而此阶段的促销活动应以人员推销为主,辅以其他促销方式;当市场供过于求,企业竞争趋于白热化,产品生命周期处于成熟阶段时,企业的目标是尽量维持与现有消费者的业务联系,保持企业的市场份额,因而此阶段的促销活动应坚持以人员推销为主的促销方式并辅以营业推广、广告等促销方式。

项 目 实 训

【实训目标】

(1)了解铁路运输市场的现状、趋势以及竞争态势。

(2)学习并掌握铁路运输的基本营销策略,包括产品策略、价格策略、渠道策略和促销策略。

(3)通过模拟实际营销场景,提升实践能力和团队协作能力。

【实训任务】

假设你是一家铁路运输企业的营销部门专员,面对日益激烈的运输市场竞争,你需要帮营销经理制定一套有效的铁路运输营销策略,以提高市场份额,增加运输量和利润,并提高客户满意度。

【实训流程】

(1)市场调查:分析铁路运输市场的需求、竞争对手情况以及客户满意度等。

(2)策略制定:根据市场调查结果,制定铁路运输的产品策略、价格策略、渠道策略和促销策略。

(3)模拟实施:模拟实际营销场景,将制定的营销策略付诸实践。

(4)效果评估:评估策略实施的效果,分析存在的问题并进行改进。

【实训步骤】

(1)分组与角色分配:将学生分为若干小组,每组分配不同的角色和任务。

(2)市场调查:各组通过查阅资料、问卷调查、访谈等方式进行市场调研。

(3)策略制定:各组根据市场调研结果,制定铁路运输的营销策略。

(4)模拟实施:模拟实际营销场景,如与客户谈判、签订运输合同、组织促销活动等。

(5)效果评估:通过模拟实施后的数据反馈,评估策略实施的效果。

(6)总结与改进:各组进行总结汇报,指导教师进行点评,分析存在的问题并提出改进措施。

【实训注意】

(1)团队协作:在实训过程中,各组需要相互协作,共同完成市场调查和策略制定等任务。

(2)数据准确性:市场调查的数据要准确可靠,避免主观臆断和误导。

(3)策略创新性:在制定营销策略时,要注重创新,提出具有竞争力的方案。

【实训成果】

(1)市场调查报告:各组提交的市场调查报告,详细分析了铁路运输市场的现状、趋势以及竞争态势。

(2)营销策略方案:各组制订的铁路运输营销策略方案,包括产品策略、价格策略、渠道策略和促销策略等。

（3）模拟实施记录：模拟实施过程中的相关记录，如客户谈判记录、运输合同、促销活动记录等。

（4）效果评估报告：评估策略实施效果的报告，分析存在的问题并提出改进措施。

（5）个人总结：每名学生提交个人总结，反思实训过程中的得失，提出自己的改进建议。

在线答题

1. 请学生扫描封面二维码，每个码只可激活一次。

2. 长按弹出界面的二维码关注"交通教育出版"微信公众号并自动绑定资源。

3. 公众号弹出"购买成功"通知，点击"查看详情"进入后选择绑定的图书，即可进行在线答题。

4. 可进入"交通教育出版"微信公众号，点击下方菜单"用户服务—图书增值"，选择已绑定的教材进行在线答题。

管理铁路运输客户服务

　　管理铁路运输客户服务是铁路运输企业管理的重要组成部分,也是企业开展营销活动的重要内容之一,对于提升铁路运输的整体质量和效率具有重要意义。我国铁路运输客户服务现状展现出积极发展的态势,客货运量持续增长,服务品质不断提升,但仍面临一些挑战。铁路运输行业应在提升服务质量方面持续努力,并面对市场和客户需求的变化作出适应性调整。随着科技进步和市场需求的变化,铁路运输行业正逐步实现智能化、数字化的服务管理,以提升客户体验和运营效率。

❀ 学习目标

素质目标	知识目标	技能目标
①通过学习与实训,培养沟通与交流能力、协作与解决问题能力; ②树立客户导向与服务意识	①了解铁路运输客户服务的定义、特点、主客体、类型与意义; ②掌握提供铁路运输客户服务的步骤与技巧; ③了解铁路运输客户服务质量与控制质量的流程、方法; ④了解铁路运输客户管理及内容、方法等	①能够从事铁路运输客户服务工作; ②能够高效、准确地解决铁路运输客户问题,提供卓越的服务体验,从而提高客户满意度和忠诚度

❈ 知识结构

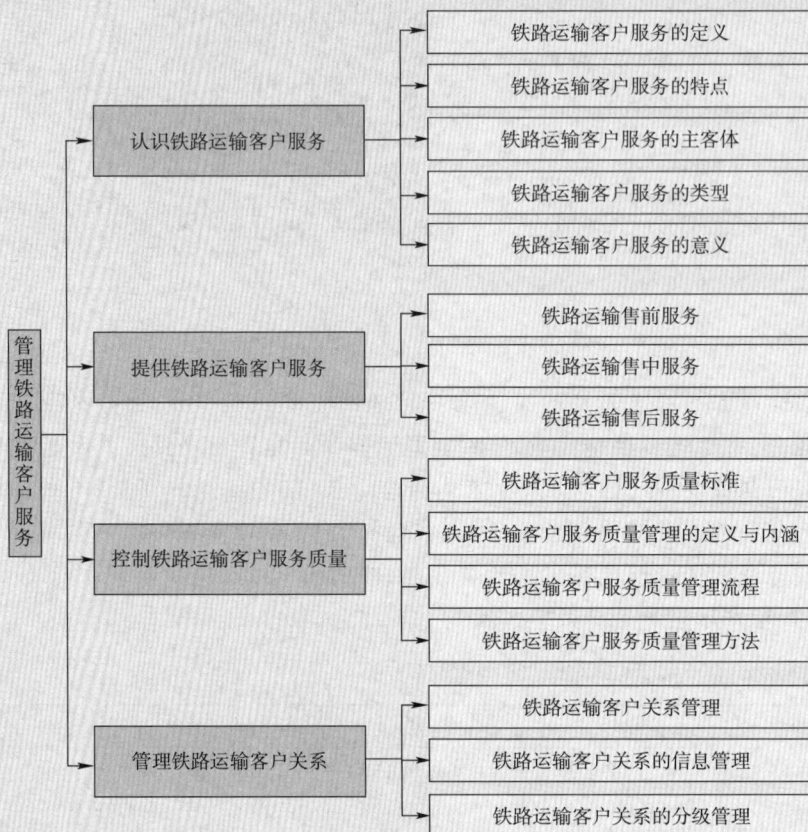

管理铁路运输客户服务
- 认识铁路运输客户服务
  - 铁路运输客户服务的定义
  - 铁路运输客户服务的特点
  - 铁路运输客户服务的主客体
  - 铁路运输客户服务的类型
  - 铁路运输客户服务的意义
- 提供铁路运输客户服务
  - 铁路运输售前服务
  - 铁路运输售中服务
  - 铁路运输售后服务
- 控制铁路运输客户服务质量
  - 铁路运输客户服务质量标准
  - 铁路运输客户服务质量管理的定义与内涵
  - 铁路运输客户服务质量管理流程
  - 铁路运输客户服务质量管理方法
- 管理铁路运输客户关系
  - 铁路运输客户关系管理
  - 铁路运输客户关系的信息管理
  - 铁路运输客户关系的分级管理

◎ 思政微课

商无信不富

任务一　认识铁路运输客户服务

❀【任务导入案例】

新增服务举措，为重点旅客出行注入更多温情

2024 年 9 月 20 日起，针对老、幼、病、残、孕等重点旅客的运输服务有了新的规定，明确提供优质服务的标准、内容、方式等，通过进一步科学配置资源，规范服务流程，完善相关规则，使重点旅客出行将更加温馨、便捷、便利。

近年来，铁路部门为了让广大旅客实现出行更美好，在改善服务品质上不遗余力，想方设法改善硬件设施和软件服务，从为旅客提供网上购票、订餐、选座等便捷服务，到不断优化与完善 12306 旅客信息服务功能，提供覆盖购票、乘车、退票改签、停运通知、晚点提示等出行信息服务，再到如今推出的针对重点旅客服务新规，即在原有基础上明确了重点旅客服务对象和范围，进一步放宽了重点旅客服务预约时限，由"乘车站列车开车前72h 内"调整为"开车前 6h 至预售期内"。距离开车前不足 6h 的，可到车站 12306 服务台、综合服务中心现场提出申请，办理时限原则上不晚于开车前 60min。这一服务举措的推出，将进一步让特殊重点旅客体验出行更美好，也彰显了铁路对提高服务品质的不懈追求。

"旅途有终点，服务无止境。"时代在发展，社会在进步，生活在提高，人民对出行服务的需求早已不再满足于走得了，而是希望走得更好、更舒心。铁路部门只有紧跟时代发展步伐，努力满足不同旅客群体不同的出行需求，坚持推陈出新，升级服务，努力提供更多适应大众化、多样性的旅行服务，让"安全出行、温馨出行、方便出行"内涵更丰富，让不同旅客享受到舒心的服务，才会让广大旅客拥有更多的幸福感和获得感。

（信息来源：山西新闻网，有改动）

引导问题：

1. 铁路运输企业应如何提供客户服务？采取了哪些具体措施？起了什么作用？
2. 根据此案例，谈谈你对铁路运输客户服务的初步理解。

一、铁路运输客户服务的定义

铁路运输客户服务是指铁路运输企业提供除运输产品之外一系列服务活动。这些服务旨在提升客户满意度，确保运输过程的安全、高效和便捷。

铁路运输客户服务是一个综合性的服务体系，是基于运输服务（产品）之外的服务，旨在通过提供全面、优质、高效的服务，提升客户满意度和忠诚度，促进铁路运输行业的可持续发展。在提供旅客和货主运输服务过程中，以满足客户需求为核心，通过一系列专业化、高效化、人性化的服务措施，确保旅客和货物安全、准时、舒适地到达目的地，并在此过程中提供信息咨询、票务处理、行李托运、货物追踪、投诉处理等一系列附加服务。

二、铁路运输客户服务的特点

在消费铁路运输服务时,旅客或货主所获得的客户服务不仅体现了无形产品客户服务的普遍特性,如服务过程的即时性、服务质量的主观感受性、服务结果的难以预知性等,还展现出与公路运输、水路运输等客户服务相比的独特之处。以下是这些不同之处的具体说明。

1. 广泛性与连贯性

铁路运输服务覆盖广泛,能够连接全国各地,甚至跨国界。因此,铁路运输客户服务具有广泛的服务范围,能够为大量旅客和货主提供相应的售前、售中与售后服务。同时,由于铁路运输具有连续性和稳定性的特点,铁路运输客户服务也表现出连贯性,能够确保旅客和货物在运输过程中的连续性和顺畅性。

2. 标准化与差异化并存

铁路运输企业在提供客户服务时,通常遵循一定的服务标准和流程,以确保服务质量的稳定性和可预测性。这些标准包括列车运行时间、票务管理、安全检查等方面。然而,随着市场需求的多样化和个性化发展,铁路运输客户服务也逐步向差异化方向发展,通过提供不同等级的车厢服务、定制化运输方案等,满足不同旅客和货主的个性化需求。

3. 便捷性与舒适性

随着科技的进步和服务理念的转变,铁路运输客户服务在便捷性和舒适性方面也取得了显著提升。例如,旅客可以通过网络购票、自助取票、电子客票等方式获得更加便捷的购票体验;在车厢内,旅客可以享受到舒适的座椅、清洁的卫生环境以及良好的乘车氛围。

4. 政策与法规的支持

铁路运输作为国家基础设施的重要组成部分,受到政府政策和法规的大力支持。这些政策和法规为铁路运输客户服务提供了有力的保障和支持,包括投资补贴、税收优惠、运价监管等方面。这些政策措施有助于提升铁路运输客户服务的质量和效率,促进铁路运输行业的健康发展。

铁路客户运输服务的这些特点共同构成了铁路客户服务的独特优势,使得铁路运输成为广受欢迎的运输方式之一。

三、铁路运输客户服务的主客体

在铁路运输中,客户服务的主体与客体是构成整个服务体系的核心要素,它们之间的互动关系直接影响着服务质量和客户满意度。

(一)铁路运输客户服务的主体

铁路运输企业为旅客与货主提供运输服务时,会主动提供相关的客户服务,故而铁路运输企业是铁路运输客户服务的主体。

铁路运输企业是客户服务的提供者,扮演着至关重要的角色。这些企业包括国铁集团、地方铁路局集团公司以及它们下属的客运站、货运站等,共同构成了庞大的铁路运输网络。作为主体,铁路运输企业的主要职责包括但不限于:

(1)提供运输服务:这是铁路运输企业的基本职能,包括安排列车运行时刻表、调度车辆和人员、确保运输安全等。通过高效的运输组织,将旅客和货物安全、准时地送达目的地。

(2)增值服务:除了基本的运输服务外,铁路运输企业还提供一系列增值服务,如票务预订、在线支付、行李托运、货运追踪、定制化运输方案等。这些增值服务旨在提升客户体验,满足客户的多样化需求。

(3)客户服务管理:铁路运输企业通过建立完善的客户服务体系,包括客服热线、网络客服平台、投诉与建议反馈机制等,来管理和优化客户服务流程,确保服务质量。

(4)安全与保障:铁路运输企业承担着确保运输安全的重要责任,通过严格的安全管理制度、设备维护和人员培训等措施,为旅客和货物提供安全的运输环境。

(二)铁路运输客户服务的客体

旅客与货主为满足自身的运输需求,在购买铁路运输服务之余,也会享受铁路运输企业提供的相关客户服务,因此铁路运输客户服务的客体是旅客与货主,即铁路运输的服务对象。

1.旅客

旅客是乘坐火车出行的个人或团体。旅客关注的是旅行的便捷性、舒适性、安全性和经济性。铁路运输企业不仅需要提供多样化的列车服务(如高铁、动车、普速列车等),满足不同旅客的出行需求;还要关注旅客的乘车体验,包括购票、进站、候车、乘车、出站等各个环节的便利性和舒适性。

2.货主

货主是委托铁路运输货物的企业或个人。货主关注的是货物的运输安全、速度、成本和服务质量。铁路运输企业需要为货主提供高效、可靠的货物运输服务,包括合理的运价、准确的运输时间、安全的运输环境以及优质的客户服务。此外,随着物流行业的发展,货主对货物运输的信息化、智能化水平也提出了更高的要求,铁路运输企业需要不断提升自身的技术和服务能力来满足这些要求。

总之,铁路运输企业作为铁路运输客户服务的主体,需要不断提升自身的服务质量和水平来满足旅客和货主的需求;而旅客和货主作为铁路运输客户服务的客体,则是评价铁路运输企业服务质量的重要主体。双方之间的良性互动和相互促进是推动铁路运输行业持续发展的关键。

四、铁路运输客户服务的类型

铁路运输客户服务的分类可以从多个维度进行,以下是几种常见的分类方式。

(一)按照服务内容分类

1.售前服务

售前服务指客户服务时间早于销售时间的服务,旨在解答客户的疑问、了解客户需求、提供定制化的解决方案,并促进客户对运输服务的信任和购买意愿。

2. 售中服务

售中服务指客户服务时间与销售时间同步的服务。在铁路客运的购票过程中,售票员为旅客提供咨询、解答疑问、办理购票手续等服务,均属于售中服务范畴。在铁路货运中,售中服务主要指的是与货物运输直接相关的、在货物运输过程中进行的服务。这些服务贯穿了整个货运过程,旨在确保货物安全、高效地到达目的地,同时提供客户所需的支持和协助。

3. 售后服务

售后服务指客户服务时间晚于销售时间的服务,是在铁路运输完成后,为确保客户满意度和后续问题的有效解决而提供的一系列服务。这些服务旨在处理运输过程中或运输后可能出现的各种问题,并保障旅客与货主的权益。

(二)按照提供客户服务的"主体"分类

1. 以设备为主的客户服务

随着网络售票、电子车票的发展,铁路的票务服务越来越向"设备为主"的方向发展。客户可以通过社交平台、自助售票机、官方网站或手机 App 等渠道购票和检票,减少了对人工服务的依赖。

2. 以人工为主的客户服务

在某些环节,如旅客咨询、特殊旅客服务(如老弱病残孕旅客)等,仍然需要人工服务来提供个性化的帮助和关怀。

(三)按照客户服务对象分类

1. 旅客客户服务

旅客客户服务包括普通列车、快速列车、特快列车、高速列车(如高铁)等不同类型的客运服务,以及车站候车、乘车引导、行李托运、餐饮供应等配套服务。

2. 货主客户服务

货主客户服务涵盖散货、集装箱、特种货物等多种运输方式,提供需求调研、运输方案定制、运输跟踪、保险理赔等全方位服务。

(四)其他分类

此外,铁路客户服务还可以按照服务形式、服务对象等不同维度进行分类。例如,铁路客户服务按照服务形式可以分为线上服务和线下服务。铁路客户服务的分类是多元化的,旨在满足不同旅客和货主的需求,提升服务质量和客户满意度。

五、铁路运输客户服务的意义

铁路运输企业重视客户服务,不仅因其关乎旅客和货主的直接体验,还因其对整个铁路行业的持续发展、社会经济的繁荣以及国家基础设施的完善起到重要推动作用。铁路运输客户服务的意义体现在以下几方面。

(一)提升用户体验与满意度

优质的铁路运输客户服务能够显著提升旅客和货主的满意度。通过提供便捷、高效、安全、舒适的运输服务,铁路运输企业能够满足客户的多样化需求,从而提升客户的忠诚度和信任感。这种积极的用户体验将促使更多人选择铁路作为出行或运输的首选方式。

(二)增强市场竞争力

在激烈的市场竞争中,优质的客户服务是铁路运输企业脱颖而出的关键。通过不断优化服务流程、提升服务质量,铁路运输企业能够吸引更多客户,提高市场份额。同时,良好的客户口碑和品牌形象也将为企业带来更多的商业机会和合作伙伴。

(三)促进经济发展

铁路作为国家重要的基础设施之一,其服务质量的提升将直接促进经济的发展。一方面,高效的货物运输服务能够降低企业的物流成本,提高生产效率,促进商品流通和市场繁荣;另一方面,便捷的旅客运输服务能够拉动旅游、商贸等相关产业的发展,为地方经济注入新的活力。

(四)体现社会责任与形象

铁路运输企业作为公共服务提供者,其客户服务水平直接关系到社会的和谐稳定和人民的生活质量。通过提供优质的客户服务,铁路运输企业能够展现其社会责任感和企业形象,赢得公众的认可和支持。同时,这也是企业履行社会责任、回报社会的重要方式之一。

(五)推动行业创新与发展

面对不断变化的市场需求和科技进步的挑战,铁路运输企业需要不断创新服务模式和技术手段,以满足客户需求。优质的铁路运输客户服务不仅能够激发企业的创新动力和市场活力,还能够推动整个铁路行业的进步和发展。通过引入新技术、新设备和新方法,铁路运输企业可以不断提高服务效率和质量水平,为客户提供更加优质、便捷、高效的运输服务。

铁路运输客户服务的意义在于提升用户体验与满意度、增强市场竞争力、促进经济发展、体现社会责任与形象以及推动行业创新与发展。这些意义共同构成了铁路客户服务的重要价值和作用。

任务二 提供铁路运输客户服务

【任务导入案例】

中铁快运与云铝物流投资有限公司的合作

近年来,随着中老铁路、大瑞铁路大保段、丽香铁路等新线相继投入运营,云南物流市场迎来了高质量发展的新机遇。云南云铝物流投资有限公司作为该地区的重要企业,货物运输需求日益增长。中铁快运依托其强大的铁路运输网络和专业服务能力,与云南云铝物流投资有限公司建立了紧密的合作关系。

1. 定制化运输方案

中铁快运组织营销人员主动走访云南云铝物流投资有限公司,深入了解其运输需求和产业链、供应链上下游情况。针对铝合金锭等货物的特殊运输要求,中铁快运量身定制了运输方案,包括运输路线、装载方式、防护措施等。

2. 保价运输服务

为降低货物在途运输风险,中铁快运向客户推荐了保价运输服务。经过协商,双方商定了"按每车足额投保80万元"的保价运输方案,客户享受保价费率从4‰降至1‰的优惠。

这一举措不仅有效管控了货物在途风险,还降低了客户的物流成本。

3. 高效运输与优质服务

中铁快运利用其发达的铁路运输网络,确保了云南云铝物流投资有限公司的货物能够安全、快速地送达目的地。在运输过程中,中铁快运提供了全程跟踪和监控服务,确保货物在途安全。同时,中铁快运还加强了与客户的沟通交流,及时解决客户在运输过程中遇到的问题和困难。

通过中铁快运的定制化运输方案和保价运输服务,云南云铝物流投资有限公司在货物运输方面取得了显著成效。其铝合金锭等货物实现了安全、高效的运输,降低了物流成本,提升了市场竞争力。云南云铝物流投资有限公司对中铁快运的服务表示高度满意,认为其提供的运输方案和服务质量均达到了行业领先水平。双方的合作不仅实现了互利共赢,还为后续的合作奠定了坚实的基础。

引导问题:分析案例,简述运输企业提供的客户服务。

铁路运输企业提供给旅客或货主的产品本质上是一种服务。除提供运输服务这一产品外,还包括了一系列与运输过程紧密相关的附加服务,旨在提升客户的整体体验和满意度,而这些服务就是铁路运输客户服务的内容。

铁路运输客户服务致力于全面满足旅客与货主的需求,贯穿铁路运输售前、售中与售后的全过程。铁路运输企业提供给旅客与货主的客户服务有以下具体内容。

一、铁路运输售前服务

铁路运输售前服务是在客户正式下单之前所提供的一系列专业咨询和服务,旨在解答客户的疑问、了解客户需求、提供定制化的解决方案,并促进客户对运输服务的信任和购买意愿。它建立在对旅客与货主需求的深入了解和预测基础上,旨在提前为他们提供信息、建议和便利,以便他们能更好地做出决策,具体包括以下几个方面。

(一)需求分析与市场调查

通过调查问卷、大数据分析等手段,了解旅客与货主的出行与运输需求,包括时间、地点、方式、货物类型等,以便定制个性化的服务方案。

1.需求调研

通过与客户沟通,了解客户的具体需求,如出行目的、货物类型、运输要求、时间要求、预算限制等。

2.方案制订

根据客户需求,制订个性化的运输方案,包括推荐最合适的运输方式、包装建议、运输路线规划等。例如,根据研学需求,设计研学班列。

🔗 行业洞察

紧抓热度,设计铁路研学班列

铁路部门将继续发挥路网优势,根据市场需求和学生特点,不断推出新的研学产品和线路。铁路研学班列,作为一种创新的研学旅行方式,近年来在中国铁路系统的积极推动下得到了快速发展。铁路研学专列将学习与实践相结合,通过乘坐火车前往不同的目的地,学生在旅途中增长见识、开阔眼界,同时接受各种形式的教育和体验。随着研学旅行的不断推广和深入发展,铁路部门还将加强与其他部门和机构的合作,共同推动研学旅行的创新发展,为广大学生提供更加优质、丰富的研学体验。

1."丝路号"红色研学专列

由西安铁路局集团公司开行的"丝路号"红色研学专列集吃、住、行于一体,将研学实践、教学现场、劳动实践相结合。学生乘坐专列前往延安等红色圣地,接受红色教育,体验革命精神。在旅途中,研学老师会利用车厢内的影音设备组织各种教学活动,使旅途不再枯燥。

2.跨省研学专列

西安铁路局集团公司还开行了前往南京、苏州、杭州、上海等地的跨省研学专列,让学生在旅途中感受江南地区的风土人情,沉浸式了解当地的历史、文化。

3.最北研学专列

沈阳铁路局集团公司开行了前往满洲里的研学专列,学生在旅途中参观了各种博物馆、公园等景点,了解了地域文化,领略了自然风光。同时,他们还前往满洲里口岸感受大国口岸的庄严伟岸,并在草原上体验蒙古族文化。

这些专列都经过了精心的行程策划和安排,确保学生能够学有所获。

3.风险评估与应对

评估运输过程中可能遇到的风险(如天气影响、交通拥堵、货物损坏等),并提供相应的预防措施和应急方案。

(二)信息发布与宣传

信息发布与宣传是指利用官方网站、社交媒体、移动应用等多种渠道,及时发布列车时刻表、票价、服务设施、货运政策等信息,增加透明度,吸引潜在客户。

1.旅客运输信息发布与宣传

在旅客运输服务方面,信息发布与宣传的重要性不言而喻。它不仅仅是简单地传递列车运行的基本信息,更是提升服务质量、提升旅客满意度、塑造品牌形象的关键环节。具体服务有以下几个方面。

(1)多渠道整合传播

利用官方网站、社交媒体平台(如微博、微信、抖音、小红书等)、移动应用(如购票 App、出行助手等)以及线下广告牌、车站公告等多种渠道,实现信息的全方位覆盖。这不仅能满足不同旅客的信息获取习惯,还能确保信息的及时性和准确性。

(2)定制化信息服务

根据旅客的出行需求、偏好和历史记录,提供个性化的信息服务。例如,通过大数据分析预测旅客可能感兴趣的线路、优惠活动或特色服务,并主动推送相关信息。同时,提供灵活的查询和筛选功能,让旅客能够轻松找到符合自己需求的信息。

(3)增强互动性与体验

通过社交媒体和移动应用等平台,加强与旅客的互动。设置在线客服、意见反馈渠道和社群讨论区,及时解答旅客疑问,收集旅客意见和建议,不断改进服务。

(4)传递实时信息

在官方网站和移动应用上设置醒目的入口,提供详细的列车班次、发车时间、到达时间、座位类型及价格等信息。同时,采用图表、日历等直观形式展示信息,方便旅客查看和比较。

(5)强调服务设施与优势

充分展示列车和车站的服务设施,如免费 Wi-Fi、充电插座、餐饮服务、无障碍设施等,以及提供的特色服务(如商务座服务、儿童娱乐区等)。这些信息的传播有助于提升旅客对服务的期待值和满意度。

2.货物运输信息发布与宣传

在货物运输服务方面,信息发布与宣传是确保物流过程透明、高效,并吸引潜在客户的重要手段。在发布的信息中详细介绍货运公司的服务项目、运输方式(如公路运输、铁路运输、航空运输、海运等)、服务范围、优势特点等。

铁路货物运输信息发布是铁路运输行业中的一项重要铁路运输服务,它涉及向货主、承运商、监管机构及其他相关方提供准确、及时和全面的货物运输信息。

(1)信息发布内容

①基本信息:包括货物名称、数量、重量、体积、包装方式等基本信息,这些信息是货物运

输的基础。

②运输计划:货物运输的起始站、到达站、预计发运时间、预计到达时间等运输计划信息,帮助货主和承运商做好安排。

③运输状态:实时更新货物运输的状态信息,如已装车、在途、到达等,以便货主随时掌握货物动态。

④运价信息:货物运输的收费标准、费用明细等运价信息,确保货主能够清楚了解运输成本。

⑤政策与法规:与铁路货物运输相关的政策、法规和标准,帮助货主和承运商了解行业要求和合规要求。

(2)信息发布渠道

铁路运输企业可以通过官方网站、移动应用、社交媒体与公众号、电话与客服人员发布信息。铁路运输企业会在其官方网站上发布货物运输的相关信息,这是货主和承运商获取权威信息的主要途径。随着移动互联网的发展,铁路运输企业也推出了相应的移动应用,货主和承运商可以通过手机等移动设备随时随地查询货物运输信息。铁路运输企业还会通过社交媒体平台和公众号等渠道发布货物运输的相关信息,以便更广泛地传播。货主和承运商也可以通过拨打铁路运输企业的客服电话或联系客服人员,咨询和获取货物运输的相关信息。

对于货物运输的状态信息,铁路运输企业会进行实时更新,确保货主和承运商能够随时掌握最新动态。对于运价信息、政策与法规等相对固定的信息,铁路运输企业会定期进行发布和更新,确保信息的时效性和准确性。

为了提高信息透明度和公信力,铁路运输企业会采取一系列措施来确保货物运输信息的真实性和准确性。例如,建立健全信息发布机制、加强信息审核和监管、接受社会监督和投诉等。

(三)咨询服务

铁路运输企业提供的咨询服务具体包括:专门的客户服务热线、在线客服或实体咨询点,解答旅客与货主关于购票、乘车、托运等方面的疑问,提供专业建议。

在旅客运输服务方面,售前咨询人员需具备丰富的专业知识和良好的沟通技巧,能够准确、耐心地解答客户关于车次、票价、乘车时间、乘车地点、座位类型、退改签政策等方面的疑问,根据旅客的出行需求,如出行时间、目的地、携带行李情况等,提供合适的车次选择、座位预订等个性化建议。

在货物运输服务方面,可提供以下服务:①提供费用咨询服务,根据货物的重量、体积、运输距离、运输方式等因素,为客户提供运费估算或详细的报价信息。②提供流程说明服务,解释货物运输的整个过程,包括提货、包装、运输、清关(如果涉及国际运输)、派送等各个环节的流程和所需时间。③通过电话、在线客服、微信等渠道,实时解答客户在咨询过程中遇到的问题。④向客户介绍货运公司正在进行的优惠活动,如折扣、赠品等,以吸引客户下单。⑤提供运输合同、保险条款、货物追踪系统使用说明等相关文档资料,帮助客户更好地了解和使用货运服务。

　　铁路运输售前服务是铁路运输企业为客户提供的重要服务之一,通过提供专业的咨询、个性化的方案、及时的支持,帮助客户更好地了解和使用运输服务,提升客户满意度和忠诚度。

二、铁路运输售中服务

　　铁路运输客户服务中的售中服务是指服务时间与销售时间同步的服务,即旅客或货主在购票或托运货物后,立即开始享受的一系列服务。这些服务旨在确保旅客和货物的安全、舒适和及时送达。

(一)旅客运输售中服务

1. 登车服务

旅客购票后,在指定的时间、地点登车。车站工作人员会提供必要的引导服务,确保旅客顺利上车。对于行动不便的旅客,车站还提供轮椅、担架等特殊设备,以及无障碍通道等便利设施,帮助他们顺利登车。

2. 列车服务

列车上,乘务员会提供多种服务,包括检票、查票、补票等票务服务,以及行李安置、座位调整等基础服务。同时,乘务员还负责列车的安全检查和卫生清理工作,确保旅客的乘车环境安全、整洁。在长途旅行中,列车还会提供餐饮服务,满足旅客的饮食需求。

3. 信息服务

列车上的广播系统会实时播报列车运行信息,包括到站时间、停靠站点等,帮助旅客及时了解行程动态。同时,乘务员也会随时解答旅客的疑问,提供必要的旅行建议和信息咨询。

案例

常德站首次开行“我的韶山行”红色旅游专列

2024年10月8日,随着风笛长鸣,Y833次、Y837次列车分别于9时28分、9时58分,先后从长沙车务段常德站缓缓驶出,朝着韶山飞驰前行。

为确保两趟学生专列(图6-1)安全有序开行,常德站提前1个月开始筹备工作,并积极与市教育局、各学校对接,优化列车开行方案,确保每一位师生安全、准时乘车。

当天,常德站安排了“小柳树”志愿者负责这两趟专列的安全检查、举牌候乘组织、服务保障等工作,为师生提供温馨的引导服务,帮助他们准确、快捷地找到自己的车厢和座位。志愿者们用心装饰了专用候车区,配备了清晰的标志和指引牌,让师生可以安心候车,确保旅途顺利愉快。

图6-1 学生专列

（信息来源：https://baijiahao.baidu.com/s? id = 1812493865694735321&wfr = spider&for = pc，
有改动）

（二）货物运输售中服务

1. 货物装载与加固

货物在运输前，需要进行严格的装载和加固工作。铁路货运部门会根据货物的性质和运输要求，选择合适的装载方式和加固措施，确保货物在运输过程中的稳定性和安全性。

2. 在途监控

货物装载完毕后，铁路货运部门利用先进的监控系统对货物进行实时跟踪和监控。一旦发现异常情况或事故风险，会立即采取措施进行处理，确保货物安全送达。

3. 运输协调

在货物运输过程中，铁路货运部门与车站、调度等相关部门进行紧密协作，确保货物的及时转运和顺利交付。同时，还会根据货主的需求和要求，提供个性化的运输服务方案。

无论是旅客运输还是货物运输，售中服务都注重服务的及时性和有效性。铁路运输企业会充分利用自身的资源和优势，为旅客和货主提供全方位、高品质的运输服务体验。同时，铁路运输企业还会根据市场需求和竞争态势，不断创新和优化服务内容和服务方式，以满足旅客和货主的多元化、个性化需求。

三、铁路运输售后服务

铁路运输售后服务是在客户完成旅行或货物到达后提供的延续性服务，在旅客运输方面，这一服务尤为重要，旨在提升旅客的满意度和忠诚度。

（一）旅客运输售后服务

旅客运输售后服务是指在旅客完成旅行后，铁路运输企业为提升旅客满意度和忠诚度而提供的一系列延续性服务。旅客运输售后服务是铁路运输企业提升旅客满意度和忠诚度的重要手段。通过提供投诉与反馈处理、行李与物品处理、增值服务、安全保障以及持续改进等方面的服务措施,铁路运输企业能够确保旅客在旅行结束后仍能感受到企业的关怀和专业性,从而提升旅客对企业的信任和忠诚度。旅客运输售后服务内容具体包括如下。

1. 投诉与反馈处理

通过问卷调查、电话回访、社交媒体等多种渠道收集旅客对铁路运输服务的意见和建议,以便不断提升服务质量。对于旅客的投诉,铁路运输企业会建立快速响应机制,及时调查处理,并给予旅客合理的解释和补偿。同时,铁路运输企业还会对投诉问题进行深入分析,查找问题根源,防止类似问题再次发生。

2. 到站服务

铁路运输企业的到站服务包括下车引导、行李搬运、出站指引。列车到站后,乘务员会引导旅客有序下车,确保旅客安全离开列车。对于携带大件行李或行动不便的旅客,车站工作人员会提供必要的行李搬运服务,帮助旅客轻松出站。车站内设有清晰的出站指引标识和广播系统,为旅客提供便捷的出站服务。同时,工作人员也会提供必要的问询服务,解答旅客关于出站、换乘等方面的问题。

3. 行李与物品处理

这项服务包括行李追踪与查询和遗失物品处理。铁路运输企业为旅客提供行李追踪和查询服务,确保旅客的行李能够安全、及时地到达目的地。如果行李出现延误或丢失等情况,铁路运输企业应及时与旅客联系并提供解决方案。对于旅客在旅行过程中遗失的物品,铁路运输企业应设立专门的遗失物品招领处,并按照规定程序进行登记、保管和归还。

4. 增值服务

铁路运输企业推出会员服务,提供餐饮与旅游信息等。铁路运输企业为常旅客提供会员服务,如积分累积、兑换礼品、优先购票等特权,提升旅客的忠诚度和满意度。根据旅客的旅行习惯和兴趣偏好,铁路运输企业向旅客推送相关的旅游信息和优惠活动,为旅客的下次旅行提供便利和优惠。

5. 安全保障

铁路运输企业提供紧急救援服务、安全提示与宣传。在旅客遇到紧急情况时,如突发疾病、意外伤害等,铁路运输企业应提供紧急救援服务,确保旅客的人身安全。通过宣传册、广播、网络等多种方式向旅客传递安全知识和注意事项,提高旅客的安全意识和自我保护能力。

(二)货物运输售后服务

货物运输售后服务是指在货物通过铁路运输并到达指定地点后,铁路运输企业为货主提供的一系列延续性服务。它包括货物交付与确认服务、问题处理与反馈服务及增值服务,这些服务旨在确保货物的顺利交付,解决可能出现的问题,并提升货主的满意度和忠诚度。

1. 货物交付与确认

铁路运输企业会将货物安全、准时地送达指定地点,并与收货人进行交接。在交付过程中,会核实收货人的身份和信息,确保货物无误地交付给正确的收货人。收货人在收到货物后,会进行验收工作,检查货物的数量、质量、包装等是否符合要求。如有任何问题,可以及时向铁路运输企业反馈。

2. 问题处理与反馈

在货物运输过程中,如果出现货物损坏、丢失、延误等问题,铁路运输企业会及时与货主沟通,并提供解决方案。例如,对于损坏的货物,铁路运输企业会按照相关规定进行赔偿;对于丢失的货物,铁路运输企业会协助货主进行查找或提供赔偿方案。铁路运输企业会积极收集货主对货物运输服务的反馈意见,包括服务态度、运输效率、问题处理等方面。这些反馈意见将作为改进服务质量的重要依据。

3. 增值服务

铁路运输企业可为货主提供信息查询服务、保险服务、金融服务及定制化服务等。铁路运输企业为货主提供货物运输状态的实时查询服务,方便货主随时了解货物的运输情况。铁路运输企业可以为货物提供运输保险服务,降低货主在运输过程中的风险。根据货主的需求,铁路运输企业提供定制化的运输方案和服务,满足货主的个性化需求。

铁路运输客户服务是一个全面、系统的服务体系,它涵盖了铁路运输售前、售中、售后等多个环节,以及个性化、信息化、安全保障等多个方面。通过不断优化和完善这些服务,铁路运输企业可以提升客户的整体体验和满意度,进而增强自身的竞争力和可持续发展能力。

■ 行业模范

铁路货场上的"想他人所想"

毛仲秋,中国共产党党员,呼和浩特铁路局集团公司包头货运中心营销开发部部长,他在多年的营销实践中,不断总结经验,形成了自己独特的营销理念和方法。他深知货源调查分析对于营销工作的重要性,通过深入分析市场需求和客户情况,制订有针对性的运输解决方案,确保了营销公关的精准性。这一过程中,毛仲秋不仅关注市场变化,更重视与客户的深入沟通和合作,体现了以客户为中心和服务客户的理念。

只有把客户的事情当成自己的事情办,才能得到客户的信任和理解。毛仲秋深知,把客户请进来不易,让客户留下来更难。面对国铁集团、呼和浩特铁路局集团公司上下全力增运上量的经营形势,毛仲秋主动担当作为,始终想客户之所想、急客户之所急,通过实施精准营销策略,用足"一口价"政策吸引货源,努力扩大铁路货运份额,取得新增发送水渣、矿渣、水泥熟料等多家客户的好成绩,各项工作均取得良好成效。同时,毛仲秋还根据市场运输变化动态,及时研究"一口价"政策,积极调整项目价差系数。原来装运水渣使用的35吨通用箱价格差系数由25%调整至30%,每吨为客户节省了7元钱,降低了客户物流成本,让客户得到了实惠,还使得站内积压的4000多个集装箱全部发运,增量26.9万吨。

通过毛仲秋的营销实践,我们可以深刻认识到以客户为中心的理念对于营销工作的重要性。营销人员应该注重培养客户意识和服务意识,学会从客户的角度思考问题,满足客户的需求和期望。服务意识是营销人员必备的基本素质之一,应该加强服务意识的培养,引导营销人员树立正确的服务观念和服务态度,提高服务质量和效率。团队协作和持续改进是提升服务水平的关键。应该注重培养营销人员团队协作精神和持续改进意识,引导营销人员学会与他人合作、共同解决问题,不断优化服务流程和提高服务效率。

毛仲秋的营销实践提供了宝贵的思政教育启示。我们应该注重以客户为中心和服务意识的培养,加强团队协作和持续改进的精神,树立正确的价值观和职业观,为未来的职业发展打下坚实的基础。

任务三　控制铁路运输客户服务质量

【任务导入案例】

铁路95306平台的数字化转型

铁路95306平台是中国铁路货运服务的重要平台,负责处理大量的货运业务和客户服务需求。在数字化转型之前,该平台的业务流程主要依赖于人工操作,存在办理时间长、效率低、易出错等问题。随着技术的不断进步和市场需求的变化,铁路部门决定对95306平台进行整体升级,实现数字化转型。

1. 数字化转型的具体措施

(1)流程优化与自动化。平台升级后,实现了7×24h全天候网上办理功能,客户可以随时在线提交货运申请、支付费用、查询运单状态等。所有流程都可以线上查询,大大减少了人工干预,提高了业务处理效率。

(2)信息系统整合。平台整合了各类货运信息系统数据,建立了全国统一的货车在途轨迹数据库,实现了货物追踪和预测到达功能。这一功能方便了货主提前安排取货和开展生产经营活动。

(3)客户服务创新。平台引入了物流金融、班列订舱等多元化服务模块,为客户提供综合物流运输解决方案。客户可以通过平台申领数字证书并使用电子签名办理业务,进一步简化了流程并提高了安全性。

2. 数字化转型对客户服务的影响

(1)提升服务效率。数字化转型使铁路货运业务办理时间大幅缩短,客户不再需要长时间等待或多次往返货运站。同时,自动化处理减少了人工差错和重复劳动,提高了整体工作效率。

(2)改善客户体验。客户可以通过平台随时随地查询货运状态、支付费用并获取相关信息,极大地方便了他们的操作。此外,多元化服务模块的引入满足了客户不同的需求,提升了客户满意度。

(3)降低运营成本。数字化转型减少了人工成本和纸质文件的使用量,降低了企业的运营成本。同时,通过优化流程和提高效率,企业能够更好地应对市场变化和客户需求的变化。

(4)增强市场竞争力。数字化转型使铁路货运服务在市场上的竞争力得到提升。通过提供便捷、高效、安全的货运服务以及综合物流解决方案,铁路货运能够更好地满足客户的需求并吸引更多的货源。

综上所述,数字化转型对铁路运输客户服务产生了深远的影响。通过优化流程、整合信息系统、创新服务模式等措施,铁路运输企业不仅提高了服务效率和质量,还改善了客户体验并降低了运营成本。这些变化不仅有利于铁路货运业务的发展,也有助于提升整个物流行业的竞争力。

引导问题：

1. 铁路运输企业提供了哪些客户服务？起什么作用？
2. 根据此案例，浅谈怎么管理铁路运输客户服务质量。

铁路运输客户服务质量是衡量铁路运输企业满足客户需求和期望的能力的标准之一，也是提升市场竞争力、提升客户忠诚度的重要因素。优质的客户服务质量不仅关乎客户的服务体验，还直接影响到铁路运输企业的品牌形象和经济效益。

一、铁路运输客户服务质量标准

铁路运输客户服务质量是指铁路运输企业在为客户提供运输服务过程中，所展现出的满足客户需求和期望的能力和程度。这涵盖了售前、售中与售后整个运输服务过程中，铁路运输企业提供的各项服务的质量和效率。

知识拓展

客户服务质量

客户服务是指为促进产品或服务的销售，而在客户与铁路运输企业之间产生的双方参与的活动。客户服务不仅包括交易前的产品咨询、技术支持，交易中的订单处理、物流跟踪，还涵盖交易后的售后服务、投诉处理等。客户服务的目的是满足客户需求，提升客户满意度和忠诚度，进而促进企业的销售和品牌形象的建立。

客户服务质量是指客户在与铁路运输企业进行交互过程中，对服务内容、服务态度、服务效率等方面的整体感受和评价。服务质量是一个主观性的概念，它基于客户对服务的期望与实际感知之间的对比。如果实际感知的服务水平超过客户的期望，客户就会对服务感到满意；反之，则会产生不满。服务质量的评价标准（服务质量标准）通常包括服务的功能质量（服务过程的质量）和技术质量（服务结果的质量）。功能质量关注客户如何获得服务，如服务的便捷性、响应速度等；而技术质量则关注服务本身的产出，如产品的性能、准确性等。

客户服务质量管理是指铁路运输企业为了确保和提高客户服务质量而采取的一系列管理活动和措施。

铁路运输客户服务质量是一个综合性的概念，它涉及多个方面和环节，需要铁路运输企业从客户需求出发，不断优化服务流程、提升服务品质、加强服务管理，以满足客户日益增长的出行需求和期望。

铁路运输客户服务质量标准是指铁路运输企业在为旅客和货主提供服务时，所应遵循的一系列规范和要求，以确保服务质量的稳定性和可持续性。它包括铁路旅客运输与铁路货物运输的客户服务质量标准。

（一）铁路旅客运输的客户服务质量标准

铁路旅客运输的客户服务质量标准涵盖了服务的便利性、准确性、舒适性、响应性、个性化、持续性以及创新性等多个方面,旨在全面提升客户的旅行体验。具体来说,铁路运输客户服务质量标准包括以下几个方面。

1. 服务的便利性

客户能否方便、快捷地购票、进站、乘车以及获取相关信息,是衡量服务质量的重要指标。铁路运输企业应提供多渠道购票方式,如网络购票、电话订票、自助售票机及窗口售票等,确保旅客能够方便快捷地购买到车票;设置明确的指示标志,优化进站流程,减少旅客等待时间,提高进站效率;提供实时、准确的列车时刻表、票价信息及乘车须知,方便旅客查询和了解相关信息。

2. 服务的准确性

服务的准确性包括列车时刻表的准确性、票价信息的透明度、乘车信息的准确性等,这些直接关系到客户的出行计划和体验。铁路运输企业应确保列车按照公布的时刻表准点发车和到达,减少旅客因列车晚点而产生的不便;公开透明的票价政策,确保旅客能够清晰了解票价构成和优惠政策;提供准确的乘车信息,包括车厢号、座位号等,方便旅客快速找到自己的座位。

3. 服务的舒适性

列车内的座位、卧铺、卫生条件、餐饮服务以及娱乐设施等,都会影响客户的乘车舒适度。在列车内部环境方面,铁路运输企业应保持列车内部整洁、卫生,提供舒适的座椅、卧铺等设施,确保旅客在旅途中得到良好的休息。在餐饮服务方面,铁路运输企业应提供多样化的餐饮服务,满足旅客的饮食需求,确保食品安全卫生。在娱乐设施方面,铁路运输企业应在长途列车上提供娱乐设施,如电视、广播、Wi-Fi等,丰富旅客的旅途生活。

4. 服务的响应性

在客户遇到问题或需要帮助时,铁路运输企业能否迅速响应并有效解决,体现了服务的响应性和可靠性。在问题解决速度方面,在旅客遇到问题或需要帮助时,铁路运输企业应能够迅速响应并有效解决,减少旅客的等待时间和不满情绪。在投诉处理机制方面,铁路运输企业应建立完善的投诉处理机制,确保旅客的投诉能够得到及时、公正的处理。

5. 服务的个性化

针对不同客户的需求和偏好,铁路运输企业应提供个性化的服务,如为老年人、残疾人、儿童等特殊旅客提供优先服务、无障碍设施等;为商务旅客等高端客户提供增值服务,如专属候车区、商务座等,提升旅客的出行体验。

6. 服务的持续性

服务质量是否稳定,能否持续满足客户的期望和需求,是评估铁路运输企业整体服务水平的关键因素。在服务质量稳定性方面,铁路运输企业应确保服务质量长期稳定,不因时间、地点等因素的变化而降低。在持续改进机制方面,铁路运输企业应建立持续改进机制,不断收集旅客反馈意见,优化服务流程和服务质量。

7. 服务的创新性

随着科技的发展和社会的进步,铁路运输企业是否能够不断创新服务模式和手段,提供更加便捷、高效、舒适的服务,也是衡量服务质量的重要方面。在技术创新方面,铁路运输企业应运用新技术、新手段提升服务质量,如智能化购票系统、自助检票设备等。在服务模式创新方面,铁路运输企业应探索新的服务模式,如定制化服务、一站式服务等,满足旅客多样化的需求。

(二)铁路货物运输的客户服务质量标准

铁路货物运输的客户服务质量标准是一个综合性的体系,旨在确保铁路运输企业在为客户提供货运服务时,能够达到一定的服务水平和质量要求。具体包括以下几个方面。

1. 服务的便利性

对于货运客户而言,服务的便利性体现在能否方便、快捷地办理托运手续、查询货物状态以及获取物流信息等方面。这包括提供多渠道的物流查询系统、简便的托运流程以及高效的客户服务热线等。

2. 服务的准确性

服务的准确性除了货运服务的准时性(货物能够按照约定的时间送达目的地)之外,还包括货物信息的准确性。这要求铁路运输企业能够准确记录货物的重量、体积、品名、收货人信息等,并在运输过程中保持这些信息的准确无误,避免错运、漏运等问题的发生。

3. 货物的安全性

在货运服务中,货物的安全是至关重要的,铁路运输企业提供客户服务时,也需要关注这一标准。铁路运输企业需要建立完善的货物包装、装卸、运输和保管制度,确保货物在运输过程中不受损坏或丢失;需要加强安全检查和监督,及时发现并处理潜在的安全隐患。

4. 服务的响应性

当货运客户遇到问题或需要帮助时,铁路运输企业应能够迅速响应并有效解决。这包括设立专门的客户服务团队,提供24h在线支持,以及建立快速响应机制等,以确保客户的问题能够得到及时的处理和反馈。

5. 服务的定制化

虽然个性化服务在货运领域可能不如客运领域那么普遍,但铁路运输企业仍然可以根据不同客户的需求和偏好,提供定制化的货运解决方案。例如,为特定类型的货物提供专门的运输方案和包装要求,或者为长期合作的客户提供优惠的运费和优先的运输资源等。

6. 服务的透明度

货运客户需要清楚地了解货物的运输过程和费用情况。因此,铁路运输企业应提供透明的运费计算方式、详细的费用清单以及实时的货物跟踪信息,以便客户能够随时掌握货物的运输状态和费用情况。

7. 服务的持续改进

铁路运输企业应不断收集和分析货运客户的反馈意见,了解客户的需求和期望,以便在服务过程中不断改进和优化。这包括提升服务质量、降低运输成本、提高运输效率等方面,以更好地满足客户的期望和需求。

综上所述,货运客户服务质量涵盖了服务的便利性、准确性、安全性、响应性、定制化、透明度以及持续改进等多个方面。通过不断提升这些方面的服务质量水平,铁路运输企业可以赢得货运客户的信任和忠诚,从而在竞争激烈的市场中保持竞争优势。

铁路运输客户服务质量标准是一个综合性的体系,旨在通过一系列规范和要求来确保铁路运输企业为旅客和货主提供高质量的服务。这一标准的实施不仅有助于提升客户的运输服务体验,还有助于增强铁路运输企业的竞争力和市场地位。

二、铁路运输客户服务质量管理的定义与内涵

铁路运输客户服务的质量直接关系到客户的满意度和忠诚度,是铁路运输企业提升竞争力、实现可持续发展的重要因素。因此,铁路运输企业应不断优化服务流程、提升服务质量、创新服务模式,以满足客户日益多样化的需求。

(一)铁路运输客户服务质量管理的定义

铁路运输客户服务质量管理是铁路运输企业为了保障其提供的运输服务能够充分满足客户(包括旅客和货主)的期望和需求所采取的一系列旨在提高服务效率、效果及客户满意度的质量管理活动。这一管理过程不仅关乎铁路运输企业的市场竞争力,还直接影响铁路运输企业社会形象的塑造。

(二)铁路运输客户服务质量管理的内涵

铁路运输客户服务质量管理的内涵丰富且深远,它不仅仅是一个简单的服务提升过程,更是涵盖了多个维度和层面的综合性管理体系。

1. 客户需求导向

客户需求导向是客户服务质量管理的核心。铁路运输企业需深入了解并准确把握旅客和货主的需求与期望,包括安全、准时、便捷、舒适、经济等多个方面。通过市场调研、客户反馈等方式,铁路运输企业不断收集和分析信息,以客户需求为导向,调整和优化服务策略。

2. 服务流程优化

为了提升服务效率和效果,铁路运输企业需要对运输服务的全过程进行精细化管理。这包括购票、候车(货)、乘车(货)、到站、取货(下车)等各个环节的流程优化,确保每个环节都能高效、顺畅地运行,减少客户等待时间,提升客户体验。

3. 服务质量标准化

建立科学、合理的服务质量标准体系是保障服务质量的关键。铁路运输企业应制定涵盖安全、准点、服务态度、设施设备等多个方面的服务质量标准,并通过培训、考核等方式确保员工能够严格执行这些标准;建立有效的监督机制,对服务质量进行定期检查和评估,及时发现并纠正问题。

4. 持续改进与创新

客户服务质量管理是一个动态的过程,需要不断适应市场变化和客户需求的变化。铁路运输企业应建立持续改进机制,通过收集客户反馈、分析服务数据等方式,识别服务中的薄弱环节和潜在问题,并采取相应的改进措施;鼓励员工创新服务模式和服务手段,提升服

务品质和竞争力。

5. 社会责任与形象塑造

作为公共服务行业的重要组成部分,铁路运输企业在提供运输服务的同时,还承担着重要的社会责任。通过提升客户服务质量,铁路运输企业不仅能够提升客户满意度和忠诚度,还能够树立良好的社会形象,提升品牌价值和市场竞争力。因此,客户服务质量管理也是铁路运输企业履行社会责任、塑造良好社会形象的重要途径。

铁路运输客户服务质量管理要求铁路运输企业以客户需求为导向,通过优化服务流程、制定并执行服务质量标准、持续改进与创新以及履行社会责任等方式,不断提升服务品质和客户满意度。

三、铁路运输客户服务质量管理流程

铁路运输客户服务质量管理的流程是一个系统而复杂的过程。铁路运输企业旨在通过不断优化服务来满足客户的期望和需求,从而提升客户满意度和忠诚度。铁路运输客户服务质量管理的流程一般包括以下几个环节。

(一) 需求分析

通过市场调查、客户反馈等方式,了解客户的需求和期望,分析数据,明确服务质量的提升方向。

1. 市场调查

铁路运输企业通过问卷调查、访谈、观察等方式,收集关于铁路运输客户服务的市场数据,了解竞争对手的服务情况,以及潜在客户和现有客户对铁路运输服务的需求和偏好。

2. 客户反馈

铁路运输企业建立有效的客户反馈机制,如在线评价、投诉渠道、客户满意度调查等,收集并分析客户对铁路运输服务质量的直接反馈,识别服务中的痛点和改进空间。

3. 数据分析

铁路运输企业利用统计分析和数据挖掘技术,对收集到的数据进行处理和分析,明确服务质量的提升方向和重点。

(二) 服务设计与规划

服务设计与规划是根据需求分析结果,制定服务标准和服务流程,确保服务过程能够满足客户需求。

1. 服务标准制定

铁路运输企业应基于需求分析的结果,制定详细的服务标准,包括服务响应时间、服务态度、服务效率、服务质量等方面的具体要求。

2. 服务流程优化

铁路运输企业应设计或优化服务流程,确保流程简洁、高效、易于执行,并能够满足客户的需求和期望。

3.人员培训

铁路运输企业应对服务人员进行专业培训,确保他们了解服务标准和服务流程,掌握必要的技能和知识,能够提供高质量的服务。

(三)服务实施

服务实施是按照服务标准和服务流程,组织相关部门和人员实施运输服务。

1.资源调配

根据服务计划和需求,铁路运输企业合理调配人力、物力、财力等资源,确保服务能够顺利进行。

2.服务执行

铁路运输企业按照服务标准和服务流程,组织相关部门和人员实施运输服务,确保服务过程规范化、标准化。

3.客户沟通

在服务过程中,铁路运输企业保持与客户的良好沟通,及时解答客户的疑问,处理客户的需求,提升客户的信任感和满意度。

(四)服务监控

在服务实施过程中,铁路运输企业对服务质量进行持续的监控和评估,确保服务过程符合标准要求。

1.质量监控

铁路运输企业通过现场检查、视频监控、数据分析等方式,对服务质量进行实时监控,确保服务过程符合标准要求。

2.绩效评估

铁路运输企业定期对服务人员进行绩效评估,了解他们的工作表现和存在的问题,为后续的培训和改进提供依据。

3.客户满意度调查

铁路运输企业定期进行客户满意度调查,了解客户对服务的整体评价和建议,为服务改进提供方向。

(五)问题处理与改进

铁路运输企业对于服务过程中出现的问题,及时进行处理和纠正,并根据监控结果对服务流程进行改进和优化。

1.问题处理

铁路运输企业对于服务过程中出现的问题,及时进行处理和纠正,防止问题扩大或重复发生。

2.原因分析

对出现的问题进行深入分析,找出问题的根源和产生原因,为后续的改进提供依据。

3. 服务改进

铁路运输企业根据监控结果和问题分析,对服务流程、服务标准、人员培训等方面进行改进和优化,不断提升服务质量。

通过以上五个阶段的循环往复,铁路运输企业可以建立起一套完善的客户服务质量管理体系,实现服务质量的持续改进和提升。

■ 课堂案例

铁路运输客户服务质量管理实例

某铁路局集团公司为了提升客户服务质量,决定对现有的服务流程进行全面的优化和管理。该铁路局集团公司通过市场调查、客户反馈等方式,识别出了服务中的不足和客户的期望,进而制定了一系列改进措施。

1. 市场调查

该铁路局集团公司通过在线问卷、电话访谈、现场观察等方式,对旅客的出行需求进行了深入调查。调查结果显示,旅客普遍关注购票便捷性、候车环境、列车正点率、服务态度等方面。该铁路局集团公司还建立了多渠道的客户反馈机制,包括客服热线、在线评价、社交媒体等,通过收集和分析这些反馈,进一步明确了服务质量的提升方向。

2. 服务设计与优化

基于需求分析的结果,该铁路局集团公司制定了详细的服务标准,如售票窗口服务响应时间不超过3min、候车室环境卫生需定期消毒等。

为提升购票便捷性,该铁路局集团公司引入了自助售票机和电子客票系统,减少了旅客的购票时间。同时,还简化了换乘流程,设置了便捷换乘通道,减少了旅客的换乘时间和步行距离。

为了确保服务标准的执行,该铁路局集团公司对服务人员进行了专业培训,包括服务礼仪、沟通技巧、应急处理等。

3. 服务实施

根据服务计划和需求,该铁路局集团公司合理调配了人力、物力等资源,确保服务能够顺利进行。例如,在节假日等客流高峰期,增开了售票窗口和候车室区域。

服务人员按照服务标准和服务流程,为旅客提供高质量的服务。例如,在购票过程中,售票员会主动询问旅客的需求,并提供合适的购票建议;在候车室内,工作人员会定期巡查环境卫生,并为旅客提供必要的帮助。

在服务过程中,服务人员保持与旅客的良好沟通,及时解答旅客的疑问,处理旅客的需求。例如,当列车晚点时,列车长会及时通知旅客并解释原因,同时提供可行的解决方案。

4. 服务监控

该铁路局集团公司建立了完善的服务质量监控体系,包括现场检查、视频监控、数据分析等方式。通过这些手段,可以实时了解服务过程中的问题和不足。

定期对服务人员进行绩效评估,了解其工作表现和服务质量。对于表现优秀的员工给予奖励和表彰;对于存在问题的员工则进行辅导和培训。

定期进行客户满意度调查,了解旅客对服务的整体评价和建议。这些反馈将成为服务改进的重要依据。

5.问题处理与改进

对于服务过程中出现的问题和投诉,该铁路局集团公司会及时进行处理和回复。例如,当旅客对购票过程中的某个环节不满意时,客服人员会认真倾听并解决问题;当列车晚点影响旅客行程时,列车长会积极协调并提供替代方案。对于出现的问题进行深入分析,找出问题的根源和产生原因。这有助于避免类似问题的再次发生。

通过以上流程的实施和持续改进,该铁路局集团公司成功提升了客户服务质量,提升了旅客的满意度和忠诚度。

四、铁路运输客户服务质量管理方法

铁路运输客户服务质量管理是铁路运输企业为了保障其提供的运输服务能够充分满足旅客和货主的期望与需求,所采取的一系列旨在提高服务效率、效果及客户满意度的质量管理活动。这一管理过程不仅关乎铁路运输企业的市场竞争力,还直接影响其社会形象的塑造。铁路运输客户服务质量管理方法主要包括以下几个方面。

1.制定明确的服务标准

根据客户需求、市场趋势及行业规范,制定详细、可操作的服务标准和规范。这些标准和规范应涵盖购票、候车、乘车、行李托运、投诉处理等多个环节,确保服务过程有章可循,旅客能够享受到统一、高质量的服务体验。

🔗 行业洞察

"办理电子领货"服务标准

"办理电子领货"服务标准旨在规范铁路货运中的电子领货流程,确保服务的准确性和高效性。以下是根据铁路运输的相关规定和实际操作流程,制定的"办理电子领货"服务标准。

一、服务定义

办理电子领货是指托运人和收货人通过铁路货运电子系统,实现货物的在线预约、领货密码设置、领货人信息填写、费用支付及货物领取的便捷服务。

二、服务流程

1.托运人设置领货密码

(1)托运人在铁路货运电子系统中提交运输需求时,可选择设置领货密码。

(2)若未能在提交时设置,托运人可在系统中后续补设。

(3)托运人需妥善保管领货密码,并准确告知收货人。

2. 收货人设置领货人信息

(1)收货人登录铁路货运电子系统,在领货手续办理页面输入领货密码进行核验。

(2)核验通过后,收货人需填写领货人的姓名、身份证号码、手机号码等信息,并在线签署领货委托书。

(3)若收货人选择线下办理,需携带相关证件到车站现场办理领货手续。

3. 支付到站杂费

(1)领货人需到车站支付到站杂费,费用包括但不限于运输费、装卸费、保管费等。

(2)车站提供多种支付方式,如现金、银行卡、电子支付等。

4. 到货场领货

(1)领货人凭本人身份证原件及领货密码(若已在线上完成核验,则可能无须再次提供)到车站领取货物。

(2)车站工作人员核对领货人信息无误后,办理货物领取手续。

三、服务要求

1. 信息安全

(1)铁路货运电子系统需确保客户信息的安全性和保密性,防止信息泄露。

(2)领货密码需加密存储,确保不被非法获取。

2. 操作便捷

(1)铁路货运电子系统需提供简洁明了的操作界面,方便托运人和收货人进行在线操作。

(2)系统需支持多种支付方式,以满足不同客户的需求。

3. 服务高效

(1)车站需及时处理领货请求,确保货物在到达后能够迅速领取。

(2)若遇特殊情况需延迟领取,车站需及时通知收货人并说明原因。

4. 客户沟通

(1)铁路运输企业需提供客户服务热线或在线客服,方便托运人和收货人咨询和解决问题。

(2)对于领货过程中出现的问题,车站需及时与托运人和收货人进行沟通,确保问题得到妥善解决。

四、服务评价

1. 客户满意度调查

铁路运输企业可定期对托运人和收货人进行满意度调查,了解他们对电子领货服务的评价和意见。

根据调查结果,铁路运输企业可及时改进服务流程和提高服务质量。

2. 服务质量监控

铁路运输企业需对电子领货服务进行实时监控,确保服务的准确性和高效性。

若发现服务过程中存在问题或不足,需及时采取措施进行整改和优化。

"办理电子领货"服务标准旨在规范铁路货运中的电子领货流程,确保服务的准确性和高效性。通过加强信息安全、操作便捷性、服务高效性和客户沟通等方面的要求,铁路运输企业可不断提升服务质量,满足客户的多样化需求。

(信息来源:95306,有改动)

2. 实施绩效考核

通过客户满意度调查、服务投诉率、正点率等量化指标,对服务质量进行客观评估。将服务质量与员工的薪酬、晋升等个人利益紧密挂钩,激励员工积极提升服务质量;同时,对服务质量不达标的行为进行相应处罚,形成有效的约束机制。

3. 加强员工培训

通过定期对员工进行服务意识和技能培训,提高员工的服务素质和专业能力,增强员工的服务意识和责任意识,使员工充分认识到提升服务质量的重要性,确保服务过程的高效和顺畅。

针对不同岗位的需求,开展专业技能培训,提高员工的服务能力和水平。组织优秀服务案例分享会,让员工学习先进经验,不断改进自身服务方式和方法。

4. 引入先进的管理技术

利用云计算、大数据、人工智能等现代信息技术手段,建立智能化服务管理系统,实现服务过程的实时监控和数据分析,提高管理效率和准确性。

通过对服务数据的深度挖掘和分析,发现服务过程中的问题和短板,为服务改进提供科学依据。基于数据分析结果,制定更加精准、有效的服务改进策略,提高管理决策的科学性和准确性。

5. 建立客户反馈机制

建立完善的客户反馈机制,及时了解客户需求和意见。通过客服热线、在线评价、社交媒体等多种渠道收集客户反馈意见。对客户的投诉和建议进行及时响应和处理,确保客户的合理需求得到满足。根据客户反馈意见,不断调整和优化服务流程和服务标准,推动服务质量的持续提升。

6. 风险管理

定期对服务过程中可能遇到的风险进行评估和预测,制定相应的应对策略。建立完善的服务应急预案和快速响应机制,确保在突发事件发生时能够迅速恢复服务并减少损失。

7. 跨部门协作

跨部门协作是指企业建立跨部门信息共享平台,实现企业内各部门之间的信息实时传递和共享。加强部门之间的沟通与协作,共同解决服务过程中遇到的问题和挑战。确定企业各部门在客户服务过程中需要共享的信息类型,如旅客信息、列车运行状况、票务数据、投诉反馈等。分析这些信息如何有助于提升整体服务质量和效率。建立跨部门信息共享平台并加强各部门之间的沟通与协作,是铁路运输企业提升客户服务质量的重要手段。通过这一机制的实施,可以确保服务过程中的信息畅通无阻,共同解决遇到的问题和挑战,为旅客提供更加优质、高效的服务体验。

案例

铁路运输企业跨部门合作

某铁路局集团公司通过建立跨部门信息共享平台,实现了跨部门合作。在列车晚点处理过程中,客服部门能够迅速获取列车运行状况信息,并及时通知旅客;同时,乘务部门也能够根据信息调整服务计划,为旅客提供必要的帮助和补偿。这种跨部门协作机制不仅提升了服务效率,还提升了旅客的满意度和忠诚度。

通过上述方法的实施,铁路运输企业可以全面提升客户服务质量,提升旅客满意度和忠诚度,进而在激烈的市场竞争中赢得更多的市场份额和竞争优势。

任务四　管理铁路运输客户关系

【任务导入案例】

为客户精细化管理而生的中国铁路 95306 网

随着铁路货运组织改革的不断深入,铁路运输企业逐步向以客户为中心的经营战略转化,客户精细化管理的意识逐渐明晰。为加快建立客户关系管理机制,不断加强铁路货运营销部门的经营管理,中国铁路 95306 网应运而生。

一、中国铁路 95306 网客户关系管理的架构

中国铁路 95306 网的客户关系管理架构主要由以下三个部分组成:

(1)利用现代信息技术,收集、管理、分析客户信息,包括客户的运输需求、行为模式、偏好等。

(2)根据客户诚信度,对铁路的忠诚度、贡献度等,设定客户评级标准,并从不同方面对客户特征进行分析和识别。

(3)基于客观的客户评级标准,从不同方面对客户特征进行分析和识别,在沟通机制、运输组织、定制服务等方面对客户实行分类分级管理和运力匹配,实行差异化服务策略。

二、中国铁路 95306 网客户关系管理的核心要素

1. 客户价值评价指标体系

中国铁路 95306 网构建了铁路货运客户价值评价指标体系。该体系包括铁路运输贡献度、铁路运输诚信度、铁路运输忠诚度和综合评价四个方面的考核指标。通过这些指标,中国铁路 95306 网能够对客户进行科学的评价,并根据积分不同开展评级工作,将客户按核心客户、重点客户、一般客户进行管理。

2. 客户评级积分管理

中国铁路 95306 网铁路货运客户价值等级评价积分采取百分制,由上述四个考核指标加权计算得出。核心客户分值范围为 86~100,重点客户分值范围为 60~85,一般客户分值范围为 0~59。通过客户价值评价体系的构建和客户评级积分管理的实施应用,中国铁路 95306 网能够对铁路核心客户价值进行评价,实现客户细分,并对目标客户采取针对性的措施,提供个性化差异化服务。

3. 客户服务标准

中国铁路 95306 网制定了铁路货运客户的服务标准,特别是构建了铁路运输全生命周期的客户服务标准体系。这些服务标准有助于铁路货运部门有针对性地向不同客户群体设计投放特色货运产品,降低营销成本并提高营销效率。同时,服务标准的制定也有利于铁路货运部门对信誉高、对铁路贡献大的客户给予重点运力倾斜,科学进行运力统筹安排。

三、中国铁路 95306 网客户关系管理的实践成果

1. 建立客户档案

国铁集团通过中国铁路 95306 网建立了全路客户档案,数量高达 15 万余份。

2. 开展战略合作

中国铁路 95306 网与多家大型央企和跨区域企业开展了物流领域的战略合作,签订了煤炭中长期合同、运量互保、物流总包等服务协议。

3. 提升服务质量与效率

通过客户关系管理,中国铁路 95306 网提升了铁路货运服务质量和水平,客户的满意度、贡献度和黏度逐年上升。同时,中国铁路 95306 网也带来了极大的经济效益和社会效益。

4. 挖掘新增客户

中国铁路 95306 网客户关系管理在挖掘新增客户方面也做出了积极探索和技术创新。通过分析客户信息,中国铁路 95306 网能够更准确地识别潜在客户,并采取针对性的营销策略。

综上所述,中国铁路 95306 网在客户关系管理中发挥了重要作用,通过构建客户价值评价指标体系、实施客户评级积分管理以及制定客户服务标准等措施,有效提升了铁路货运服务质量和水平。同时,中国铁路 95306 网也通过客户关系管理实践取得了显著的成果,为铁路货运带来了极大的社会效益和经济效益。

引导问题:根据此案例,分析中国铁路 95306 网怎么管理铁路运输客户关系。

管理铁路运输客户关系是指铁路运输企业通过建立、维护和优化与客户之间的关系,以提高客户满意度、客户忠诚度,并最终实现业务增长的一系列活动和策略。铁路运输企业通过建立完善的客户档案、深入分析客户需求、制定针对性的服务策略、利用先进的工具和技术手段进行客户关系维护和管理,可以不断提升客户满意度和忠诚度,实现业务增长,为企业的持续发展奠定坚实基础。

一、铁路运输客户关系管理

铁路运输客户关系是指铁路运输企业与旅客或货主之间建立的一种相互依赖、相互促进的关系。这种关系基于双方的需求和利益,通过运输服务来实现。在铁路运输中,客户关系的重要性不言而喻,它直接关系到企业的运营效益、客户满意度和忠诚度,以及市场竞争力。

铁路运输客户关系管理是指铁路运输企业通过一系列的管理策略和技术手段,对与客户相关的信息进行收集、整理、分析和利用,以优化客户体验、提升客户满意度和忠诚度,进而实现铁路运输企业的长期发展目标。这一管理过程强调以客户为中心,通过深入了解客户需求、提供个性化服务、建立长期稳定的合作关系,来增强铁路运输企业的市场竞争力。

铁路运输客户关系与铁路运输客户关系管理是铁路运输企业运营中不可或缺的两个部分。通过加强客户关系管理,铁路运输企业可以深入了解客户需求,提供满足其需求的服务,从而提升客户满意度和忠诚度,实现业务增长和可持续发展。

(一)铁路运输客户关系管理的内容

1. 客户信息管理

客户信息管理是铁路运输企业客户关系管理的基石,它涉及收集、整理和分析客户的基本信息、交易记录、服务需求等数据,建立客户档案资料库,为后续的客户关系管理提供坚实的数据支持。

铁路运输企业需要全面、准确地收集客户的基本信息,如姓名、联系方式、住址等,以及交易记录,如购票记录、托运记录等。这些信息是建立客户档案的基础。通过对这些信息的深入分析,铁路运输企业可以了解客户的出行习惯、偏好及潜在需求,为后续的服务提供数据支持。

2. 客户需求分析

铁路运输企业通过市场调研、数据分析等手段,深入了解不同类型客户对铁路运输服务的需求和期望,为制定差异化服务策略提供依据;利用大数据和人工智能技术,对客户的交易记录、服务反馈等数据进行深度挖掘,从而准确把握不同类型客户的需求和期望。

3. 服务质量管理

铁路运输企业建立服务质量标准和评价体系,对铁路运输服务过程进行监控和评估,及时发现并解决问题,提升服务质量;明确铁路运输服务的各项标准和要求,确保服务的一致性和规范性;对服务过程进行实时监控,并定期对服务质量进行评估,及时发现并纠正问题;根据评估结果,不断优化服务流程,提升服务质量,以满足客户的期望。

4. 客户分级管理

客户分级管理是一种有效的营销策略,它根据客户价值、贡献度、忠诚度等因素,将客户划分为不同的等级,并针对这些等级实施差异化的服务策略,从而提高客户满意度和忠诚度。在铁路运输企业中,这种策略同样可以发挥重要作用。

⚬ 行业洞察

中铁快运的客户分级管理

中铁快运是中国铁路直属的大型国有专业运输企业,在客户分级管理方面有着丰富的实践经验。他们充分利用"95572"服务平台和物流实体网的叠加效应,为客户提供全程物流的解决方案,并根据客户的不同需求提供多样化的产品和服务。

1. 签约客户的定制化服务

对于签约客户,中铁快运提供运费到付、运费月结、签单返回、保险保价等附加服务。

对于公司级大客户,他们的承运货物从制票到签收交付,均由公司各级部门全程提供保障,确保货物的在途安全。

在运输过程中,大客户享有公司优先装运等级,单独码放、单独交接,其运输过程由公司调度进行全程跟踪,极大地满足了客户多元化服务需求。

2. 项目化运作和整体解决方案

中铁快运不断优化资源配置,加大重点项目开发和维护力度,并逐步形成整体解决方案。例如,他们为5100矿泉水项目设计了"货存第三方的联合库存管理模式",降低了供应链库存成本和缺货风险。

(信息来源:《中铁快运以客户为中心的服务运作模式创新案例》,有改动)

5. 客户关系维护

铁路运输企业通过定期回访、客户关怀、投诉处理等方式,加强与客户的沟通和互动,维护良好的客户关系。根据客户对铁路运输企业的贡献度、忠诚度等因素,对客户进行分类评估。针对不同等级的客户,提供差异化的服务,如优先购票、免费托运等,以提升客户满意度和忠诚度。

铁路运输企业通过电话、短信、邮件等方式,定期回访客户,了解他们的需求和反馈。在特殊节日或客户生日时,送上温馨的祝福和关怀,增强客户的归属感。建立健全的投诉处理机制,及时、有效地解决客户的投诉和问题,提升客户满意度。

(二)铁路运输客户关系管理的意义

铁路运输作为国民经济的重要基础设施和大众化的交通工具,其客户关系管理具有深远的意义。

1. 提升客户满意度和忠诚度

通过优化服务流程、提升服务质量、提供个性化服务等方式,提升客户满意度和忠诚度,从而增强铁路运输企业的市场竞争力,吸引更多客户选择铁路运输。

铁路运输企业通过简化购票、乘车、行李托运等流程,可以减少客户等待时间,提升服务效率;加强员工培训,提高员工服务态度和服务技能,确保客户在乘车过程中得到舒适、安全的体验;提供个性化服务,根据客户需求和偏好,提供定制化服务,如座位选择、餐饮预订、娱乐设施等,增强客户体验。

2. 实现业务增长

铁路运输企业通过优化客户关系管理,挖掘高价值客户,提高客户转化率,最终实现业务增长和市场份额的提升。

铁路运输企业可以识别并挖掘出高价值客户,这些客户通常具有更高的消费能力和更稳定的乘车需求。通过精准营销和个性化推荐,铁路运输企业可以将潜在客户转化为实际乘客,提高客户转化率。通过提升客户满意度和忠诚度,铁路运输企业可以吸引更多新客户,逐步扩大市场份额,实现业务增长。

3. 降低运营成本

通过客户关系管理,铁路运输企业可以更加精准地预测客户需求和运输量,从而优化运力资源配置,降低运营成本。

铁路运输企业可以更加精准地预测客户需求和运输量,从而合理安排运力资源,避免资源浪费。根据客户需求和运输量,铁路运输企业可以灵活调整列车班次、座位数量等,确保运力资源的有效利用。通过优化运力资源配置,铁路运输企业可以降低运营成本,提高盈利能力。

4. 提升品牌形象

良好的客户关系管理有助于提升企业的品牌形象和口碑,吸引更多潜在客户,为企业带来长期利益。

通过优质的客户服务和个性化的服务体验,铁路运输企业可以在客户心中树立良好的品牌形象。满意的客户会向亲朋好友推荐铁路运输,形成口碑效应,吸引更多潜在客户。通过客户关系管理,铁路运输企业可以加强与客户的互动和沟通,了解客户需求和反馈,不断改进和提升服务质量,从而提升企业知名度。

铁路运输企业应重视客户关系管理,不断优化服务流程、提升服务质量、提供个性化服务,以赢得客户的信任和忠诚,实现企业的可持续发展。

(三)铁路运输客户关系管理的步骤

铁路运输客户关系管理的步骤是一个系统性过程,旨在建立、维护和发展与客户之间的良好关系,具体步骤如下。

1. 客户识别与分类

铁路运输企业通过市场调查和数据分析,识别并分类目标客户群体,以便为不同客户提供差异化的服务,具体操作如下:

(1)通过市场调查和数据分析,深入了解客户的具体需求、运输习惯及偏好。

(2)根据货物性质、运输要求、装卸车类型、运输量、贡献运输收入等因素,对客户进行分类。例如,可以将客户分为大宗物资客户、"白货"客户等,进一步还可细分为大客户、一般客户、已流失客户、潜在客户等。

(3)建立客户档案资料库,详细记录客户的基本信息、运输历史、特殊要求和偏好等,为后续的服务策略制定提供基础。

2. 服务策略的制定

铁路运输企业根据客户需求和市场变化,制定针对性的服务策略,如提供个性化的运输方案、优化运输流程、提高服务质量等,具体操作如下:

(1)根据不同类型的客户需求,制定差异化的服务策略。例如,对于大宗物资客户,可以提供稳定的运输方案和优惠的运价;对于"白货"客户,可以关注其运输需求的变化,提供灵活的运输方案。

(2)制订"私人定制"的物流解决方案,从运价、物流方案、装卸车方案、运输组织方案等方面为客户量身定制。

(3)铁路运输企业定期评估和调整服务策略,以适应市场变化。

🔍 行业洞察

铁路局集团公司的"一企一策"

南昌铁路局集团公司在服务策略方面同样有着出色的表现。他们通过高效整合管内铁路物流资源,不断提升保价运输服务质量,并通过"一企一策"等策略,赢得了客户的广泛赞誉。

1. "一企一策"真省心

福州铁路物流中心针对福建某矿泉水生产企业对成品包装在铁路运输中磨损率有严格要求的情况,及时召开项目推进会,研究制定总体工作方案,实施"一企一策"。

福州铁路物流中心建议经销商在铁路设库,协调客户、经销商、车站和运输车队,打通从厂家到收货人仓库间各运输环节"梗阻",将赔偿条款纳入与运输车队签订的合同之中,为企业降低货损提供了法律保障。

2. 高效理赔很安心

南昌铁路局集团公司多管齐下狠抓货运安全,不断强化标准化理赔安全室建设,完善全流程货损赔付机制,从源头上降低货损率,增强了客户黏性。

3. 优惠政策增信心

南昌铁路物流中心鹰潭营业部主动出击,合理运用保价优惠政策,着力降低"公转铁"运输风险,让企业信心大增,最终达成长期合作意向。

(信息来源:《人民铁道》报《"三心"服务赢赞誉》,有改动)

3. 客户互动与沟通

铁路运输企业通过客服热线、网络平台等渠道与客户保持互动和沟通,收集客户反馈,及时解决客户问题,增强客户体验,具体操作如下:

(1)通过多种渠道(如客服热线、网络平台、面对面交流等)与客户保持互动和沟通。

(2)及时回复客户咨询和问题,展示企业的专业性和高效性。

(3)定期向客户传递关怀的信息,如节日问候、生日祝福等,增强客户的归属感和忠诚度。

(4)收集客户反馈和建议,作为改进服务质量的依据。

4. 数据分析与挖掘

铁路运输企业利用现代信息技术对客户数据进行收集、管理和分析,以深入了解客户行为和需求,为制定更精准的营销策略和服务方案提供依据,具体操作如下:

(1)利用现代信息技术对客户数据进行收集、管理和分析。

(2)通过数据分析,深入了解客户的运输行为、偏好和需求变化。

(3)利用数据挖掘技术,发现潜在的客户需求和市场机会。

(4)根据数据分析结果,制定更精准的营销策略和服务方案。

5. 客户关系维护与优化

铁路运输企业通过定期回访、满意度调查、客户活动等方式,加强与客户的联系和沟通,保持客户关系的稳定和持续,同时不断优化客户关系管理策略,以适应市场变化和客户需求的变化,具体操作如下:

(1)建立定期回访制度,与客户保持密切联系,了解客户的最新需求和反馈。

(2)进行满意度调查,了解客户对企业服务的满意度和忠诚度。

(3)根据客户反馈和满意度调查结果,不断优化服务质量和服务流程。

(4)通过举办客户活动、提供增值服务等方式,加强与客户的互动和联系,提升客户满意度和忠诚度。

(5)持续优化客户关系管理策略,以适应市场变化和客户需求的变化。例如,可以引入客户关系管理系统等现代信息技术手段,提高客户关系管理的效率和效果。

铁路运输客户关系管理的步骤是一个系统性、动态性的过程,需要铁路运输企业不断投入资源和精力来完善和优化。通过实施这些步骤,铁路运输企业可以建立稳定、长期的客户关系,提升客户满意度和忠诚度,进而实现业务增长和可持续发展。

(四)铁路运输客户关系管理的技巧

铁路运输客户关系管理技巧涉及多个方面,旨在提升客户满意度、忠诚度,并促进铁路运输企业的持续发展。以下是一些关键的客户关系管理技巧。

1. 以客户为中心

铁路运输企业需全员树立并落实"以客户为中心"的理念,设置奖惩落实"以客户为中心"。铁路运输企业的各级领导必须充分认可"以客户为中心"的理念,并将其融入企业的战略规划和日常运营。加强员工培训,使基层员工也能深入理解并践行这一理念,将其融入日常工作。通过建立完善的奖惩措施,从制度上保证以"以客户为中心"的理念得到落实并不断完善。

2. 一对一服务

铁路运输企业设立一对一服务制度,为客户提供一站式服务。铁路运输企业的客户代表负责与客户建立联系,保持沟通,了解客户需求,为企业带来订单,并随时为客户提供服务。客户代表应能够为客户提供全方位的服务,包括运输咨询、方案设计、问题解决等。

⚙ 行业洞察

神铁运维的"一站式"解决方案

自成立以来,神州高铁始终聚焦国家大趋势,为500余条货运专用铁路提供各类装备及维保服务,所积累的客户资源和品牌影响力也开始全面释放。其子公司神铁运维首创"机车租赁+乘务员输出+机车维修"一站式解决方案,与客户形成长期稳定的合作关系,推动机车租赁、司乘培训、机车维修等业务陆续落地。2021年至今,神铁运维业务逐步大幅增长,获得了多条货运专用铁路运营维保业务订单,全面推动货运专用铁路运营的智能化和无人化升级。

神铁运维精耕细作,全面增进客户黏性。2021年起,神铁运维业务稳步大幅增长,获得了多条货运专用铁路运营维保业务订单,以安全、绿色、高效、智能的整体解决方案,全面推动货运专用铁路运营的智能化和无人化升级。随着一站式业务的落地开花,神铁运维已进入快速发展轨道。

(信息来源:中国日报《神州高铁:轻装上阵,全力进发五大新赛道》,有改动)

---

3. 个性化服务

铁路运输企业针对不同类型不同需求的客户,可为客户提供定制化服务。根据客户的运输需求、货物类型、运输频率等因素,铁路运输企业将客户细分为不同的群体。针对不同群体的客户,提供定制化的服务方案,以满足其个性化需求。

4.加强沟通与互动

铁路运输企业增加多渠道多样化的沟通方式,快速并及时去响应客户的反馈与建议,规范处理各类服务问题;通过定期回访,了解客户的运输需求和服务体验,收集客户的反馈和建议;利用电话、邮件、网络平台等多种渠道与客户保持沟通,确保信息的及时传递和反馈;设立专门的投诉受理渠道,对客户提出的问题进行调查、核实,并制定解决方案,及时回复客户。

5.数据分析与挖掘

铁路运输企业利用现代信息技术,收集、管理、分析客户信息,包括运输历史、货物类型、运输频率等;运用数据挖掘技术,发现潜在的客户需求和市场机会,为制定精准的服务策略和营销策略提供科学依据。

6.建立奖惩机制

铁路运输企业建立奖惩机制,激励与惩治相应的客户行为。对于忠诚度高、贡献度大的客户,给予一定的奖励或优惠,如折扣、赠品、积分兑换等。对于违反合同、恶意拖欠运费等行为,可以采取相应的惩罚措施,如限制服务、提高运价等。

7.客户教育与培训

铁路运输企业通过教育与培训,使客户能够更深入地了解服务的特点和使用方法,从而在使用产品或服务的过程中获得更好的体验,进而提升满意度。受过教育的客户更容易对产品或服务产生信任感,从而更愿意长期合作。客户教育与培训不仅能够帮助客户更好地使用产品或服务,还能够发现客户的潜在需求,推动业务的进一步发展。

铁路运输企业通过普及铁路运输知识与提供咨询服务来教育与培训客户。通过举办培训、讲座等活动,向客户普及铁路运输知识和相关政策,提升客户对铁路运输的认知度和满意度。设立专门的咨询服务热线或平台,为客户提供关于铁路运输的咨询和解答服务。

8.持续改进优化

铁路运输企业应密切关注市场变化和客户需求的变化。铁路运输企业通过市场调研、数据分析等方式了解市场动态和客户需求的变化趋势。根据市场变化和客户需求的变化趋势,铁路运输企业应不断创新服务模式和服务方式,定期对客户关系管理策略进行评估和调整。例如,可以推出定制化服务、一站式服务等创新服务模式,满足客户的个性化需求。铁路运输企业应关注新技术的发展和应用,如人工智能、大数据等,将其引入到客户关系管理中,提高管理效率和效果。

客户关系管理不仅仅是一个部门的工作,而是需要铁路运输企业各个部门的协同合作。因此,企业的各个部门应加强沟通和协作,共同推动客户关系管理工作的持续优化和创新。

二、铁路运输客户关系的信息管理

铁路运输客户关系的信息管理是铁路运输企业提升服务质量、增强市场竞争力的重要一环。信息管理确保企业能够有效收集、整理、存储、分析和利用客户信息,以支持客户关系管理活动。

（一）信息管理的重要性

1. 提高服务效率

通过有效的信息管理，铁路运输企业可以迅速响应客户需求，提供及时、准确的服务，从而提高客户满意度。

2. 优化资源配置

信息管理有助于铁路运输企业更全面地了解客户需求，从而合理调配运输资源，如车辆、人员等，提高运输效率。

3. 降低运营成本

通过精准的信息管理，铁路运输企业可以减少不必要的资源浪费，如减少空驶率、优化装卸流程等，从而降低运营成本。

4. 增强市场竞争力

良好的信息管理有助于铁路运输企业更好地了解客户需求，提供个性化的服务方案，从而在激烈的市场竞争中脱颖而出。

（二）信息管理的内容

1. 客户基础信息管理

客户基础信息包括客户的名称、联系方式、地址等基本信息，以及客户的运输需求、偏好等个性化信息。

2. 运输过程信息管理

记录货物的运输过程，包括装货时间、运输路线、到达时间等，以便客户随时了解货物状态。

3. 服务质量管理信息

收集客户对服务的反馈意见，如服务人员的态度、服务质量等，以便企业及时发现并改进问题。

4. 市场动态信息管理

关注市场动态，收集竞争对手的信息、了解行业趋势等，以便企业制定更合理的市场策略。

（三）信息管理的技术手段

1. 数据库技术

利用数据库技术存储和管理客户信息，实现数据的快速检索和更新。

2. 数据挖掘技术

通过数据挖掘技术，从大量的客户信息中提取有价值的信息，如客户的行为模式、需求趋势等，为企业的决策提供支持。

3. 客户关系管理系统

引入客户关系管理系统，实现客户信息的集中管理、自动化营销、客户服务等功能，提高客户关系管理的效率和效果。

4. 人工智能与大数据技术

利用人工智能和大数据技术,对客户数据进行深入分析,预测客户需求,提供个性化的服务方案。

⚬ 行业洞察

铁路货运的信息管理技术

铁路货运电子商务系统95306(简称铁路95306)作为铁路货运面向社会的统一互联网门户,为客户提供快捷查询、发送、到达、全程追踪、专用线、国际联运、投保理赔、信息查询及其他等服务,实现铁路与客户的直接交互,为客户办理物流业务提供全过程支持。2021年12月8日,铁路95306整体升级后正式启用,实现24h网上办理货运业务,为客户提供更加高效、便捷的全方位货运服务。这是铁路货运服务改革取得的重大突破,也是国铁集团为群众办实事的具体行动。

新版铁路95306提供了一系列新功能、新服务,实现了"让信息多跑路、企业货主少跑腿",极大地提升了铁路货运便利化程度,为客户带来了更好的服务体验。

1. 网上注册自助化

扩大电子营业执照应用范围,在线验证企业信息,实现网上全自助注册,客户无须到营业厅提供纸质证明材料。

2. 全面应用电子签名

向客户免费提供中铁CA数字证书,客户使用数字证书进行电子签名,运货无须提供传统的盖章纸质运单,收货无须提供纸质领货凭证。

3. 精准追踪货物位置

整合铁路各类信息系统数据,建立全国统一的货车在途轨迹数据库,实现货物追踪和预测到达等功能,客户可合理安排取货和开展生产经营。

4. 拓展电子支付功能

在POS机刷卡、预付款等既有支付方式的基础上,拓展了网银支付功能,客户能够在线完成运输费用电子支付。

5. 实现移动办公

通过铁路95306的App和微信公众号,客户可随时随地网上办理货运业务,足不出户即可完成铁路发货、收货手续。

[信息来源:中国国家铁路集团有限公司官网 铁路货运电子商务系统(95306)功能介绍,有改动]

(四)信息管理的持续改进与优化

在信息管理的持续改进与优化过程中,铁路运输企业需要关注多个方面,以确保信息管理系统的高效、安全和可靠性。

1. 定期评估与调整

铁路运输企业应定期对信息管理策略进行评估,评估周期可根据市场变化速度和企业实际情况灵活设定。这有助于及时发现策略中的不足,以便及时进行调整。铁路运输企业的评估内容应涵盖信息管理策略的全面性、适用性、有效性等方面。同时,铁路运输企业还需考虑市场变化、客户需求变化以及企业内外部环境的变化对信息管理策略的影响。根据评估结果,企业应对信息管理策略进行相应的调整。这包括修改现有策略、增加新的策略或删除不适应的策略等。

2. 加强信息安全保障

铁路运输企业应采用先进的技术手段来确保客户信息的安全性和保密性。这包括使用加密技术、防火墙技术、入侵检测系统等,以防止客户信息被泄露或非法访问。除了技术手段外,铁路运输企业还应制定严格的信息安全管理措施。例如,建立客户信息保密制度、制定信息访问权限管理制度等,以确保客户信息的安全。铁路运输企业还应建立信息安全应急响应机制,以便在发生信息安全事件时能够迅速响应、及时处置,减少损失。

3. 引入新技术

铁路运输企业应密切关注新技术的发展和应用,如区块链、人工智能等。这些新技术在信息管理中具有巨大的应用潜力,可以提高管理效率和效果。在引入新技术时,铁路运输企业应确保新技术与现有信息管理系统的兼容性和整合性。这有助于确保新技术能够顺利地应用并发挥最大的作用。新技术引入后,铁路运输企业还应对员工进行相关的培训,提高员工对新技术的认识和使用能力。同时,铁路运输企业还应积极推广新技术,鼓励员工在实际工作中应用新技术。

4. 加强员工培训

员工培训内容应包括信息管理的基本知识、操作技能、信息安全意识等方面。这有助于提高员工的专业素养和服务水平,确保信息管理工作的顺利进行。培训方式可以包括线上培训、线下培训、实践操作等多种形式。铁路运输企业应根据员工的实际情况和需求选择合适的培训方式,以增强培训效果。培训结束后,铁路运输企业还应对培训效果进行评估。这可以通过考试、问卷调查、实际工作表现等方式进行。评估结果可以作为改进培训内容和方式的依据,以提高后续培训的质量。

通过有效的信息管理,铁路运输企业可以更好地了解客户需求、优化资源配置、降低运营成本并增强市场竞争力。

三、铁路运输客户关系的分级管理

经济学的"二八定律"告诉我们:20% 的客户创造了 80% 的利润,80% 的客户只创造了20% 的利润。换言之,我们针对不同的客户进行不同的分类管理,然后在跟进的过程中采取不同的沟通技巧,可以使销售达到更事半功倍的效果。

(一)客户分级管理的定义与目的

客户分级管理是指根据客户的不同特征和价值,将其分为不同的等级,并为不同等级的客户提供相应的产品、服务和营销策略。其主要目的是通过提供更加个性化和优质的服务,满足不同等级客户的需求,从而提高客户满意度和忠诚度,进而提升铁路运输企业的竞争力和盈利能力。

🔍 行业洞察

包头货运中心的分级管理与精准营销

呼和浩特铁路局集团公司包头货运中心在客户分级管理方面有其独到之处。他们通过精准营销策略和个性化服务,赢得了大量客户的信赖和好评。

1. 精准营销和个性化服务

包头货运中心针对46家中长协客户和48家重点企业进行走访调研,认真摸排货运增长点,坚持"一企一策",提供个性化精准服务。他们通过实施精准营销策略,用足"一口价"政策吸引货源,努力扩大铁路货运份额。

2. 换位思考和解决客户难题

包头货运中心的营销人员深入管内煤矿、物流园和企业,开展市场营销,了解客户需求和困难,为客户提供切实可行的解决方案。例如,他们通过反复论证,决定使用35吨敞顶箱将煤炭从高头窑站运到九原铁路物流园,再由汽车短驳送达电厂,既解决了公路运输的环境污染问题,又降低了企业的运输成本。

(信息来源:中国国家铁路集团有限公司《精诚所至 金石为开》http://www.china-railway.com.cn/tlwh/tlby/202207/t20220726_122725.html,有改动)

(二)客户分级管理的原则

1. 差异化原则

针对不同等级的客户,提供差异化的产品和服务,以满足其不同的需求和期望。

2. 动态调整原则

定期评估客户的价值和需求变化,对分级结果进行调整,以确保分级的准确性和有效性。

3. 保密原则

对不同等级客户的资料和信息进行保密,避免信息泄露和不当使用。

(三)客户分级的方法

对客户进行等级划分通常是根据客户利润贡献、客户的价值、忠诚度和需求来进行分类。这种分类有助于企业更好地了解客户,并针对不同等级的客户采取相应的营销和服务策略。

1. ABC分析法

铁路运输企业根据客户对企业利润贡献的大小,将客户分为A、B、C三类。A类客户贡献最大,但数量最少;C 类客户贡献最少,但数量最多;B 类客户则介于两者之间。针对不同类别的客户,铁路运输企业采用不同的管理策略,如重点维护 A 类客户,逐步发展 B 类客户。

2. RFM 模型

根据客户的消费行为,运用 R、F、M 三个指标将客户分为重要客户、潜力客户和一般客户。其中,R 代表最近一次消费时间,F 代表消费频率,M 代表消费金额。通过计算每个客户的 RFM 值,评估客户的重要性,并制定相应的管理策略。

3. 根据客户价值分级

铁路运输企业根据客户的购买力、消费水平、潜在价值和口碑等因素,将客户分为高价值、中价值和低价值等不同层级。高价值客户通常会得到更多的关注和个性化服务,而低价值客户则可能被提供标准化的产品和服务。

4. 根据客户生命周期分级

铁路运输企业根据客户在企业中的生命周期阶段,将客户分为开发期、成长期、成熟期和衰退期四个阶段。针对不同阶段的客户,铁路运输企业采取不同的管理策略,如在开发期加大客户开发力度,在成熟期注重维护客户关系。

5. 根据客户行为分级

铁路运输企业根据客户的行为特征,如购买频率、购买种类、购买偏好等,将客户分为活跃客户、沉睡客户和潜在客户等不同层级。活跃客户可能得到更多的促销信息和优惠活动,而对于沉睡客户则可能需要通过再激活策略来重新获得其关注。

6. 根据客户忠诚度分级

铁路运输企业根据客户的忠诚度程度,如满意度、口碑、推荐意愿等,将客户分为忠诚客户、满意客户和不满意客户等不同层级。对于忠诚客户,铁路运输企业提供更多的优惠和个性化服务;对于满意客户,继续保持良好关系;对于不满意客户,铁路运输企业采取措施改进服务和产品。

在对客户进行等级划分时,铁路运输企业需要考虑这些分类标准,并结合业务的实际情况和目标来确定最适合的划分方式。

(四)客户分级管理的实施步骤

1. 收集客户信息

铁路运输企业通过问卷调查、面对面访谈等方式,了解客户的出行习惯、满意度、潜在需求等;建立有效的客户反馈机制,如在线客服、投诉建议箱等,收集客户的直接反馈;分析历史销售数据,包括购票频率、票种偏好、旅行时段、运输频率等,以获取客户的购买行为特征。

2. 整理客户信息

铁路运输企业基于收集信息,根据客户类型(如个人、企业、团体等)和购买行为进行分类;去除重复、无效或不完整的信息,确保数据质量;将客户信息整理成结构化的格式,便于后续分析和应用。

3. 建立客户信息库

铁路运输企业设计合理的数据库结构,包括客户信息表、购买记录表等;将整理好的客户信息录入数据库,确保数据的准确性和完整性;定期更新数据库,确保客户信息的时效性和准确性。

4.分析客户需求

铁路运输企业通过数据挖掘和统计分析,了解不同客户群体的需求和期望;基于历史数据和市场变化,预测客户需求的未来趋势;了解不同类型客户的需求和期望,为制定分级标准提供依据。

5.确定分级指标

铁路运输企业根据客户需求和业务特点,选取如购票频率、运输距离、购买渠道、满意度等作为分级的关键指标;根据各指标的重要性和影响力,设定相应的权重。

6.制定分级标准

铁路运输企业根据分级指标制定明确的分级标准,将客户分为不同的等级;基于分级指标和权重,制定明确的分级原则;将客户划分为不同的等级,如 VIP 客户、高级客户、普通客户等,并为每个等级制定详细的服务标准和产品推荐。

7.实施差异化服务策略

铁路运输企业根据客户分级结果,为不同等级的客户提供个性化的服务策略;针对不同等级的客户,推荐符合其需求和预算的产品和服务;通过客户反馈和市场变化,不断调整和优化服务策略和产品推荐。

8.监控与评估

铁路运输企业定期监控客户分级管理的实施效果,如客户满意度提升、客户流失率降低等;对客户分级管理的绩效进行评估,包括成本效益分析、客户满意度调查等;基于监控和评估结果,不断调整和优化客户分级管理的策略和流程。

通过遵循这些步骤,铁路运输企业可以更有效地实施客户分级管理,提升客户满意度和忠诚度,进而增强市场竞争力。

客户分类管理不仅能够有效地识别关键客户群,而且能够帮助铁路运输企业更深层次地了解客户行为和偏好。利用客户分类的结果,铁路运输企业能够制定差异化的客户管理和营销策略,实现企业与客户的双赢。此外,铁路运输企业定期评估和调整客户等级划分也很重要,因为客户的价值和需求可能会随着时间的推移而变化。

项 目 实 训

【实训目标】

(1)深入理解铁路运输行业中客户服务的核心价值和重要性。

(2)学习并掌握在铁路运输客户服务中常用的沟通技巧、问题解决策略及情绪管理技巧。

(3)熟悉铁路客运售票、改签、退票、行李托运、咨询等关键业务流程。

(4)培养在面对客户投诉、延误、取消等突发事件时的应对能力和解决方案制定能力。

(5)通过团队合作,提高在客户服务中的协同工作效率。

【实训任务】

设定一个模拟的铁路运输客户服务环境,包括但不限于售票窗口、客服热线、网络服务平台等场景。实训中,学生将扮演不同的角色,如售票员、客服代表、旅客等,模拟处理日常服务事务及应对突发情况。

【实训流程】

(1)理论讲解:首先由讲师对铁路运输客户服务的基本概念、服务标准、业务流程及法律法规进行讲解。

(2)角色扮演:学生分组进行角色扮演,模拟真实场景下的客户服务互动,如售票、改签、行李处理、投诉处理等。

(3)案例分析:选取典型的客户服务案例,组织学生讨论分析,探讨最佳处理方式和改进建议。

(4)模拟演练:设置突发事件(如列车晚点、旅客投诉等),检验学生的应变能力和解决方案制定能力。

(5)总结反馈:实训结束后,组织全体学生进行总结,分享学习心得,讲师提供反馈和建议。

【实训步骤】

(1)准备阶段:熟悉实训材料,明确各自角色和任务。

(2)理论学习:认真听讲,记录重点,提出疑问。

(3)角色扮演:积极参与,注意角色间的互动与沟通。

(4)案例分析:深入讨论,提出见解,学习他人经验。

(5)模拟演练:冷静应对,灵活运用所学知识解决问题。

(6)总结反思:回顾实训过程,总结得失,制订改进计划。

【实训注意】

(1)保持专业态度:在角色扮演中,学生始终保持礼貌、耐心和专业的服务态度。

(2)注重团队合作:在团队任务中,积极与同伴沟通协作,共同完成任务。

(3)及时反馈:在实训过程中,遇到问题及时提出,以便教师给予指导和帮助。

（4）安全第一：在模拟突发事件时，确保演练活动安全有序进行。

【实训成果】

（1）个人能力提升：每名学生在客户服务技能、沟通能力、问题解决能力等方面得到显著提升。

（2）团队协作增强：通过团队合作，增强了学生之间的信任与默契，提高了工作效率。

（3）实训报告：每名学生提交实训报告，总结实训经历、学习心得及未来改进方向。

在线答题

1. 请学生扫描封面二维码，每个码只可激活一次。

2. 长按弹出界面的二维码关注"交通教育出版"微信公众号并自动绑定资源。

3. 公众号弹出"购买成功"通知，点击"查看详情"进入后选择绑定的图书，即可进行在线答题。

4. 可进入"交通教育出版"微信公众号，点击下方菜单"用户服务—图书增值"，选择已绑定的教材进行在线答题。

参 考 文 献

[1] 科特勒. 营销管理[M]. 何佳讯, 等, 译. 15 版. 上海: 格致出版社, 上海人民出版社, 2016.

[2] 胡延华. 物流营销[M]. 4 版. 北京: 高等教育出版社, 2023.

[3] 范恩辉, 隋东旭. 铁路运输市场营销[M]. 北京: 北京交通大学出版社, 2020.

[4] 胡小娟. 铁路客货营销理论与实践[M]. 北京: 中国铁道出版社, 2018.

[5] 中华人民共和国铁道部. 铁路货物运输管理规则[M]. 北京: 中国铁道出版社, 2017.

[6] 中国国家铁路集团有限公司. 中国国家铁路集团有限公司铁路旅客运输规程[M]. 北京: 中国铁道出版社, 2024.

[7] 中国国家铁路集团有限公司. 铁路客运运价里程表[M]. 北京: 中国铁道出版社, 2021.

[8] 《铁路货运岗位作业培训教材》编委会. 铁路货物运输计费[M]. 北京: 中国铁道出版社, 2021.